DAS SPUKHAUS

DAS SPUKHAUS

Die schönsten Geister- und Gespenstergeschichten

MOEWIG

Eine Anthologie, zusammengestellt von Gerhard Merz.
Mit Illustrationen von B. Hammerschmidt.

Umschlaggestaltung: Werbeagentur Zeuner, Ettlingen
Satz: MPM, Wasserburg
Druck und Bindung: Graphischer Großbetrieb Pößneck
Printed in Germany 1996
ISBN 3-8118-1330-7

Inhalt

Edward Bulwer

Das Spukhaus

Halb im Scherz, halb im Ernst sagte mir eines Tages einer meiner Freunde – er ist Schriftsteller und Philosoph: »Denke dir, seit wir uns kürzlich sahen, habe ich ein Gespensterhaus entdeckt, und das mitten in der Stadt.«

»Es spukt dort wirklich? Was für Geister sind es denn?«

»Das kann ich dir nicht sagen, ich weiß nur dies: Vor sechs Wochen waren wir auf der Suche nach möblierten Zimmern, meine Frau und ich. Als wir durch eine entlegene Straße gingen, fanden wir an einem Fenster den Zettel: Möblierte Zimmer zu vermieten. Wir gingen hinein, die Lage sowie die Zimmer gefielen uns, wir mieteten auf wöchentliche Kündigung – aber am dritten Tag zogen wir wieder aus. Keine Macht der Welt hätte meine Frau veranlaßt, länger zu bleiben. Und mich wundert das nicht.«

»Was ist euch denn nur Schreckliches begegnet?«

»Entschuldige – aber ich möchte nicht gern als abergläubischer Narr ausgelacht werden und kann auch wieder nicht erwarten, daß meine bloße Aussage dich an Dinge glauben läßt, die jeder bezweifelt, der sie nicht selbst erlebt hat. Ich sage dir nur: Etwas Reales, etwas Gehörtes oder Gesehenes hat uns nicht fortgetrieben, sondern ein unnennbares Grauen, das uns stets überfiel, wenn wir an der Tür eines kleinen leeren Zimmers vorüber mußten, wenngleich wir durchaus nichts Sonderbares von dort vernahmen.

Wie vereinbart, zahlte ich der Hausfrau am vierten Tag die Wochenmiete und sagte ihr, die Zimmer gefielen uns doch nicht so recht, den Rest der Woche würden wir nicht bleiben.

›Ich weiß schon, warum‹, erwiderte sie tonlos. ›Sie haben

bereits länger hier gewohnt als alle Ihre Vormieter. Die zweite Nacht blieben nur wenige, die dritte bisher überhaupt niemand. Sie scheinen sich gnädig gegen Sie benommen zu haben.‹

›Sie? – Wer?‹ fragte ich mit nervösem Lächeln.

›Sie – nun, die hier umgehen. Wer sie auch sind, mich stören sie nicht. Und ich kenne sie sehr wohl. – Es liegt viele Jahre zurück. Ich diente damals in diesem Hause. Aber sie werden mich nicht töten. Mir ist alles gleich, ich bin alt und muß bald sterben und – muß dann doch mit ihnen hier weiterleben.‹

Aus der Frau sprach eine so trostlose Entsagung, daß ich mich scheute, weiter in sie zu dringen. Meine Frau und ich waren froh, so leicht davongekommen zu sein.«

»Das reizt meine Neugier im höchsten Grade«, erwiderte ich, »ich kann mir nichts Interessanteres vorstellen als eine Nacht im Gespensterhaus. Bitte, gib mir die Adresse.«

Ich erhielt sie, nahm Abschied und machte mich sogleich auf den Weg nach dem genannten Stadtviertel.

Das Haus befand sich nördlich von Oxford Street, in einer düster wirkenden, aber anständigen Straße. Es war verschlossen, kein Vermieterzettel zu entdecken, keine Antwort auf mein Klopfen. Gerade wollte ich gehen, da sagte ein Bierjunge, der leere Zinnkrüge aus den Nachbarhäusern sammelte, höflich zu mir: »Suchen Sie jemand in diesem Hause, Sir?«

»Ja, ich hörte, es sei zu vermieten.«

»Zu vermieten? Das würde mich wundern. Die Haushälterin ist tot – seit drei Wochen tot, und niemand hat Lust, ihre Stelle zu übernehmen, die Mr. J. sehr hoch bezahlen will. Er hat meiner Mutter, seiner Aufwärterin, ein Pfund pro Woche geboten, wenn sie nur täglich die Fenster öffnet und schließt. Sie hat's nicht angenommen.«

»Und warum mochte sie nicht?«

»Es spukt hier, man hat die Hüterin mit aufgerissenen Augen tot im Bett gefunden. ›Der Satan hat sie erwürgt‹, sagen die Leute.«

»Du sprichst von Mr. J., dem Hausbesitzer. Wo wohnt er?«

Ich gab dem Bierjungen für seine Auskunft den verdienten Lohn und machte mich auf den Weg zu Mr. J. in der G.-Street, nahe der Straße, in der sich das Spukhaus befand.

Ich hatte das Glück, Mr. J. anzutreffen – er war ein ältlicher Mann mit klugem Blick und angenehmen Umgangsformen. Ich teilte ihm sogleich meinen Wunsch mit und sagte, daß ich wüßte, daß sein Haus von unheimlichen Gästen heimgesucht würde, und mich verlange lebhaft danach, diese übelberüchtigten Räume mit eigenen Augen zu sehen. Er verpflichte mich zu größtem Dank, wenn er sie mir für eine Nacht vermieten wolle, und ich würde ihm für diese Gefälligkeit jeden Preis zahlen.

»Mein Herr«, sagte Mr. J. mit entgegenkommender Höflichkeit, »das Haus steht ganz zu Ihrer Verfügung, so kurz oder so lang Sie wollen. Miete dafür? – Davon kann keine Rede sein – die Dankbarkeit ist ganz auf meiner Seite. Möglicherweise entdecken Sie sogar die Ursache dieser rätselhaften Erscheinungen, die das Haus jetzt völlig wertlos machen. Ich kann es einfach nicht vermieten, finde nicht einmal jemand, der es reinigt und die Tür hütet. Es spukt leider wirklich darin (wenn das überhaupt der richtige Ausdruck ist), denn nicht nur bei Nacht, sondern auch am Tage geschehen diese Ruhestörungen und Erscheinungen, die in der Nacht allerdings noch unheimlicher, ja geradezu entsetzlich sind.

Die arme Alte, die vor drei Wochen starb, habe ich einmal aus dem Armenhaus befreit. Sie war meiner Familie von Kind auf bekannt, hatte einst bessere Tage gesehen und konnte es sich damals gestatten, Nachmieterin meines Onkels zu sein. Sie war von leidlicher Bildung und kräftigem Verstand und auch das einzige Geschöpf, das ich je habe überreden können, in dem Haus auszuhalten. Seit ihrem jähen Tod – durch den Leichenbeschauer wurde die Todesart überall bekannt – habe ich es aufgegeben, ihre Stelle wieder zu besetzen, und erst recht, einen Mieter zu finden. Mit größtem Vergnügen gäbe ich jedem das Haus auf ein Jahr gratis, der nur die Steuern dafür tragen will.«

»Seit wann geht es denn in Ihrem Haus so unheimlich zu?«

»Das wüßte ich Ihnen kaum zu beantworten, es ist lange – sehr lange her.

Ich fragte die alte Frau auch danach, und sie meinte, dreißig bis vierzig Jahre lang habe es da schon gespukt, bevor sie es mietete.

Ich selbst habe den größten Teil meines Lebens im ostindischen Zivildienst gestanden. Vor einem Jahr kehrte ich nach England zurück, um einen Onkel zu beerben, der mir auch jenes Haus vermachte. Ich fand es mit festverschlossenen Türen und Fensterläden vor. Dem Gerücht nach sollten Geister darin hausen, und alle lebenden Geschöpfe mieden es deshalb. Ich lächelte über diese Märchen, ließ es für gutes Geld innen und außen renovieren, setzte zwischen die altmodischen Möbel hübsche neue Stücke, inserierte die Wohnung und fand einen Mieter auf ein Jahr, einen Oberst außer Dienst.

Er zog mit Familie ein, mit Tochter, Sohn und vier bis fünf Dienstboten – am nächsten Tag ergriffen alle die Flucht. Jeder wollte ein anderes Gespenst gesehen haben, aber alle waren von demselben Entsetzen gepackt. Es ging mir gegen das Gewissen, den Oberst wegen Kontraktbruches zu verklagen – ja, ich konnte ihm nicht einmal Vorwürfe machen.

Ich setzte jene Alte als Hauswart ein und ermächtigte sie, das ganze Haus, in kleine möblierte Wohnungen geteilt, zu vermieten. Nie ist ein Mieter länger als zwei Tage geblieben. Ich kann Ihnen nicht die Erlebnisse aller erzählen – alle haben sie anderes erlebt und gesehen. Doch – prüfen Sie lieber selbst und überschreiten Sie jene Schwelle mit unbeschwerter Phantasie. Machen Sie sich aber darauf gefaßt, Außergewöhnliches zu sehen und zu hören, und gebrauchen Sie jede erdenkliche Vorsichtsmaßregel.«

»Haben Sie selbst nie versucht, einmal in jenem Haus zu übernachten?«

»Doch. Ich blieb allerdings keine Nacht, aber drei Stunden bei hellem Tageslicht. Meine Neugier ist nicht gestillt, aber gemildert. Mich verlangt nicht danach, den Versuch zu wiederholen. Sie sehen, mein Herr, ich bin sehr offen gegen Sie und gebe Ihnen den wohlgemeinten Rat, geben Sie es auf, dort eine Nacht zuzubringen – es sei denn, daß Ihr Wunsch unerschütterlich ist und Ihre Nerven hervorragend stark sind!«

»Mein Interesse läßt sich nicht bezwingen«, sagte ich, »nur ein Feigling schützt schwache Nerven vor, wenn er einer außergewöhnlichen Lage Trotz bieten soll; meine jedoch sind durch

Gefahren jeder Art abgehärtet. Ich kann mich völlig auf sie verlassen – sogar gegen Gespenster!«

Mr. J. war mit seinen Argumenten am Ende. Er entnahm seinem Pult die Schlüssel des unheimlichen Hauses und händigte sie mir aus. Ich dankte herzlich für seine Offenheit und sein freundliches Entgegenkommen und trug meine Beute triumphierend davon. Vor Ungeduld fiebernd, beriet ich die Sache zu Hause mit meinem treuen Diener, einem jungen Menschen von munterer Gemütsart, furchtlos und frei von Vorurteilen und Aberglauben.

»Frank«, sagte ich, »du weißt, wie sehr uns jenes alte Schloß in Deutschland enttäuscht hat, wo angeblich das Gespenst ohne Kopf umgehen sollte und uns dann nicht erschienen ist. Soeben erfahre ich von einem Haus hier in London, in dem die Geister nicht so zurückhaltend sein sollen. Ich habe die Absicht, dort eine Nacht zu verbringen. Es ist nach allem, was ich darüber höre, nicht zu bezweifeln, daß wir dort Außerordentliches – vielleicht sogar Haarsträubendes – erleben werden, ehe wir da wieder herauskommen. Kann ich mich, wenn ich dich mitnehme, auf deine Geistesgegenwart fest verlassen, was immer sich zutragen mag?«

»O bitte, Herr, verlassen Sie sich ganz auf mich«, erwiderte Frank, vor Freude strahlend.

»Gut also. Hier hast du Adresse und Hausschlüssel. Geh hin, such mir ein Schlafzimmer aus, das dir gut scheint, und da seit Monaten kein Mensch diese Schwelle überschritten hat, so lüfte das Bett tüchtig, mach ein ordentliches Feuer und überzeuge dich, ob genug Licht und Heizmaterial vorhanden sind. Nimm meine Pistole und meinen Degen mit – das wäre alles, was ich brauche. Und du selbst wappne dich ebenfalls, und wenn wir dann nicht mit einem halben Dutzend Gespenstern fertig werden, sollen wir ein paar jammervolle Kerle sein.«

Für den Rest des Abends war ich durch so dringende Angelegenheiten in Anspruch genommen, daß mir keine Zeit blieb, über dieses nächtliche Abenteuer nachzusinnen, das ich bestehen wollte.

Ich speiste spät und allein und las wie gewöhnlich beim Essen in Macaulays Essays.

Ich entschloß mich, das Buch mitzunehmen, denn so ein prägnanter Stil, so viel gesunde Lebenserfahrung, das war Gegengift gegen alle Einflüsterungen erhitzter Phantasie. Etwa um halb zehn Uhr steckte ich das Buch ein und machte mich gemächlich auf den Weg zum Geisterhaus.

Meinen Lieblingshund, einen sehr scharfen Bullterrier, nahm ich mit mir – ein Hund, der des Nachts in den entlegensten Winkeln und Löchern auf Rattenjagd herumzustrolchen pflegte – ein Prachtexemplar von einem Hund gegen Gespenster.

Leichte Wolkenfetzen durchzogen die kühle Sommernacht. Doch der Mond war sichtbar, wenn auch sein Licht bleich und fahl war. Es war immerhin ein Mond, und wenn er gegen Mitternacht durch die Wolken brach, mochte er stärker leuchten.

Am Hause angelangt, klopfte ich, und mein Diener öffnete mit vergnügtem Grinsen.

»Alles in bester Ordnung, Herr, und sehr behaglich.«

»Ach«, rief ich enttäuscht, »gar nichts Verdächtiges?«

»Doch, Herr, ehrlich gestanden, ich hörte etwas Merkwürdiges.«

»Nun, was denn? – Sage es!«

»Fußtritte trippelten hinter mir her, und ein paarmal hörte ich leises Geflüster dicht an meinem Ohr – das war alles.«

»Du fürchtest dich also kein bißchen?«

»Ich, Herr? Keineswegs«, und der helle Blick des Jungen machte mich noch sicherer als vorher, daß er mich nicht verlassen würde – was auch käme!

Wir standen in der Vorhalle, die Haustür war zu, und ich wurde auf den Hund aufmerksam. Zuerst lief er munter hinein, drückte sich dann bald zur Eingangstür zurück, kratzte, winselte und wollte wieder hinaus.

Ich kraulte ihm den Kopf, sprach ihm freundlich zu, und der Hund schien sich zu beruhigen. Er folgte mir und Frank durch das ganze Haus.

Wir prüften zuerst die Küche, Speisekammern und zuletzt die Kellerräume. Zwei bis drei ganz mit Spinnweben bedeckte Flaschen Wein lagen dort ungestört, offenbar seit vielen Jahren.

Zechgesellen waren die Geister also nicht. Sonst fanden wir nichts Auffälliges.

Ein kleiner, düsterer, von hohen Mauern eingeschlossener Hinterhof; feuchte Steinplatten auf dem Fußboden, mit Staub, Ruß und Feuchtigkeit bedeckt. Unsere Füße ließen leichte Spuren darin zurück.

Jetzt zeigte sich in dieser eigenartigen Umgebung die erste Merkwürdigkeit, die ich mit eigenen Augen sah.

Vor meinen Augen bildete sich auf dem nassen Gestein plötzlich eine fremde Fußspur. Ich blieb stehen, ergriff meinen Diener am Arm und wies auf die betreffende Stelle; soeben entstand die zweite.

Ich trat schnell darauf zu, aber die Spur wich immer um einen Schritt vor mir zurück.

Die Spur war klein wie die eines Kindes, doch war der Eindruck zu undeutlich, als daß man die Form ganz hätte beurteilen können.

Beide hatten wir sogleich den Gedanken, daß es sich um den Abdruck eines nackten Kinderfußes handle.

Die Erscheinung verschwand, als wir an der gegenüberstehenden Mauer anlangten; auf dem Rückweg wiederholte sie sich nicht.

Nun stiegen wir die Treppe wieder hinauf und traten in die Zimmer des Erdgeschosses, das Speisezimmer, ein kleines Wohnzimmer und einen kleinen dritten Raum, vermutlich ein Bedienstetenzimmer, alles still wie auf einem Friedhof.

Wir betraten die, wie es schien, neu eingerichteten Salons.

Im Vorderzimmer setzte ich mich in einen Lehnstuhl. Frank stellte das Licht, mit dem er mir geleuchtet hatte, auf den Tisch, dann schloß er die Tür.

Kurz darauf begann ein Stuhl an der mir gegenüberliegenden Wand sich schnell und geräuschlos zu bewegen und blieb einen Meter vor mir stehen.

»Wenn's weiter nichts ist«, sagte ich halb lächelnd, »'s ist mir noch lieber als Tischrücken!«

Bei meinem Lachen warf mein Hund den Kopf zurück und heulte.

Frank hatte die Wanderung des Stuhles nicht bemerkt, denn er bemühte sich, den aufgeregten Hund zu beruhigen. Ich betrachtete unausgesetzt den Stuhl und glaubte, darauf die aus bläulichem Dunst gewobenen Umrisse einer menschlichen Gestalt wahrzunehmen. Doch die Linien verschwammen so sehr, daß ich meiner eigenen Einbildungskraft nicht mehr recht traute.

Der Hund war inzwischen wieder ruhig geworden.

»Stelle diesen Stuhl wieder mir gegenüber an die Wand«, sagte ich zu Frank.

Er tat es.

»Waren Sie das, Herr?« fragte er, indem er sich rasch umdrehte.

»Ich – was?«

»Ich erhielt eben einen Schlag, hier an meiner Schulter, er schmerzt ziemlich.«

»Nein«, erwiderte ich. »Aber es sind Taschenspieler, die uns hier zu schaffen machen. Und wenn wir ihre Kniffe auch nicht erraten werden, so wollen wir sie doch erwischen und uns nicht einschüchtern lassen.«

Wir blieben nicht länger in den Salons, denn es war feucht und kalt dort, und ich war froh, in mein Zimmer und an das Feuer zu kommen.

Wir verschlossen die Tür. Diese Vorsichtsmaßregel wandten wir überhaupt stets an.

Das Schlafzimmer, das mein Diener für mich ausgesucht hatte, war das beste im ganzen Stock, recht geräumig, und es hatte zwei Fenster nach der Straße. Das Bett mit vier Säulen, dem Kamin gegenüber, worin das Feuer munter knisterte, nahm nicht viel Raum ein. Zwischen Fenster und Bett war die Tür des Nebenraums, wo mein Diener sein Lager aufgeschlagen hatte. Es war sehr klein, und außer einem Sofa war nichts darin.

Zum Treppenhaus führte von dort aus keine Tür – außer der in mein Zimmer führenden gab es keine mehr.

An den beiden Seiten neben dem Kamin fanden sich Wandschränke ohne Schlösser; sie waren mit derselben schäbigen Tapete überklebt wie die Wand. Die Schränke, die wir genau durchsuchten, enthielten nur ein paar Haken für Damengarderobe, ebenso wie die äußeren Wände; alles war fest und solide.

Nach dieser Inspizierung meines Zimmers wärmte ich mich etwas, steckte eine Zigarre an und machte mich mit Frank daran, die Besichtigung des Hauses zu beenden. Auf dem Treppenabsatz vor unseren Zimmern befand sich eine zweite Tür – die fest verschlossen war.

»Herr«, sagte mein Diener verblüfft, »als ich kam, habe ich diese Tür wie alle anderen auch aufgeschlossen; sie kann auch nicht von innen verriegelt worden sein, denn es ist ...«

Ehe er seinen Satz beenden konnte, öffnete sich langsam jene Tür von selbst, ohne daß wir daran gerührt hätten. Überrascht sahen wir einander an. Der gleiche Gedanke überkam uns – hier mußte eine Menschenhand am Werke sein!

Ich ging voran, mein Diener folgte mir. Wir traten in einen kleinen, öden, düsteren Raum ohne irgendwelche Möbel; nur ein paar leere Koffer und Körbe lagen in einer Ecke. Das einzige kleine Fenster hatte geschlossene Läden. Es war aber kein Kamin darin und keine Tür außer der, durch die wir hereingelangt waren, und auch kein Teppich auf dem unebenen und wurmstichigen Fußboden, der ausgebesserte, helle Flecken aufwies.

Kein lebendes Wesen war zu erblicken, auch kein Fleck, wo es sich hätte verstecken können.

Während wir noch so standen und uns umsahen, schloß sich langsam und wie von selbst die Tür, genauso, wie sie vorher aufgegangen war: Wir waren eingesperrt!

Ein unbeschreibliches Grauen beschlich mich jäh – anders ging es meinem Diener.

»Herr, ich glaube, die denken, daß sie uns fangen können – aber ich sage Ihnen, ein Stoß meines Fußes, und die morsche Tür fliegt auf.«

»Versuch erst, ob sie deiner Hand nicht nachgibt«, sagte ich und versuchte, meine Furcht zu überwinden.

Inzwischen schob ich die Läden zurück, um zu sehen, wie es draußen aussah. Ich öffnete den Riegel. Das Fenster führte auf den zuvor beschriebenen Hof. Ein Vorsprung war draußen nicht zu entdecken, es ging senkrecht hinab. Hätte jemand durch dieses Fenster entfliehen wollen, er hätte nirgendwo Fuß fassen können, ehe er auf die Steinplatten hinabgelangte.

Frank hatte sich erfolglos bemüht, die Tür zu öffnen. Er wandte sich jetzt mir zu und bat, Gewalt gebrauchen zu dürfen.

Um diesem Menschen volle Gerechtigkeit zuteil werden zu lassen, stelle ich hier nochmals fest, wie völlig furchtlos er war.

Ich mußte seine Kaltblütigkeit, seine sichere Haltung, ja seine Aufgeräumtheit unter so ungewöhnlichen Umständen bewundern. Ich war innerlich froh, diesen Gefährten zu haben, der sich der Lage so ganz gewachsen zeigte, und gab ihm gern die gewünschte Erlaubnis. So außergewöhnlich kräftig er war, hier waren seine größten Anstrengungen ebenso wirkungslos wie die mäßigeren – die Tür gab unter seinen Stößen nicht nach. Nun versuchte auch ich meine Kraft an der Tür – es war alles umsonst.

Als ich das Vergebliche meiner Bemühungen einsah, befiel mich von neuem jene unbeschreibliche Angst. Mir war, als stiege aus den Ritzen des unebenen Fußbodens ein geisterhaftes Wesen auf und sättigte die Luft mit einem der menschlichen Existenz feindlichen Giftdunst.

Da auf einmal öffnete sich wieder ganz von selbst, langsam und geräuschlos die Tür.

Wir schlüpften schnell auf den Treppenabsatz hinaus.

Ein großes, bleiches Licht schwebte nun vor uns her, von der Größe einer menschlichen Gestalt, doch ohne Form und Materie. Es schwebte die Treppe hinauf, die zum Boden führte.

Ich folgte dem Licht und mein Diener mir. Das Gespenst verschwand in der offenen Tür einer Dachkammer, in die ich sofort eintrat.

Ich sah das große Licht nun zu einer kleinen Kugel zusammenschrumpfen, diese schwebte lebhaft strahlend einen Augenblick über einem Bett in der Ecke, flackerte auf und erlosch.

Wir traten näher an das Bett und untersuchten es sorgfältig. Es war eine eiserne Bettstelle, wie man sie in einfachen Kammern als Schlafgelegenheit für die Dienstboten findet.

Ein verblaßtes, altes seidenes Tuch lag daneben auf einer Kommode; in einem schlecht ausgebesserten Riß steckte noch eine Nadel. Das mit einer Staubschicht bedeckte Tuch gehörte wahrscheinlich der kürzlich verstorbenen alten Haushälterin, und der Raum war vermutlich ihr Schlafzimmer.

Meine Neugier wuchs.

Ich zog die Fächer auf. Verschiedene Überbleibsel weiblicher Kleidungsstücke und zwei mit einem gelben Band umwundene Briefe lagen darin. Ich erlaubte mir, diese an mich zu nehmen.

Im übrigen fanden wir nichts Besonderes in dem Zimmer, auch das Licht kam nicht wieder, doch hörten wir beide deutlich leise trippelnde Schritte ganz nahe vor uns.

Das Durchsuchen der vier bis fünf übrigen Räume brachte kein Ergebnis – doch die Fußtritte eilten uns stets voraus. Es war nichts zu sehen, aber die Trippelschritte hörte man desto besser.

Ich hielt die beiden Briefe fest in der Hand. Die Treppe hinabsteigend, spürte ich deutlich, wie mein Handgelenk umklammert wurde und man mir die Briefe entreißen wollte. Ich schloß die Hand um so fester, und die Umklammerung hörte auf.

Als ich in mein Schlafzimmer zurückgelangt war, bemerkte ich erst, daß mein Hund uns nicht gefolgt war, sondern sich zitternd an das Feuer drängte. Voller Ungeduld entfaltete ich die Briefe und las sie, während mein Diener die Waffen, die ich ihn hatte mitnehmen lassen, ihren Hüllen entnahm. Er legte sie auf meinen Nachttisch und bemühte sich dann umsonst, den Hund zu beruhigen.

Die kurzen Briefe trugen Daten, die fünfunddreißig Jahre zurücklagen, und waren augenscheinlich Mitteilungen eines Liebhabers an seine Geliebte oder eines Gatten an seine junge Frau.

Die Ausdrucksweise und gewisse Bemerkungen über eine frühere Seereise verrieten den Seemann. Rechtschreibung und Schrift deuteten auf einen Menschen von mäßiger Bildung hin, obwohl die Sprache an sich recht verständlich war. Eine wilde Leidenschaft klang durch die Liebkosungen hindurch, und einige Anspielungen auf ein Geheimnis waren darunter, das aber keine Liebesangelegenheit, sondern ein Verbrechen zu sein schien.

»Wir sollten uns lieben«, so begann eine Stelle, an die ich mich deutlich erinnere, »denn wie würde die Welt uns fluchen, wüßte sie es.« Und später: »Schlafe nie mit jemandem in einem Zimmer, denn Du redest im Schlaf.«

Ferner hieß es: »Was geschehen ist, ist unabänderlich, und ich versichere Dir, es wird kein Zeuge gegen uns aufstehen, oder die Toten müßten wiederkehren!«

Hier stand von einer besseren Hand, einer weiblichen, hinzugefügt und unterstrichen: »Sie stehen wieder auf!«

Am Schluß des Briefes vom jüngsten Datum hatte dieselbe weibliche Hand bemerkt: »Gestorben auf dem Meere am 4. Juni, an demselben Tage, als ...«

Ich ließ die Hand herabsinken und sann über das Gelesene nach, doch fürchtete ich, meine Nerven aufzuregen, wenn ich mich in diese Gedanken verlor. Ich hatte den festen Willen, meinem Geist die Widerstandsfähigkeit zu bewahren, um auf alles Wunderbare, gleich welcher Art, vorbereitet zu sein.

Die Nacht war schon ziemlich vorgeschritten. Ich stand auf, legte die Briefe auf einen Tisch, schürte das Feuer, daß es lustig prasselte, und schlug meinen Band Macaulay auf.

Bis halb zwölf Uhr las ich mit ziemlicher Seelenruhe, warf mich auf das Bett und befahl meinem Diener, sich auch zur Ruhe zu begeben. Er sollte aber wach bleiben und die Tür zwischen unseren Zimmern offenlassen. Nach etwa zwanzig Minuten kam es mir so vor, als würde meine Wange von einem sehr kalten Luftzug gestreift. Die Tür zur Rechten, nach dem Flur hin, schien es, war aufgesprungen, doch nein, sie war geschlossen.

Ich blickte nach links und sah die Flamme meines Lichtes unter dem Luftzug heftig flackern. Gleichzeitig glitt meine neben dem Revolver liegende Uhr leise vom Tisch, als wenn eine unsichtbare Hand sie herabzöge, und war plötzlich verschwunden.

Ich sprang auf, packte den Revolver mit der einen Hand, den Degen mit der anderen, denn ich hatte wenig Lust, meine Waffen dasselbe Schicksal erleiden zu lassen wie meine Uhr. Bewaffnet spähte ich nun auf dem Boden nach meiner Uhr, fand aber keine Spur davon.

Nun begann ein langsames Klopfen, dreimal am Kopfende meines Bettes.

»Sind Sie es, Herr?« rief mein Diener.

»Nein, nimm dich in acht.«

Jetzt sprang auch der Hund auf, setzte sich aufrecht, spitzte die Ohren und zuckte schnell vor- und rückwärts. Er hielt dabei einen so merkwürdig sprechenden Blick auf mich geheftet, daß ich dem Tier meine ganze Aufmerksamkeit widmete.

Auf einmal erhob es sich langsam, jedes Haar einzeln gesträubt, und blieb starr und wie angewurzelt mit wildem Blick stehen. Doch blieb mir kein Augenblick, den Hund länger zu betrachten.

Mein Diener stürzte aus seinem Zimmer hervor: Sah ich je in einem Menschenantlitz das Entsetzen gemalt, so geschah es in dieser Stunde. Wäre er mir auf der Straße begegnet, ich hätte den Mann nicht wiedererkannt, so verzerrt war sein Gesicht.

Er sauste an mir vorbei, und mit einer Stimme, die kaum von seinen Lippen zu kommen schien, rief er: »Rennen Sie, was Sie können – er ist hinter mir!«

Er gewann die Flurtür, riß sie auf und stürzte weiter. Unwillkürlich folgte ich ihm, um ihn zurückzurufen. Doch ohne auf mich zu achten, stürzte er, das Geländer umklammernd, die Treppe hinab, riß die Haustür auf, ich hörte sie nur noch zuschlagen und – war allein im Geisterhaus.

Offen gestanden zögerte ich einen Augenblick, ob ich nicht lieber meinem Diener folgen sollte, doch Stolz und Neugier hielten mich davon ab zu fliehen. Ich ging in mein Zimmer zurück, verschloß die Tür und trat vorsichtig in den kleinen Nebenraum, wo ich jedoch für das Entsetzen meines Dieners keine Erklärung fand.

Ich untersuchte nochmals die Wände, tastete nach einer geheimen Tür, fand aber keine Spur von einer solchen, nicht einmal einen Riß in der Tapete. Wie mochte nur in aller Welt das hereingelangt sein, welchen Namen es auch immer trug?

Ich begab mich in mein Zimmer zurück, schloß die Tür zum Nebenraum, verriegelte sie und stellte mich dann an den Kamin, um zu erwarten, was da geschehen würde. Jetzt sah ich, wie mein Hund in die Zimmerecke kroch und sich so hineinpreßte, als wollte er sich buchstäblich einen Weg durch die Wand bahnen. Ich trat zu dem armen Tier und redete ihm gut zu, denn es war außer sich vor Furcht. Zähnefletschend und geifernd hätte es mich sicher gebissen, wenn ich es angerührt hätte.

Es erkannte mich offenbar nicht.

Wer einmal im Zoologischen Garten gesehen hat, wie eine Schlange ein im Winkel kauerndes Kaninchen mit ihrem Blick bannt, der kann sich eine Vorstellung davon machen, welche Todesqual der Hund litt.

Alle Versuche, das Tier zu beruhigen, gingen fehl, ich mußte es sich selbst überlassen, um mich vor seinem vielleicht wie bei Tollwut giftigen Speichel zu schützen. Ich legte meine Waffen wieder auf den Tisch, setzte mich und blickte wieder in meinen Macaulay.

Bald darauf bemerkte ich, daß sich zwischen Licht und Buch ein Etwas schob, das einen Schatten auf mein Buch warf. Ich sah auf und hatte vor mir, was zu beschreiben ich nie vermögen werde: ein dunkles Etwas von unbestimmten Umrissen, das sich von selbst aus Luft formte. Es hatte keine Menschengestalt, sah aber einer solchen oder dem Schatten einer solchen doch sehr ähnlich.

Während ich länger hinsah, trennten sich Licht und Schatten immer mehr voneinander; das Gespenst schien von ungeheurer Größe: Es reichte fast bis zur Decke hinauf. Während ich es unaufhörlich anstarrte, fühlte ich einen Hauch von eisiger Kälte. Ein Eisberg unmittelbar vor mir hätte mich nicht stärker durchschauern können, er hätte eine so intensive Kälte nicht ausströmen können. Ich hatte den Eindruck (bestimmt kann ich es nicht einmal behaupten), als blickten aus der Höhe ein paar Augen auf mich herab.

Bald hatte ich keinen Zweifel mehr an ihrem Vorhandensein, bald waren sie wieder verschwunden. Doch zwei bläuliche Strahlen schossen durch das Dunkel, und zwar von jener Stelle aus, wo ich vorher glaubte, Augen gesehen zu haben. Ich wollte sprechen – meine Stimme versagte jedoch völlig.

»Ist das Furcht?« dachte ich. – O nein, ich kenne sie nicht. Ich wollte mich aufrichten – vergebens! – Eine unsichtbare Macht drückte mich nieder. Ein fremder Wille bäumte sich gegen den meinen auf, einer, der ihm so unendlich überlegen war wie

Sturm und Feuer der Menschenhand. Und nun, da mir dieser Gedanke immer mehr zur Gewißheit wurde, kam ein unbeschreibliches Entsetzen über mich.

»Entsetzen ist das, nicht Furcht«, so sagte ich mir. »Solange ich nur diese bezwinge, kann mir nichts geschehen, weil mein Verstand dies alles für ein Phantasiegebilde hält.«

Es gelang mir, mit einem heftigen Ruck meine Hand nach meinen Waffen auszustrecken, doch da erhielt ich einen sonderbaren Schlag, dann sank mein Arm kraftlos herab.

Und nun verdunkelten sich auch noch, zum Übermaß meines Grauens, die Lichter mehr und mehr, sie erloschen nicht, aber die Flammen schienen sich in sich zurückzuziehen. Das gleiche ging an dem Feuer im Kamin vor sich, und binnen kurzem lag das Zimmer in tiefes Dunkel gehüllt.

Die Angst des Gedankens, mit dem dunklen Etwas, das mich seine Macht so deutlich hatte fühlen lassen, im Finstern allein zu sein, löste in meinem Nervensystem eine Gegenwirkung aus. Mein Entsetzen hatte einen solchen Grad erreicht, daß ich entweder in Ohnmacht sinken oder den Bann brechen mußte.

Und ich brach ihn.

Ich fand meine Stimme wieder, sie klang zwar mehr wie ein Schrei. Ich stieß Worte hervor wie etwa: »Ich bin ohne Furcht, meine Seele ist frei von Schuld!« – und im gleichen Augenblick hatte ich die Kraft, aufzustehen.

Von tiefstem Dunkel umwoben, schoß ich zum Fenster hin – riß den Vorhang beiseite, stieß die Läden zurück – mein einziges Verlangen war Licht!

Und da ich den Mond so still, hoch und klar über mir erblickte, erfüllte mich eine Freude, die mir alle Schrecknisse vergalt. Da war der Mond, dort waren die Gaslampen in der menschenleeren Straße. Ich drehte mich um und blickte ins Zimmer zurück. Der Mond stahl sich nur spärlich herein in seine dunklen Schatten – aber es war nun doch Licht darin.

Verschwunden war das dunkle Etwas, nur einen düsteren Widerschein, den Schatten eines Schattens, zeigte die gegenüberliegende Wand.

Mein Blick glitt jetzt zu dem alten runden Mahagonitisch ohne

Decke. Eine bis zum Handgelenk sichtbare Hand erhob sich plötzlich. Von Fleisch und Blut wie die meine schien sie zu sein, aber es war eine dürre, runzlige, ältliche Frauenhand. Sanft umschloß diese Hand die beiden Briefe auf dem Tisch – und verschwand damit.

Nun hörte ich wieder die drei gleichmäßigen Stöße gegen das Kopfende des Bettes, wie vor Beginn dieses merkwürdigen Dramas. Als sie verhallt waren, erbebte das ganze Zimmer, und von nah und fern erschienen grüne, gelbe, rote, himmelblaue Kügelchen, schimmernden Wasserblasen gleichend. Hinauf und hinab, herüber und hinüber flogen, kleinen Irrlichtern gleich, die Funken, je nach Laune langsam oder schnell. Ein Stuhl (wie vorher unten im Salon) wurde langsam ohne sichtbaren Beweger von der Wand aus vorwärtsgerückt und mir gegenüber an den Tisch gestellt. Plötzlich wuchs ein weiblicher Schatten aus dem Stuhl empor, deutlich erkennbar wie ein lebendes Geschöpf und doch bleich wie eine Leiche.

Es war eine jugendliche Gestalt von seltsamer, trauriger Schönheit, mit entblößtem Hals und Schultern, sonst in ein langes weißes Gewand gehüllt. Sie glättete ihr langes, gelbliches Haar, das über die Schultern fiel.

Den Blick unablässig der Tür zugewandt, schien sie zu lauschen, zu spähen, zu warten. Jener Schatten des Schattens an der Hinterwand vertiefte sich, und es schien mir wieder, als blitzten von oben Augen herab, den weiblichen Schatten betrachtend.

Nun wuchs eine andere Gestalt aus der Tür hervor, die geschlossen blieb, ebenso aschfahl: ein junger Mann. Er trug die Tracht des vorigen Jahrhunderts.

Beide Gestalten, die männliche wie die weibliche, waren zwar sehr deutlich, aber durchaus masselos und ungreifbar, eben Gespenster, und es war etwas Gegensätzliches, einander Bekämpfendes an ihnen.

Lächerlich und doch grausig waren sie in dem umständlichen Aufputz ihrer alten Trachten, mit Spitzen, Krausen und Schnallen von höfischer Korrektheit, dazu die Leichenfarbe und das geisterhafte Schweigen dieser schwebenden Wesen.

Gerade als die weibliche Gestalt sich der männlichen zuwenden wollte, löste sich jener Schatten von der Wand, und alle drei verschwanden im Nichts.

Ja, die beiden Erscheinungen – so schien es im Morgengrauen – waren in der Gewalt des sie umwallenden Schattens. Ein Blutfleck wurde nun auf der weiblichen Brust erkennbar. Die männliche Gestalt stützte sich auf ein Geisterschwert, Blut quoll über Krause und Spitzen herab, und wieder tauchte alles in dem zwischen ihnen stehenden Schatten unter.

Die bunten Blasen schossen wieder empor, tanzten und segelten, schwollen mehr und mehr an und wurden immer verworrener in ihren Bewegungen.

Rechts vom Kamin öffnete sich die Schranktür, und heraus trat die Gestalt einer Alten mit Briefen in der Hand, denselben, die vorhin jene Hand an sich gerissen hatte. Hinter dieser Erscheinung wurden Fußtritte hörbar. Sie horchte auf, wandte sich um, schien in den Briefen zu lesen, und ein bleifarbenes Gesicht blickte ihr nun über die Schulter, das dem eines vor langer Zeit Ertrunkenen glich, geschwollen und gebleicht und mit Seegras im tropfenden Haar.

Zu Füßen der Frau lag ein entseelter Körper, und neben dieser hockte ein unsauberes, erbarmungswürdiges Kind, dessen Augen Furcht und dessen Wangen den Hungertod verrieten.

Als ich das Antlitz der Frau genauer betrachtete, wichen die Furchen und Linien daraus, und es wurde ein jugendliches Gesicht mit strengem, steinernem Blick. Der gewaltige Schatten schwoll wieder und verschlang mit seinem Dunkel alle drei Gespenster, ebenso wie vorher die anderen. Nur er selbst, dieser Schatten, blieb noch sichtbar – unablässig beobachtete ich ihn – mit seinen bösen Schlangenaugen, die wieder hervorleuchteten.

Und die leuchtenden Blasen begannen wieder ihre verworrene, wilde Fahrt im Schein des verblassenden Mondlichtes.

Aber wie aus der Schale eines Eies brachen aus den Kugeln eklige Larven hervor, blutlos und scheußlich. Sie schienen mir den Milben ähnlich, die das Mikroskop in einem Wassertropfen zeigt, durchsichtige Körper, schmiegsam und schlüpfrig, einander jagend und verschlingend. Sie strichen wahllos umher, kamen mir näher und näher, krochen über meinen Arm, den ich gebieterisch abwehrend, wie gegen böse Kobolde, ausstreckte.

Zuweilen berührte mich etwas, doch nicht sie waren es; unsichtbare Hände stießen nach mir.

Einmal fühlte ich den Griff kalter, weicher Finger an meiner Kehle. Ich war mir völlig klar darüber, daß ich in körperliche Gefahr geriet, sobald ich der Furcht nachgab, und spannte meine ganze Willenskraft zum Widerstand an. Ich wandte den Blick fort von dem Schatten, besonders von den scheußlichen Schlangenaugen, die nun deutlich erkennbar geworden waren.

Dort und nirgends sonst, dessen war ich gewiß, war ein »Wille« von starker, schöpferischer Macht, fähig, den meinigen zu zermalmen.

Das bleiche Morgengrauen begann sich zu röten wie in der Nähe einer Feuersbrunst, und in dieser Lohe schwammen die Larven umher.

Wieder erbebte das ganze Zimmer, ließen die drei gleichmäßigen Stöße sich hören. Alles verschlang die Finsternis des großen Schattens, von dem alles auszugehen, in den alles zurückzukehren schien.

Als es hell wurde, war der Schatten völlig verschwunden.

Wie sie sich zurückgezogen hatten, so wuchsen langsam wieder die Flammen der Lichter, ebenso das Feuer auf dem Rost, und das ganze Zimmer lag wieder in tiefem Frieden, als wäre nie etwas Besonderes darin geschehen.

Die beiden Türen waren fest zu, die zum Zimmer des Dieners sogar verschlossen. Der Hund lag in der Zimmerecke, in die er sich so gewaltsam hineingepreßt hatte. Ich rief ihn an – er rührte sich nicht, ich trat zu ihm – das arme Tier war tot und lag da mit herausgequollenen Augen, aus dem Maul hängender Zunge und schaumbedeckter Kinnlade.

Ich nahm ihn in die Arme, machte Wiederbelebungsversuche am Feuer – umsonst. Der Schmerz über meinen verlorenen Liebling war um so größer, als ich mir Vorwürfe machen mußte. Ich mußte mir ja die Schuld an seinem Tode beimessen, denn ich mußte annehmen, daß er aus Furcht verendet war. Doch wie überrascht war ich, als ich entdeckte, daß er das Genick gebrochen hatte, und bei sorgfältiger Prüfung die Wirbel aus dem Rückgrat herausgedreht fand.

Das mußte doch in der Finsternis von einer der meinen ähnlichen menschlichen Hand geschehen sein. Sollten da nicht auch menschliche Kräfte die ganze Zeit in diesem Zimmer tätig gewesen sein?

Diese Annahme schien recht gut begründet. Ich kann es nicht behaupten, sondern nur sagen, was meine Augen sahen. Der Leser mag selbst urteilen.

Bis Tagesanbruch geschah nichts weiter. Beim ersten Sonnenstrahl verließ ich das Gespensterhaus.

Vor dem Weggehen trat ich noch einmal in das kleine, leere Zimmer ohne Ausgang, wo mein Diener und ich gefangen gewesen waren. Immer wieder befiel mich der Gedanke, daß dort und nirgends sonst der Organismus, aus dem das ganze Phänomen hervorging, seinen Ursprung habe. Auch jetzt, da ich bei Tageslicht hereintrat, bei heller Sonne, die durch die schmutzigen Scheiben drang, kam das Grauen der Nacht wieder über mich.

Länger als eine halbe Minute konnte ich es dort nicht aushalten.

Als ich die Treppe hinunterstieg, trippelten wieder Fußtritte vor mir her; ich öffnete die Haustür und glaubte, ein leises Lachen zu hören.

In meiner Wohnung angelangt, meinte ich, meinen Diener, den Flüchtling, dort vorzufinden. Doch war er weder zurückgekehrt, noch ließ er in den nächsten Tagen von sich hören; endlich erhielt ich folgenden Brief aus Liverpool: »Verehrtester Herr, ich bitte Sie inständigst um Verzeihung, obwohl ich kaum hoffen darf, daß Sie mich derselben wert halten werden, es sei denn, daß Sie gesehen haben, was ich sah – ich hoffe, der Himmel ersparte es Ihnen. Es werden viele Jahre vergehen müssen – ich fühle es –, bis ich mich erhole. Zum Diener bin ich nicht mehr zu gebrauchen, daran zweifle ich nicht. Ich reise deshalb zu meinem Schwager nach Melbourne. Das Schiff segelt morgen ab. Vielleicht, daß mich die lange Reise wieder ins Gleichgewicht bringt. Zehnmal am Tage zucke ich zusammen, erbebe an allen Gliedmaßen und meine, es ist hinter mir. Ich bitte Sie ergebenst, geehrter Herr, meine Sachen und meinen rückständigen Lohn meiner Mutter in Walworth zu übersenden. – John kennt ihre Adresse.«

Der Brief schloß mit vielen Bitten um Verzeihung und Einzelheiten, die seinen Dienst betrafen.

Sicher wird mancher diese Flucht nach Australien als unwiderlegbaren Beweis nehmen, daß der Mann auf irgendeine Art in betrügerischer Weise mit den Vorgängen der Nacht in Beziehung stand. Ich widerlege diese Annahme nicht, aber ich behaupte zugleich, daß sie den meisten Menschen den widernatürlichen Vorgängen gegenüber die bequemste Lösung gewährt.

Abends kehrte ich noch einmal zum Gespensterhaus zurück, um in einer Droschke meine Sachen und die Leiche meines armen Hundes abzuholen. Nichts störte mich dabei, kein nennenswerter Zwischenfall trat ein, nur hörte ich beim Treppensteigen wieder die Fußtritte.

Ich verließ das Haus und ging zu Mr. J., den ich antraf. Ihm die Schlüssel zurückgebend, sagte ich ihm, daß ich meine Wißbegier voll befriedigt habe. Und als ich eben beginnen wollte, ihm von den Ereignissen, die sich zugetragen, zu erzählen, unterbrach er mich höflich und sagte, daß er jedes Interesse an einem Geheimnis, das doch nie enthüllt werden könne, verloren habe.

Ich erwähnte die Briefe, die ich gelesen hatte, und berichtete von ihrem rätselhaften Verschwinden. Dann fragte ich ihn, ob er glaube, daß sie an jene kürzlich verstorbene Haushälterin gerichtet gewesen wären, und ob in deren Lebenslauf vielleicht irgendwelche Anhaltspunkte zu finden seien, die mit den dunklen Andeutungen der Briefe in Zusammenhang stünden.

Mr. J. schien überrascht, sann ein paar Augenblicke nach und sagte: »Aus dem Leben dieser Frau weiß ich nur wenig, außer daß sie mit meiner Familie bekannt war. Doch bringen Sie mich auf einige unbestimmte, nachteilige Erinnerungen über sie. Ich werde der Sache nachgehen und Ihnen gelegentlich darüber berichten. Doch selbst wenn wir uns dem allgemeinen Aberglauben anschließen wollten, daß ein Geschöpf, das einst Urheber oder Opfer eines dunklen Verbrechens war, wiederkehren müsse, um den Schauplatz dessen als ruheloser Geist heimzusuchen, muß ich dem entgegenhalten, daß das Haus schon vor dem Tode der Alten durch Lärm und sonderbare Erscheinungen in Verruf war. Sie lächeln, was wollen Sie sagen?«

»Ich meine, wenn wir der Sache auf den Grund kämen, müßten wir bestimmt Einwirkungen lebendiger Wesen entdecken.«

»Wie? Sie meinen, daß der ganze Spuk eine Betrügerei ist? Und warum?«

»Nicht gerade eine buchstäbliche Betrügerei. Nur etwa so, wie wenn ich plötzlich in tiefen Schlaf sänke, aus dem ich nicht zu erwecken wäre, und könnte dabei mit größter Genauigkeit Fragen beantworten, auf die ich wachend nichts zu entgegnen wüßte. Wenn ich Ihnen etwa sagen könnte, wieviel Geld Sie in der Tasche hätten, oder Ihre Gedanken erraten könnte, so würde ich das weder betrügerisch noch übernatürlich nennen. Ich stehe dann unbewußt unter der Einwirkung von tierischem Magnetismus, ausgehend von einem entfernt lebenden Wesen, zu dem ich irgendwann in Beziehungen stand. Es mag eine dem tierischen Magnetismus verwandte, sogar ihm überlegene Kraft geben –, die vor Zeiten ›Magie‹ genannt wurde. Vielleicht wohnt eine solche Macht auch den Verstorbenen inne? Hierbei handelt es sich um eine alte Theorie, über die ich mir kein Urteil erlauben kann. Dennoch glaube ich keineswegs, daß es sich hier um übernatürliche Kräfte handelt. Ich will Ihnen meine Meinung durch ein Beispiel verdeutlichen.

Paracelsus beschreibt folgendes nicht schwierige Experiment, das der Verfasser der ›Curiosities of literature‹ als glaubwürdig zitiert. Sie verbrennen eine Blume, sie stirbt. Aus welchen Stoffen immer sie lebend bestanden haben mag, als Asche erkennt man sie nicht und kann sie nicht sammeln. Doch kann man auf chemische Weise aus dem verbrannten Blumenstaub ein Spektrum gewinnen, das der lebenden Blume sehr ähnlich ist. So mag sich auch eine farbige Erscheinung hervorbringen lassen, die die abergläubische Menge für den Geist der Abgeschiedenen hält. Es ist nur das Bewußtsein des toten Körpers. Daher verblüfft uns selbst an den nachweisbar besten Spukgeschichten stets eines – das Fehlen alles Seelischen, alles Erhaben-Geistigen. Aus ganz nichtigen Anlässen zeigen sich Erscheinungen, sprechen selten und äußern keinerlei über dem Alltäglichen stehende Gedanken.

Amerikanische Spiritisten haben ganze Bände voll Poesie und Prosa herausgegeben, die sie von großen Toten wie Shakespeare, Bacon und anderen diktiert erhalten zu haben behaupten. Selbst das Beste von allen diesen Mitteilungen ist kein Gran wertvoller als die gewöhnlicher Durchschnittstalente von einiger Bildung. Es steht sehr viel tiefer als alles, was Bacon, Shakespeare und Plato bei Lebzeiten sagten und schrieben. Noch weniger – was besonders auffällig ist – enthalten sie je einen neuen Gedanken.

Ich halte alle diese Erscheinungen für Gedanken, die auf irgendeine unentdeckte Weise von einem sterblichen Gehirn auf das andere übertragen werden: ob nun Tische gerückt werden, dämonische Gestalten in magischen Kreisen oder körperlose Hände sichtbar werden und reale Gegenstände vom Platz bewegen oder ob ein dunkles Etwas, wie ich es sah, uns das Blut erstarren macht. Ich bin fest überzeugt, daß das alles nur auf elektrischem Wege übermittelte Einflüsse eines anderen Gehirns auf das meinige waren. Es gibt Konstitutionen, die mit natürlicher magnetischer Kraft begabt sind und magnetische Wunder bewirken können; andere besitzen ein natürliches, meinetwegen elektrisches Fluidum und bringen elektrische Wunder hervor. Von der normalen Wissenschaft weicht beides ab und erscheint dieser deshalb gegenstandslos, ohne Resultat und wertlos. Es führt zu keinerlei höherem Zweck, darum schenkt die Welt ihm wenig Beachtung, und wahre Wissenschaft hat diese Fähigkeiten im Menschen nicht kultiviert.

Ich hege die unerschütterliche Überzeugung, daß alles, was ich sah und hörte, von einem entfernt lebenden Wesen wie ich, einem Geschöpf von Fleisch und Blut, ohne Kenntnis der wirklichen Folgen, hervorgebracht worden ist. Ich glaube das deshalb, weil nach Ihrer Aussage nie zwei Personen dasselbe erlebt haben. Handelte es sich um eine gewöhnliche Betrügerei, so müßte ein Mechanismus stets das gleiche Resultat mit geringen Abweichungen zustande bringen. Von Gott zugelassene übernatürliche Gewalten aber würden einen bestimmten Endzweck haben. Diese Erscheinungen gehören zu keiner der beiden Kategorien. Ich hingegen hege die Überzeugung, daß sie einem weit von uns entfernten Gehirn entspringen, das hinsichtlich der Vorfälle nichts Bestimmtes bezweckt. Dieses Gehirn mag eine bedeutende Kraft haben, so daß es boshaft und vernichtend wirken kann, denn auf diese Weise muß es meinen Hund getötet haben. Wahrscheinlich hätte es auch mich vernichten können, wäre ich einer solchen Furcht wie mein Tier anheimgefallen, hätte mein Verstand mir keine Widerstandskraft verliehen.«

»Es hat Ihren Hund getötet? Das ist entsetzlich.«

»Es ist wirklich recht seltsam, daß kein Tier es je in diesem Hause ausgehalten hat, nicht einmal eine Katze und ebensowenig Ratten und Mäuse. Wahrscheinlich spüren vernünftige Tiere instinktmäßig ihrer Existenz verderbliche Einwirkungen. Der menschliche Verstand ist weniger zuverlässig. Doch genug hiervon! Leuchtet Ihnen meine Theorie ein?«

»Ja, doch unvollkommen, und ich will lieber jede Schrulle hierüber als den Gedanken hinnehmen, daß es Geister und Kobolde gibt –, denn das gehört in die Kinderstube. Was aber soll ich nur mit dem Haus machen?«

»Ich will Ihnen sagen, wie ich die Sache anpacken würde. Ich halte unweigerlich jenes kleine, unmöblierte, rechtwinklig an mein Schlafzimmer stoßende Zimmer für den Ausgangspunkt des ganzen Spuks. Ich empfehle Ihnen daher ernstlich, die Mauern niederzureißen, die Dielen zu öffnen, das Kabinett zerstören zu lassen. Es ist, abgesondert vom übrigen, in den Hinterhof hinausgebaut und kann daher ohne Beschädigung des Gebäudes abgebrochen werden.«

»Glauben Sie wirklich, daß dadurch jene elektrischen Drähte zerstört würden?«

»Versuchen Sie es! Ich bin so völlig davon überzeugt, daß ich gern die Hälfte der Kosten tragen würde, zumal wenn Sie mir die Oberleitung übertrügen.«

»Keineswegs, die Kosten trage ich allein, im übrigen werde ich Sie über alles unterrichten.«

Etwa zehn Tage später erhielt ich einen Brief von Mr. J. Er hatte das Haus selbst betreten und die beiden erwähnten Briefe wieder in der Kommode liegend gefunden. Er habe sie, schrieb er, mit denselben Zweifeln gelesen wie ich und sorgfältige Nachforschungen über jene Frau veranlaßt, an die, wie ich richtig annahm, die Briefe gerichtet waren. Diese hatte, so schien es, vor sechsunddreißig Jahren (also ein Jahr vor dem Datum der Briefe) gegen den Willen ihrer Eltern geheiratet, und zwar einen Amerikaner von zweifelhaftem Ruf – man hielt ihn allgemein für einen Seeräuber. Sie selbst war eines ehrbaren Kaufmanns Tochter und Erzieherin, hatte einen verwitweten Bruder in guten Verhältnissen, der Vater eines sechsjährigen Kindes war. Ein Jahr nach ihrer Verheiratung wurde die Leiche des Bruders dicht bei der London Bridge aus der Themse gezogen. An seiner Kehle entdeckte man Spuren von Gewalttätigkeiten. Nach dem letzten Willen des Bruders, der sein einziges Kind der Hut seiner Schwester anvertraute, nahmen diese und der Amerikaner sich des Kindes an – im Falle seines Todes war die Schwester zur Erbin eingesetzt.

Etwa sechs Monate später starb das Kind, das, wie es hieß, vernachlässigt und schlecht behandelt worden war. Der Arzt stellte nach dem Tode fest, daß es verhungert war und daß der Körper schwarzgelbe Flecken zeigte. Das armselige Wesen mußte in einer Winternacht einen Fluchtversuch gemacht und versucht haben, an der Mauer hochzuklettern, wobei es erschöpft herabgestürzt war und morgens sterbend auf den Steinen gefunden wurde. Verdacht großer Grausamkeit, aber nicht des Mordes lag vor. Die Tante und ihr Mann suchten die Sache zu vertuschen, bemühten sich, die Widerspenstigkeit des Kindes zu beweisen, ja, es für einen Halbidioten zu erklären.

Wie dem auch sei, die Frau des Amerikaners erbte nach dem Tode der Waise das gesamte Vermögen ihres Bruders.

Noch vor Ablauf des ersten Jahres dieser Ehe verschwand der Gatte plötzlich auf Nimmerwiedersehen aus England und pachtete ein Schiff, das zwei Jahre später im Atlantischen Ozean unterging. Die Witwe blieb in guten Verhältnissen zurück, wurde jedoch von mancherlei Unglücksfällen heimgesucht.

Durch einen Bankkrach ging das gutangelegte Kapital verloren, sie ruinierte sich mit einem Geschäft, das sie kaufte, wurde wieder Haushälterin, kam noch mehr herunter und war zuletzt Aufwärterin. Sie konnte es nirgends aushalten, obwohl nichts gegen sie einzuwenden war und jeder ihre Tüchtigkeit, Ehrlichkeit und stille Art anerkannte; aber nichts geriet ihr zum Segen, sie kam schließlich ins Armenhaus, aus dem er sie befreite, um sie zur Hausmeisterin des einst von ihr bewohnten Hauses zu machen.

Mr. J. bemerkte noch, daß er in dem von mir zur Zerstörung bestimmten Zimmer eine Stunde zugebracht, aber nichts gesehen oder gehört habe, und dennoch ein derartiges Grauen dort gespürt habe, daß er darauf drängte, nach meinem Vorschlag die Mauern niedergerissen und die Dielen gehoben zu sehen.

Die Arbeiter hatte er schon bestellt und wollte, wenn es mir genehm war, sogleich anfangen lassen.

Ich begab mich zum Gespensterhaus, wir traten in das unheimliche Zimmer und ließen die Fußböden aufreißen. Unter den mit Staub und Schmutz bedeckten Balken fand sich eine mannsgroße Falltür, durch Klammern und Riegel sorgfältig verschlossen. Nach ihrer Öffnung drangen wir in ein unterirdisches Zimmer ein, von dem niemand etwas geahnt hatte. Es besaß ein Fenster und einen Rauchfang, beide jedoch offenbar seit Jahren mit Ziegeln vermauert.

Wir leuchteten das Zimmer ab, das ein paar schimmlige Möbel, drei Stühle, einen Eichentisch und einige Sessel, alles im Stile des verflossenen Jahrhunderts, enthielt.

Eine Kommode an der Wand barg halbvermoderte männliche Kleidungsstücke, augenscheinlich eines Mannes von Rang und Stellung, mit kostbaren Schnallen und Knöpfen (wie an den jetzigen Hofkostümen); die Tracht war die des vorigen Jahrhunderts. Dazu Degen und eine Weste, einst Goldbrokat, nun geschwärzt und durch Nässe verdorben. Sodann fanden wir fünf Guineen, ein paar Silbermünzen sowie ein Elfenbeintäfelchen –

die Eintrittskarte zu einem Vergnügungsort, dessen Freuden längst verrauscht waren.

Unser wichtigster Fund aber war ein feuerfester, eingelassener Schrank, dessen Schloß erst nach langer Mühe dem Dietrich nachgab.

Er enthielt drei Regale und zwei Schubladen. Auf ersterem stand eine Reihe fest verschlossener Flaschen mit Essenzen irgendwelcher Art, aber nicht giftig, einige enthielten Phosphor und Salmiak. Auch ein paar sehr seltsame Glasröhren, eine kleine, spitze eiserne Stange, ein großer Klumpen Bergkristall, ein Stück Bernstein und ein sehr kräftiger Magnet waren zu finden.

In einem Fach fand sich ein in Gold gefaßtes Miniaturporträt von wunderbarer Farbenfrische in Anbetracht der vielen Jahre, die es dort lag. Es zeigte einen Mann zwischen siebenundvierzig und achtundvierzig Jahren von höchst sonderbarem, unvergeßlichem Gesichtsausdruck. Eine in einen Mann verwandelte Schlange, Mensch und doch Schlange, so war diese Physiognomie. Breite, flache Stirn, spitze Kopfform, langgeschnittene gräßliche Augen mit mörderischem Blick, smaragden schillernd, von erbarmungsloser Ruhe und unbezwinglicher Gewalt.

Die Rückseite des Porträts zeigte ein eingraviertes Fünfeck, eine kleine Leiter in der Mitte und auf der dritten Sprosse das Datum 1765.

Bei sorgfältiger Prüfung fand ich eine Feder, die dem Druck nachgab und die Rückseite des Bildes wie einen Deckel aufspringen ließ. Auf der Innenseite stand eingraviert: »Dir, Mariana! Sei getreu im Leben wie im Tode Deinem ...« – den Namen, einen mir wohlbekannten, verschweige ich. Alte Leute hatten mir als Kind von ihm erzählt, dem alles verblendenden Scharlatan, der etwa ein Jahr lang viel von sich reden machte. Des Doppelmordes im eigenen Hause angeklagt, floh er schließlich; er sollte seine Geliebte und seinen Rivalen vergiftet haben.

Ich gab Mr. J., dem ich hiervon nichts erzählte, nur widerstrebend das Miniaturbild.

Das erste Fach des eisernen Schrankes hatten wir nun mit geringer Mühe geöffnet, beim zweiten gelang uns dies viel weniger leicht; unverschlossen, hielt es doch allen unseren Anstrengungen stand.

Endlich, als wir einen Meißel in einen Spalt trieben, sprang es auf, und es fand sich ein gar sonderbarer, wohlgeordneter Apparat: auf einem kleinen, dünnen Buch, mehr einer Platte, eine Glasschale mit einer durchsichtigen Substanz, und auf dieser schwebend ein Kompaß mit sehr beweglicher Nadel. An Stelle der üblichen Kompaßspitze trug sie sieben seltsame Lettern, ähnlich denen, womit Sternkundige die Planeten bezeichnen.

Ein merkwürdiger, nicht starker, auch nicht unangenehmer Geruch drang uns aus dem Fach entgegen; später sahen wir, daß es mit Haselholz ausgelegt war.

Dieser Geruch, woher immer er rühren mochte, war von starker physischer Wirkung auf uns alle, selbst die Arbeiter fühlten es. Ein Prickeln überkam uns von den Fingerspitzen bis zu den Haarwurzeln. Begierig, die Platte zu untersuchen, nahm ich die Schale heraus. Sogleich kreiste die Nadel mit großer Heftigkeit, ich fühlte einen Stoß durch den ganzen Körper, die Schale fiel mir aus der Hand und zu Boden. Die Flüssigkeit war verschüttet, das Schälchen zerbrochen, der Kompaß sprang in die Zimmerecke.

Da begannen die Wände zu beben, als rüttele ein Riese daran. Entsetzt stürzten die Arbeiter die Leiter zur Falltür hinauf. Als jedoch nichts weiter geschah, ließen sie sich ohne Mühe zur Umkehr bewegen.

Inzwischen war das Täfelchen aufgesprungen. In rotes, glattes Leder gebunden, mit silberner Schließe, barg es nur ein einziges Pergamentblättchen mit folgenden Worten in Mönchslatein, die genau übersetzt lauten: »Alles, was ich innerhalb dieser Mauern erreichen kann, Fühlendes oder Lebloses, Lebendes oder Totes, will ich vernichten – wie die Nadel sich regt, so wirkt mein Wille! Verflucht sei dieses Haus und ruhelos seine Bewohner.«

Wir fanden nichts weiter. Mr. J. verbrannte die Tafel mit ihrem Bannfluch.

Er ließ das unterirdische Zimmer sowie das Gemach darüber bis zum Grundstein zerstören.

Darauf entschloß er sich, einen Monat lang selbst in dem Hause zu wohnen – und tatsächlich, es gab kein gemütlicheres Heim in ganz London.

Er vermietete dann das Haus günstig, und seine Mieter haben nie über Störungen geklagt.

Friedrich Hebbel

Eine Nacht im Jägerhaus

»Kommen wir denn nicht bald nach D.?« rief Otto ungeduldig seinem Freund Adolf zu und fuhr heftig mit der Hand an seine linke Wange, weil er sich an einem Zweig geritzt hatte. »Die Sonne ist längst untergegangen, die Finsternis kann kaum noch größer werden, und ich kann mich kaum mehr auf den Beinen halten.«

»Ich glaube, wir haben uns verirrt«, entgegnete Adolf kleinlaut. »Wir müssen uns wohl darauf gefaßt machen, die Nacht im Wald zu verbringen!«

»Das habe ich mir längst gedacht«, versetzte Otto ärgerlich. »Aber du mußt ja überall Bescheid wissen, auch da, wo du nie gewesen bist. Hungrig bin ich auch, wie ein Wolf.«

»Ich muß noch eine Semmel in der Tasche haben!« erwiderte Adolf und begann danach zu suchen. »Doch nein«, fiel ihm dann ein, »ich habe sie ja dem ausgehungerten Schäferhund zugeworfen, der im letzten Dorf an uns vorbeischlich.«

Eine lange Pause trat ein, wie sie nur dann unter Studenten möglich ist, wenn sie todmüde sind. Die Freunde wanderten bald stumm, bald pfeifend, nebeneinander hin. Sie waren beide gereizt und schämten sich dieser Kleinlichkeit.

»Nun fängt's auch noch zu regnen an!« begann Otto endlich wieder.

»Wer eine Haut hat, fühlt es«, versetzte Adolf, »aber wenn mich mein Auge nicht täuscht, seh' ich drüben ein Licht!«

»Ein Irrlicht, was sonst!« sagte Otto halblaut. »Es gibt wahrscheinlich eine Menge Sümpfe hier!« Dessenungeachtet verdoppelte er seine Schritte.

»Wer da?« rief Adolf plötzlich und lauschte. Keine Antwort. »Ich glaubte Schritte hinter uns zu hören!« sagte er dann.

»Man verhört sich leicht!« entgegnete Otto.

Währenddessen waren sie an ein einsam gelegenes Haus gelangt. Sie traten unter die Fenster und schauten hinein. Ein weites, ödes Zimmer zeigte sich ihren Blicken; der Putz war teilweise schon von den schlechten Lehmwänden gefallen, einige Strohstühle standen umher, und über dem halb zusammengebrochenen Ofen hingen zwei Pistolen und ein Hirschfänger. Im Hintergrund an einem Tisch saß ein altes, zahnloses Weib, das nur noch ein Auge hatte, und zu ihren Füßen lag ein großer Hund, der sich mit seinen ungeschlachten Pfoten zuweilen kratzte.

»Ich denke«, begann Adolf nach beendeter Musterung, »wir nehmen unser Quartier lieber unter einem Busch als in dieser Höhle. Da drinnen sieht es ja verflucht aus!«

Otto hatte dieselbe Äußerung auf der Zunge gehabt, aber gereizt wie er war, glaubte er in jedem Fall widersprechen zu müssen, und fragte spöttisch, ob Adolf denn Angst vor einem alten Weib hätte. Er selbst wisse nicht, warum sie nicht hineingehen sollten.

»Wenn du mich unbedingt mißverstehen willst ...«, versetzte Adolf scharf. »Die Alte sitzt bestimmt nicht unsertwegen da, sie wartet auf Gäste, und welcher Art die sind, ist schwer zu sagen. Sieh nur, wie sie sich das Auge reibt, das ihr von der letzten Schlägerei her übrigblieb, um den Schlaf zu verscheuchen, und wie sie das zahnlose Maul verzieht! Eine Schenke ist's ohnehin, denn drüben in der Ecke stehen Flaschen und Gläser. Aber wenn du hineingehst, gehe ich auch.«

Bevor Otto etwas erwidern konnte, erscholl hinter ihnen ein scharfes: »Guten Abend!«, und die Gestalt eines Mannes wurde in dem schwachen Lichtschimmer, der durchs Fenster drang, sichtbar; er war kurz und gedrungen, seine Augen wanderten verschlagen und listig von einem zum andern, und seinen Jägerhut hatte er tief in die Stirn hineingedrückt.

»Sie haben sich ohne Zweifel verirrt«, fuhr der Unbekannte fort, »und suchen ein Quartier für die Nacht. Danken Sie dem Himmel, daß ich gerade von meinem Streifzug zurückkehre, meine alte Mutter hätte Sie nicht aufgenommen. Wenn Sie wollen, folgen Sie mir. Etwas besser als hier draußen werden Sie's in der Bodenkammer schon finden, die ich Ihnen einräumen kann. Bier und Brot stehen bereit, und eine Streu zum Schlafen läßt sich aufschütten.«

Der Hund schlug an, und die Alte stand auf und schleppte sich mit schweren Schritten zum Fenster.

»Ich bin's!« rief der Jäger. »Du, mein Sohn?« erwiderte sie in näselndem Tod und öffnete langsam die von innen verriegelte Tür.

»Nur immer herein!« sagte der Jäger mit zudringlicher Höflichkeit zu den Freunden. Sie folgten seiner Einladung nicht ohne Widerwillen, Otto zuerst. Sobald sie die Schwelle überschritten hatten, schloß der Jäger mit sonderbarer Hast die Tür hinter ihnen ab, während die Alte ihre Brille zurechtrückte und sie unfreundlich betrachtete.

»Noch nicht da?« fragte der Jäger, indem er sie ins Zimmer hinein nötigte, seine Mutter, aber so leise, daß nicht sie, die schwerhörig sein mochte, sondern nur Otto ihn verstand. Flüsternd trat er nun mit der Alten in eine Ecke, und mehr als einmal flog ein häßliches Lachen über sein Gesicht. Die Alte ging, einen seltsamen Blick auf die späten Gäste werfend, hinaus und kehrte bald darauf mit Bier, Brot und Käse zurück. Der Jäger schob zwei Stühle an den Tisch; sie lud, sich umsonst zur Freundlichkeit zwingend, mit stummen Gebärden zum Zulangen ein. Hungrig wie sie waren, ließen die Freunde es sich schmecken.

Mittlerweile nahm der Jäger die über dem Ofen hängenden Pistolen herab, lud sie sehr sorgfältig, ohne sich an dem Befremden seiner Gäste zu stören, schüttete sogar Pulver auf die Pfanne und steckte sie zu sich. Stillschweigend ergriff er nun die Lampe und führte die Freunde eine Leiter hinauf, in eine alte Bodenkammer hinein, wo sie bereits ein Strohlager vorfanden. Mit einem kurzen »Gute Nacht!« wollte er sich jetzt wieder mit der Lampe entfernen. Beide baten ihn aber gleichzeitig, ihnen das Licht doch zu lassen.

»Das Licht?« fragte er verwundert. »Es tut mir leid, aber Sie werden bei mir schlafen müssen, wie man im Grab schläft, nämlich im Dunkeln. Meine Mutter hat selten eine Kerze im Haus, und die Lampe brauchen wir selbst, um – um ...«

»Um?« fragte Otto, als er stockte.

»Um den Abendsegen zu lesen, natürlich«, versetzte er, »nur die Gelehrten wissen ihn auswendig. Doch wer weiß, vielleicht haben Sie Glück, und wenn sich nur noch ein Stümpfchen Licht auftreiben läßt, bringe ich Ihnen die Lampe wieder herauf.«

Der Jäger ging und ließ die Freunde im Dunkeln.

»Was meinst du?« sagte Otto zu Adolf.

»Wir werden entweder gar nicht oder sehr lange schlafen!« versetzte dieser ernst.

»Ist dort nicht ein Fenster im Dach?« fragte Otto.

»Scheint so«, erwiderte Adolf, »ich will doch einmal versuchen, ob man's öffnen kann.« Er tappte zum Fenster und bemühte sich, es aufzumachen.

In demselben Augenblick trat der Jäger wieder mit der Lampe ein. Mit finsterem Gesicht rief er Adolf zu: »Das Fenster hat den Griff nur zur Zierde, es ist von außen vernagelt, außerdem sind eiserne Stangen angebracht, wie ich glaube. An frischer Luft wird's dennoch nicht fehlen, denn drei Scheiben sind entzwei!« Er ging zur Tür zurück, kehrte sich aber noch einmal um und sagte: »Wenn unten auch noch dies und das vorfällt, so lassen Sie sich nur nicht stören, Sie wird niemand belästigen!«

»Was gibt's denn noch so spät?« fragte Adolf.

»Ei nun«, versetzte der Jäger spöttisch, »eine Waldschenke hat bei Nacht den meisten Zuspruch!«

»Aber sicher ist man doch wenigstens?« rief Adolf mehr zornig als ängstlich.

»Wir haben ja unsere Waffen dabei!« bemerkte Otto mit erkünstelter Ruhe.

»Das freut mich!« entgegnete der Jäger laut lachend und warf die Tür hinter sich zu, daß die Pfosten bebten und das Fenster krachte. »Harras«, rief er draußen, »paß auf!« Der Hund legte sich knurrend und gähnend hart vor die Tür.

»Abgeriegelt!« sagte Otto zu Adolf.

»Gottlob, daß genügend Öl in der Lampe ist«, sprach Adolf und leuchtete in der Kammer herum. »Nun wollen wir sehen, ob sich unter all dem Gerümpel, das hier so wüst durcheinanderliegt, nicht ein Knüppel oder sonst etwas finden läßt, mit dem wir uns im Notfall verteidigen können.«

Jetzt begannen sie die Musterung der vielen in der Kammer aufgeschichteten Sachen. Otto fiel ein alter Kalender in die Hände, den er nur aufnahm, um ihn gleich wieder von sich zu schleudern. Adolf griff nach ihm und durchblätterte ihn. Nach einigen Minuten ließ er ihn mit leichenblassem Gesicht fallen und sagte: »Nun weiß ich, wo wir sind. Dies ist das Mordloch des ...« (er nannte einen in ganz Deutschland berüchtigten Unhold, der erst vor einem halben Jahr in der Universitätsstadt, wo die Freunde studierten, wegen vielfachen Mordes enthauptet worden war), »sein Name ist in den Kalender eingeschrieben, und vermutlich sind wir die Gäste seines Sohns.«

Sich den Tod mit allen seinen Schrecken und Geheimnissen lebhaft vorzustellen, ist schon der halbe Tod. Die beiden Freunde sahen sich schon am Rand des Grabes stehen. Verzweifelt suchten sie nach einer Waffe, um ihrem Mörder nicht ganz wehrlos ausgeliefert zu sein. Vor Freude fielen sie sich um den Hals, als sie, hinter Brettern versteckt, ein rostiges Beil entdeckten. Im Triumph zogen sie es hervor und schwangen es, einer nach dem andern, ums Haupt.

»Siehst du«, sagte Adolf, »es ist mit Blut befleckt!«

»Bespritzt«, entgegnete Otto schaudernd, »wie eine Schlächteraxt! Adolf, an eine solche Nacht dachten wir nicht, als wir heute morgen weggingen, um uns einen vergnügten Tag zu machen. Die Sonne schien so hell und freundlich, ein frischer Wind wehte, und wir machten Zukunftspläne!«

»Wer pocht?« fuhr Adolf auf und ging, das Beil zum Schlag erhoben, zur Tür.

»Es ist der Hund, der sich kratzt!« bemerkte Otto.

»Du hast recht«, versetzte Adolf, »das Tier schnarcht schon wieder laut. Komm, wir wollen uns auf unser Lager setzen und die Lampe auf jenen Block stellen!«

Sie taten es stillschweigend. Otto blätterte in dem Kalender und las eine Heiligenlegende, die er darin fand. Adolf sah mit unverwandtem Gesicht in den hellen Schein der Lampe. »Es ist doch schauerlich«, sprach er nach einem langen Stillschweigen,

»an einer Stelle zu sitzen, wo der Mord vielleicht schon mehr als einen harmlosen Schläfer überraschte, während unten wahrscheinlich das Messer geschliffen wird, das uns in der nächsten Stunde die eigene Brust durchbohren soll. Ging nicht die Haustür?«

»Offenbar«, entgegnete Otto, gespannt aufhorchend, »auch höre ich ein Geräusch wie von verhaltenen Schritten; die Helfershelfer stellen sich ein!«

»Mir lieb«, sagte Adolf und sprang rasch auf. »Ich mag auf nichts warten, am wenigsten auf den Tod!«

»Wir sind zwei«, versetzte Otto, »und sie müssen erst die Leiter hinauf. Ich denke, alles kann noch gutgehen. Freilich, gegen eine Pistole ... die Leiter knarrt, sie kommen, auf, ihnen entgegen!«

Mit schnellem Ruck schob Otto den Riegel der Tür zurück und wollte hinaustreten. Der Hund aber fletschte grimmig die Zähne und trieb ihn wieder hinein. Da ertönte die Stimme des Jägers.

»Pfui, Harras!« rief er hämisch. »Laß die Herren! Wenn sie deinen Schutz zurückweisen, so dränge du ihn nicht auf!«

Der Hund ließ die Ohren hängen und schlich gehorsam auf die Seite. Adolf ergriff die Lampe und trat an die Leiter.

»Noch nicht eingeschlafen?« fragte der Jäger.

»Was wollt Ihr noch?« entgegnete Adolf.

»Ja, was nur gleich?« versetzte, anscheinend verlegen, der Jäger. »Irgend etwas war's doch!«

»Ihr seid mir verdächtig!« rief Adolf, und sein Gesicht sprühte Flammen.

»Dann sind Sie wohl irgendwo Amtmann?« erwiderte der Jäger. »Die Herren Amtleute können meine Nase nicht ausstehen, sie sagen, sie sei schief; finden Sie's auch?«

»Kerl!« rief Adolf, trat so weit vor wie er konnte und setzte die Lampe auf den Boden.

»Kein Schimpfwort!« versetzte der Jäger heftig. »Ich glaube Ihnen auch so, daß Sie von dem Holz sind, aus dem man Geheimräte schnitzt. Aber«, fuhr er im alten Ton fort, »schieben Sie die Lampe etwas weiter weg, ich habe Husten, und wenn ich die Flamme aushuste, so ist es so schlimm, als hätte ich sie ausgeblasen. Sie sehen mich, wie es scheint, nicht gern oben? Nun, dann tun Sie mir den Gefallen und füllen Sie mir dies Maß aus der Kiste, die neben dem Schornstein steht, mit Hafer für meinen kranken Gaul. Oh, da haben Sie ja ein Beil. Wenn Sie das aber in der Tasche als Waffe bei sich trugen, muß sie sehr geräumig sein!«

Otto tat an Adolfs Statt, um was der Jäger gebeten hatte. Dieser zog sich hierauf zurück, die Freunde gingen wieder in die Kammer, auch der Hund nahm seinen alten Platz wieder ein.

»Eine seltsame Nacht!« sagte Otto zu Adolf. »Am Ende ist der Gauner doch allein im Haus, die Spießgesellen sind ausgeblieben, und da die Überrumpelung mißlang, verzichtet er auf die Tat.«

»Möglich«, erwiderte Adolf und sah nach seiner Uhr, »aber noch ist's früh.«

Ein Schuß fiel. Gleich darauf entstand ein sonderbares Geräusch vor dem Dachfenster.

»Wer da?« rief Adolf und leuchtete mit der Lampe hin. Er brach in lautes Lachen aus, denn er erblickte das philisterhaft-vernünftige Gesicht eines Katers, der, wahrscheinlich durch den Schuß erschreckt und vom Licht angezogen, emporgeklettert war und ihn zunächst, von dem hellen Schein der Lampe geblendet, unter possierlichen Gebärden anstierte, dann davonsprang. Bald hernach hörten sie unten einen schweren Fall wie von einem lebendigen Körper, den plötzlich ein Messerstich hinwirft. Dröhnende Schritte ließen sich vernehmen, dazwischen die näselnde Stimme des alten Weibes.

»Wie steht's?« fragte sie. – »Tot!« antwortete der Jäger dumpf und stieß einen Fluch aus.

»Jesus Christus«, rief die Alte rauh und gellend. Darauf wurde es wieder still.

Die Freunde wußten nicht, was sie von dem Vorgang halten sollten. Sie setzten sich aufs Bett. Jeder hing seinen Gedanken nach. Endlich fielen sie, da alles stumm und lautlos blieb, in einen unruhigen Schlummer. In diesem Zustand halben Wachens und halben Träumens kam es Otto zuletzt vor, als ob er die Lampe erlöschen sähe. Hastig fuhr er auf, glaubte sich aber getäuscht zu haben, da die Kammer immer noch im Dämmerlicht lag. Da bemerkte er mit unaussprechlicher Freude, daß die Morgensonne rot und golden ins Fenster schien, und weckte den finster aussehenden, schlafenden Freund, der, das Beil fest umklammernd, auf die Streu zurückgesunken war.

»Was gibt's?« rief Adolf und sprang auf.

»Schau nur!« sagte Otto und führte ihn zum Fenster.

»Gelobt sei Gott!« sprach Adolf. »Ich hatte einen häßlichen Traum. Ich glaubte, schon in Italien zu sein, und ging durch einen Wald. Da sprang ein Trupp zerlumpter Gestalten aus dem dichten Gebüsch hervor und umzingelte mich unter wildem Geschrei. Ich, in der Todesgefahr, rufe: ›Hackt denn eine Krähe der andern die Augen aus? Ich bin euresgleichen, seht hier den Beweis!‹ Dabei zieh' ich den kleinen, biegsamen Dolch, den ich, wie du weißt, auf der Frankfurter Messe von einem jüdischen Trödler gekauft habe, heraus. Die Räuber aber lachen mich nur aus. Nun kommt plötzlich auf einem stattlichen Roß ein zweiter Reisender daher, und einer aus dem Trupp tritt vor mich hin und spricht: ›Du bist, was wir sind? Gut, wir nehmen dich unter uns auf, nun geh und mach an jenem dort dein Probestück!‹ In dem Augenblick wecktest du mich, und jetzt erinnere ich mich, daß dies die alberne Geschichte ist, die mein verstorbener Oheim oft erzählte und die ich ihm nie glaubte, weil die Frage nach dem Ausgang des verwickelten Handels ihn immer in Verlegenheit brachte.«

»Wir wollen diese Nacht und ihre Träume vergessen«, sagte Otto, »und uns dem vollen, frischen Gefühl des Lebens hingeben wie in einem Rausch! Zum erstenmal dürfen wir es als ein, wenn nicht erworbenes, so doch durch Wachsamkeit und Vorsorge erhaltenes kostbares Gut betrachten, nicht mehr als bloßes Geschenk!« Adolf drückte ihm warm und kräftig die Hand.

Jetzt erscholl die Stimme der Alten, die mit Andacht ihr Morgenlied absang. Deutlich vernahm man die fromme Gerhardtsche Strophe:

»Wach auf, mein Herz, und singe
Dem Schöpfer aller Dinge,
Dem Geber aller Güter,
Dem treuen Menschenhüter!«

Unwillkürlich stimmten die Freunde mit ein und stiegen die Leiter hinunter. Unten trat ihnen, freundlich grüßend, der Jäger entgegen. Sein Gesicht kam ihnen bei weitem nicht mehr so unangenehm vor wie in der Nacht zuvor. Sie waren schon geneigt, ihm in ihren Herzen Abbitte zu tun, da bemerkten sie aufs neue jenen boshaften Zug um den Mund und jenes verdächtige Lächeln, und der Mensch wurde ihnen widerlicher denn je. Er entschuldigte sich, daß er sie noch spät habe stören müssen.

»Freilich«, setzte er hinzu, »konnte ich nicht wissen, daß Sie mit offenen Augen schliefen, wie die Hasen, und mich, so leise ich auftrat, hören würden.« Dann führte er sie in das Wohnzimmer, wo die Alte bereits einen Kaffee braute, dessen aromatischer Duft ihnen kräftig und stärkend entgegendrang. Sie hielten es für das klügste, ihn schweigend zu genießen. Hierauf erkundigten sie sich bei dem Jäger, der seinen Hund kämmte, was sie ihm schuldeten. Lakonisch und ohne aufzusehen versetzte er, es habe sich bezahlt gemacht.

»Fehlt dir etwas von deinen Sachen?« fragte Adolf, der sich nicht länger halten konnte, seinen Freund spöttisch. Als Otto dies verneinte, sagte er zu dem Jäger: »Auch ich habe das meinige beisammen, darum nennt die Zeche!«

»Meine Herren!« rief der Jäger und leerte, an den Tisch tretend, ein Glas Bier. »Ich will nicht länger Versteck mit Ihnen spielen. Sie lagen die Nacht hindurch auf der Folter, und die Folter hat man umsonst!«

»Eine Aufrichtigkeit sondergleichen!« versetzte Adolf und sah Otto an.

»Nicht wahr«, fuhr der Jäger fort, »ich irrte mich nicht? Ich bin in Ihren Augen, was der schwarze Mann in den Augen der Kinder ist?«

»Ganz recht, mein Freund«, sagte Adolf und klopfte ihm mit unterdrücktem Grimm auf die Schulter. »Ihr seid der rechte Sohn Eures Vaters!«

»Das versteh' ich nicht«, entgegnete der Jäger und wurde über und über rot. »Aber, dies versprech' ich mir, nicht ohne Schamröte sollen Sie mein schlechtes Haus verlassen. Sehen Sie die alte Frau dort, die Ihnen gestern abend Brot und Bier brachte und heute morgen den Kaffee? Es ist meine Mutter! Sie hat keine Zähne mehr; auch von den Ihrigen werden Sie zweiunddreißig vermissen, wenn Sie einmal siebzig Jahre alt sind. Sie ist einäugig, aber nur, weil die Hand eines bösen Buben ihr das linke Auge ausschlug, als sie in ihrer einsamen Hütte überfallen wurde und den sauerverdienten Sparpfennig ihres Mannes nicht gutwillig hergeben wollte. Und nun hören Sie: Ich stand gestern abend schon hinter Ihnen, als Sie durchs Fenster meine arme Wohnung betrachteten, und wollte Sie eben, zuvorkommend, wie es sich gehört, zum gastlichen Eintritt einladen, da begannen Sie Ihre schnöden Bemerkungen über meine Mutter, die mich um so mehr verdrossen, je besser ich es mit Ihnen gemeint hatte. Hitzig, wie ich bin, hätte ich auf der Stelle, verzeihen Sie, daß ich es sage, mit meinem derben Eichenstock dreinschlagen mögen, aber ich ließ den bereits erhobenen Arm wieder sinken, denn mir kam der Gedanke einer gründlicheren Rache. Ich nahm mir vor, Sie zur Strafe für Ihren ungerechtfertigten Verdacht in der Phantasie alles Schreckliche durchempfinden zu lassen, das Sie in Wirklichkeit bei mir getroffen hätten, wenn ich gewesen wäre, wofür Sie mich hielten. So trat ich denn mit meiner Einladung zu Ihnen heran, suchte Sie aber, sobald ich Sie im Bereich meiner vier Wände sah, durch Zweideutigkeiten aller Art zu den schlimmsten Vermutungen aufzuregen und konnte dies auch noch die halbe Nacht hindurch fortsetzen, da mich die Pflege meines kranken Gauls, der leider um ein Uhr tot hinfiel, ohnehin nicht ans Bett denken ließ.«

»Also war es«, unterbrach Otto den Jäger, »der Tod des Gauls, den Ihr Eurer Mutter auf ihre Frage, wie's stünde, verkündet habt?«

»Auch das haben Sie gehört?« versetzte jener. »Nun, der Zufall hat mir besser gedient, als ich ahnen konnte! Daran dachte ich nicht. Mir war aller Mutwille vergangen, als ich das schöne treue Tier, das ich erst vor wenigen Wochen um teures Geld erstanden hatte, zusammenbrechen und alle viere von sich strecken sah. Ich schüttete den Hafer über den toten Körper und warf das Maß an die Wand, daß es zerbrach!«

»Seid Ihr«, fragte Adolf, »nicht der Sohn des –?« Er nannte

den Namen des schon erwähnten berüchtigten Mörders, dessen Hinrichtung er mit eigenen Augen gesehen hatte.

»Heiliger Gott, nein«, erwiderte der Jäger entsetzt. »Wie kommen Sie zu einer solchen Frage?«

»Ein alter Kalender«, warf Otto ein, »den wir oben fanden, veranlaßte diesen Irrtum, der uns in der Nacht mit Angst und Schrecken erfüllte und ohne den Euer Plan gewiß nicht so gut geglückt wäre.«

»Was in der Kammer alles liegen mag«, versetzte der Jäger, »weiß ich nicht, ich habe mich noch nicht darum kümmern können, denn ich bin erst seit kurzem im hiesigen Revier angestellt und habe bis auf weiteres in dieser schrecklichen Mordhöhle, die nächstens eingerissen und an deren Stelle ein ordentliches Haus gebaut werden soll, Quartier nehmen müssen.«

»Ihr seid ein braver Mann«, rief Adolf aus und legte seine Börse auf den Tisch. »Nehmt das als Beisteuer zu einem neuen Gaul!«

Otto wollte in studentischer Unbekümmertheit um den nächsten Tag dasselbe tun, doch der Jäger schob das Geld zurück und sagte: »Ich nehme keinen Pfennig, es ist genug, wenn wir uns gegenseitig vergeben!«

Oscar Wilde

Das Gespenst von Canterville

Als Mr. Hiram B. Otis, der amerikanische Gesandte, Schloß Canterville kaufte, sagte ihm ein jeder, daß er sehr unklug handle, da dies Schloß ohne Zweifel verwünscht sei.

Sogar Lord Canterville selbst, ein Mann von peinlichster Aufrichtigkeit, hatte es als seine Pflicht betrachtet, diese Tatsache Mr. Otis mitzuteilen, bevor sie den Verkauf abschlossen.

»Wir selbst haben das Schloß nicht bewohnt«, sagte Lord Canterville, »seit meine Großtante, die Herzogin-Mutter von Bolton, einst vor Schreck in Krämpfe verfiel, von denen sie sich nie wieder erholte, weil ein Skelett ihr seine beiden Hände auf die Schultern legte, als sie gerade beim Ankleiden war. Ich fühle mich verpflichtet, es Ihnen zu sagen, Mr. Otis, daß der Geist noch jetzt von verschiedenen Mitgliedern der Familie Canterville gesehen worden ist, sowie auch vom Geistlichen unseres Kirchspiels, Hochwürden Augustus Dampier, der im King's College, Cambridge, seinen Doktor gemacht hat. Nach dem unseligen Zwischenfall mit der Herzogin wollte keiner unserer Dienstboten mehr bei uns bleiben, und Lady Canterville konnte seitdem des Nachts häufig nicht mehr schlafen vor lauter unheimlichen Geräuschen, die über den Korridor und von der Bibliothek her kamen.«

»Mylord«, antwortete der Gesandte, »ich will die ganze Einrichtung und den Geist dazu kaufen. Ich komme aus einem modernen Land, wo wir alles haben, was mit Geld zu bezahlen ist; und ich meine, daß, mit all unsern smarten jungen Leuten, die Ihnen ihre besten Tenöre und Primadonnen abspenstig machen, gäbe es wirklich noch so etwas wie ein Gespenst in Europa, wir dieses in allerkürzester Zeit drüben haben würden, in einem unserer öffentlichen Museen oder auf dem Jahrmarkt.«

»Ich fürchte, das Gespenst existiert wirklich«, sagte Lord Canterville lächelnd, »wenn es sich auch bis jetzt Ihren Impresarios gegenüber ablehnend verhalten hat. Seit drei Jahrhunderten ist es wohlbekannt, genau gesprochen seit 1584, und es erscheint regelmäßig, kurz bevor ein Mitglied unserer Familie stirbt.«

»Nun, was das betrifft, das macht der Hausarzt ebenso, Lord Canterville. Aber es gibt ja doch gar keine Gespenster, und ich meine, daß die Gesetze der Natur sich nicht der britischen Aristokratie zuliebe aufheben lassen.«

»Sie sind jedenfalls sehr aufgeklärt in Amerika«, antwortete Lord Canterville, der Mr. Otis' letzte Bemerkung nicht ganz verstanden hatte, »und wenn das Gespenst im Haus Sie nicht weiter stört, so ist ja alles in Ordnung. Sie dürfen nur nicht vergessen, daß ich Sie gewarnt habe.«

Wenige Wochen später war der Kauf abgeschlossen, und gegen Ende der Saison bezog der Gesandte mit seiner Familie Schloß Canterville.

Mrs. Otis, die als Miß Lucretia R. Tappan, W. 53rd Street, New York, als große Schönheit gegolten hatte, war jetzt eine sehr attraktive Frau in mittleren Jahren, mit schönen Augen und einem tadellosen Profil. Viele Amerikanerinnen, die ihre Heimat verlassen, nehmen mit der Zeit das Gebaren einer chronischen Kränklichkeit an, da sie dies für ein Zeichen europäischer Kultur ansehen; aber Mrs. Otis war nie diesem Irrtum verfallen. Sie verfügte über eine ausgezeichnete Körperverfassung und einen hervorragenden Unternehmungsgeist. So war sie wirklich in mancher Hinsicht völlig englisch und ein vorzügliches Beispiel für die Tatsache, daß wir heutzutage alles mit Amerika gemein haben, ausgenommen natürlich die Sprache.

Ihr ältester Sohn, den die Eltern in einem heftigen Anfall von Patriotismus Washington genannt hatten, was er zeit seines Lebens beklagte, war ein blonder, hübscher junger Mann, der sich dadurch für den diplomatischen Dienst geeignet gezeigt hatte, daß er im Casino von Newport während dreier Winter die Françaisen kommandierte und sogar in London als vorzüglicher

Tänzer angesehen wurde. Gardenien und der Adelskalender waren seine einzigen Schwächen. Im übrigen war er außerordentlich vernünftig.

Miß Virginia E. Otis war ein kleines Fräulein von fünfzehn Jahren, graziös und lieblich wie ein junges Reh und mit schönen, klaren blauen Augen. Sie saß brillant zu Pferd und hatte einmal auf ihrem Pony mit dem alten Lord Bilton ein Wettrennen um den Park veranstaltet, wobei sie mit eineinhalb Pferdelängen Siegerin geblieben war, gerade vor der Achillesstatue, zum ganz besonderen Entzücken des jungen Herzogs von Cheshire, der sofort um ihre Hand anhielt und noch am gleichen Abend unter Tränenströmen nach Eton in seine Schule zurückgeschickt wurde.

Nach Virginia kamen die Zwillinge, entzückende Jungen, die in der Familie, mit Ausnahme des Herrn des Hauses natürlich, die einzigen wahren Republikaner waren.

Da Schloß Canterville acht Meilen von der nächsten Eisenbahnstation Ascot entfernt liegt, hatte Mr. Otis den Wagen bestellt, sie da abzuholen, und die Familie befand sich in der heitersten Stimmung. Es war ein herrlicher Juliabend, und die Luft war voll vom frischen Duft der nahen Tannenwälder. Ab und zu ließ sich die süße Stimme der Ringeltaube in der Ferne hören, und ein buntglänzender Fasan raschelte durch das hohe Farnkraut am Weg. Eichhörnchen blickten den Amerikanern von den hohen Buchen neugierig nach, als sie vorbeifuhren, und die wilden Kaninchen ergriffen die Flucht und schossen durch das Unterholz und über die moosigen Hügelchen dahin, die weißen Schwänzchen hoch in der Luft. Als man in den Park von Schloß Canterville einbog, bedeckte sich der Himmel plötzlich mit dunklen Wolken; die Luft schien gleichsam stillzustehen; ein großer Schwarm Krähen flog lautlos über ihren Häuptern dahin, und ehe man noch das Haus erreichte, fiel der Regen in dicken, schweren Tropfen.

Auf der Freitreppe empfing sie eine alte Frau in schwarzer Seide mit weißer Haube und Schürze: Das war Mrs. Umney, die Wirtschafterin, die Mrs. Otis auf Lady Cantervilles inständiges Bitten hin in ihrer bisherigen Stellung behalten wollte. Sie machte vor jedem einen tiefen Knicks, als sie nacheinander ausstiegen, und sagte in einer eigentümlich altmodischen Art: »Ich heiße Sie auf Schloß Canterville willkommen.«

Man folgte ihr ins Haus, durch die schöne alte Tudorhalle in die Bibliothek, ein langes, niedriges Zimmer mit schwarzer Eichenholztäfelung und einem großen bunten Glasfenster. Hier war der Teetisch für die Herrschaften gedeckt, und nachdem sie sich ihrer Mäntel entledigt hatten, setzten sie sich und sahen sich um, während Mrs. Umney sie bediente.

Da bemerkte Mrs. Otis plötzlich einen großen roten Fleck auf dem Fußboden, gerade vor dem Kamin, und in völliger Unkenntnis von dessen Bedeutung sagte sie zu Mrs. Umney: »Ich fürchte, da hat man aus Unvorsichtigkeit etwas verschüttet.«

»Ja, gnädige Frau«, erwiderte die alte Haushälterin leise, »auf jenem Fleck ist Blut geflossen.«

»Wie gräßlich!« rief Mrs. Otis. »Ich liebe durchaus keine Blutflecke in einem Wohnzimmer. Er muß sofort entfernt werden.«

Die alte Frau lächelte und erwiderte mit derselben leisen, geheimnisvollen Stimme: »Es ist das Blut von Lady Eleanore de Canterville, welche hier auf dieser Stelle von ihrem eigenen Gemahl, Sir Simon de Canterville, im Jahre 1575 ermordet wurde. Sir Simon überlebte sie um neun Jahre und verschwand dann plötzlich unter ganz geheimnisvollen Umständen. Sein Leichnam ist nie gefunden worden, aber sein schuldbeladener Geist geht noch jetzt hier im Schloß um. Der Blutfleck wurde schon oft von Reisenden bewundert und kann durch nichts entfernt werden.«

»Das ist alles Humbug«, rief Washington Otis, »Pinkertons Universal-Fleckenreiniger wird ihn im Nu beseitigen«, und ehe noch die erschrockene Haushälterin ihn davon zurückhalten konnte, lag er schon auf den Knien und scheuerte die Stelle am Boden mit einem kleinen Stumpf von etwas, das schwarzer Bartwichse ähnlich sah. In wenigen Augenblicken war keine Spur mehr von dem Blutfleck zu sehen.

»Na, ich wußte ja, daß Pinkerton das machen würde«, rief er triumphierend, während er sich seiner bewundernden Familie zuwandte; aber kaum hatte er diese Worte gesagt, da erleuchtete ein greller Blitz das düstere Zimmer, und ein tosender Donnerschlag ließ sie alle in die Höhe fahren, während Mrs. Umney in Ohnmacht fiel.

»Was für ein schauderhaftes Klima!« sagte der amerikanische Gesandte ruhig, während er sich eine neue Zigarette ansteckte. »Wahrscheinlich ist dieses alte Land so übervölkert, daß sie nicht mehr genug anständiges Wetter für jeden haben. Meiner Ansicht nach ist Auswanderung das einzig Richtige für England.«

»Mein lieber Hiram«, sprach Mrs. Otis, »was sollen wir bloß mit einer Frau anfangen, die ohnmächtig wird?«

»Rechne es ihr an, als ob sie etwas zerschlagen hätte, dann wird es nicht wieder vorkommen«, sagte der Gesandte; und in der Tat, schon nach wenigen Augenblicken kam Mrs. Umney wieder zu sich. Aber es war kein Zweifel, daß sie sehr aufgeregt war, und sie warnte Mr. Otis, es stände seinem Haus ein Unglück bevor.

»Ich habe mit meinen eigenen Augen Dinge gesehen, Sir«, sagte sie, »daß jedem Christenmenschen die Haare davon zu Berge stehen würden, und manche Nacht habe ich kein Auge zugetan aus Furcht vor dem Schrecklichen, das hier geschehen ist.«

Jedoch Mr. und Mrs. Otis beruhigten die ehrliche Seele, erklärten, daß sie sich nicht vor Gespenstern fürchteten, und nachdem die alte Haushälterin noch den Segen der Vorsehung auf ihre neue Herrschaft herabgefleht und um Erhöhung ihres Gehalts gebeten hatte, schlich sie zitternd auf ihr Zimmer.

*

Der Sturm wütete die ganze Nacht hindurch, aber sonst ereignete sich nichts von erwähnenswerter Bedeutung. Am nächsten Morgen jedoch, als die Familie zum Frühstück herunterkam, fanden sie den fürchterlichen Blutfleck wieder unverändert auf dem Fußboden. »Ich glaube nicht, daß die Schuld hiervon an Pinkertons Fleckenreiniger liegt«, erklärte Washington, »denn den habe ich immer mit Erfolg angewendet – es muß also das Gespenst sein.«

Er rieb nun zum zweitenmal den Fleck weg, aber am nächsten Morgen war er unbeschadet wieder da. Ebenso am dritten Morgen, trotzdem Mr. Otis selbst die Bibliothek am Abend vorher abgeschlossen und den Schlüssel in die Tasche gesteckt hatte.

Jetzt interessierte sich die ganze Familie für die Sache.

Mr. Otis fing an zu glauben, daß es doch allzu unüberlegt von ihm gewesen sei, die Existenz jedweder Gespenster zu leugnen.

Mrs. Otis sprach die Absicht aus, der Psychologischen Gesellschaft beizutreten, und Washington schrieb einen langen Brief an die Herren Myers & Podmore über die Unvertilgbarkeit blutiger Flecken im Zusammenhang mit Verbrechen.

In der darauffolgenden Nacht nun wurde jeder Zweifel an der Existenz von Gespenstern endgültig beseitigt. Den Tag über war es heiß und sonnig gewesen, und in der Kühle des Abends fuhr die Familie spazieren. Man kehrte erst gegen neun Uhr zurück, worauf das Abendessen eingenommen wurde. Die Unterhaltung berührte in keiner Weise Gespenster; es war also nicht einmal die Grundbedingung jener erwartungsvollen Aufnahmefähigkeit gegeben, welche so oft dem Erscheinen solcher Phänomene vorangeht. Die Gesprächsthemata waren, wie mir Mrs. Otis seitdem mitgeteilt hat, lediglich solche, wie sie unter gebildeten Amerikanern der höheren Klassen üblich sind, wie zum Beispiel die ungeheure Überlegenheit von Miß Fanny Davenport über Sarah Bernhardt als Schauspielerin; die Schwierigkeit, Grünkern- und Buchweizenkuchen selbst in den besten englischen Häusern zu bekommen; die hohe Bedeutung von Boston in Hinsicht auf die Entwicklung des Weltgeists; die Vorzüge des Freigepäcksystems beim Eisenbahnfahren und die angenehme Weichheit des New Yorker Akzents im Gegensatz zum schleppenden Londoner Dialekt.

In keiner Weise wurde das Übernatürliche berührt noch von Sir Simon de Canterville gesprochen. Um elf Uhr trennte man sich, und eine halbe Stunde darauf war bereits alles dunkel. Da plötzlich wachte Mr. Otis von einem Geräusch auf dem Korridor vor seiner Tür auf. Es klang wie Rasseln von Metall und schien mit jedem Augenblick näher zu kommen. Der Gesandte stand sofort auf, zündete eine Kerze an und sah nach der Uhr.

Es war Punkt eins.

Er war ganz ruhig und fühlte sich den Puls, der nicht im geringsten fieberhaft war. Das sonderbare Geräusch dauerte fort, und er hörte deutlich Schritte. Er zog die Pantoffeln an, nahm eine längliche Phiole von seinem Toilettentisch und öffnete die Tür. Da sah er, sich direkt gegenüber, im blassen Schein des Mondes, einen alten Mann von ganz greulichem Aussehen stehen. Des Alten Augen waren rot wie brennende Kohlen; langes graues Haar fiel in wirren Locken über seine Schultern; seine Kleidung von altmodischem Schnitt war beschmutzt und zerrissen, und schwere rostige Fesseln hingen ihm an Füßen und Händen.

»Mein lieber Herr«, sagte Mr. Otis, »ich muß Sie schon bitten, Ihre Ketten etwas zu schmieren, und ich habe Ihnen zu dem Zweck hier eine kleine Flasche von ›Tammany's Rising Sun Lubricator‹ mitgebracht. Man sagt, daß schon ein einmaliger Gebrauch genügt, und auf der Verpackung finden Sie die glänzendsten Atteste hierüber von unseren hervorragendsten einheimischen Geistlichen. Ich werde es Ihnen hier neben die Kerze stellen und bin mit Vergnügen bereit, Ihnen auf Wunsch mehr davon zu besorgen. Ein Wort nur genügt, und ich stehe Ihnen zu Diensten.«

Mit diesen Worten stellte der Gesandte der Vereinigten Staaten das Fläschchen auf einen Marmortisch, schloß die Tür und legte sich wieder ins Bett.

Für einen Augenblick war das Gespenst von Canterville ganz starr vor Entrüstung; dann schleuderte es die Flasche wütend auf den Boden und floh den Korridor hinab, indem es ein dumpfes Stöhnen ausstieß und ein gespenstisch grünes Licht um sich verbreitete. Als es gerade die große eichene Treppe erreichte, öffnete sich eine Tür, zwei kleine weißgekleidete Gestalten erschienen, und ein großes Kissen sauste an seinem Kopf vorbei. Da war augenscheinlich keine Zeit zu verlieren, und indem es hastig die vierte Dimension als Mittel zur Flucht benutzte, verschwand es durch die Täfelung, worauf das Haus ruhig wurde.

Als das Gespenst ein kleines geheimes Zimmer im linken

Schloßflügel erreicht hatte, lehnte es sich erschöpft gegen einen Mondstrahl, um erst wieder zu Atem zu kommen, und versuchte sich seine Lage klarzumachen. Niemals war es in seiner glänzenden und ununterbrochenen Laufbahn von dreihundert Jahren so gröblich beleidigt worden. Es dachte an die Herzogin-Mutter, die bei seinem Anblick Krämpfe bekommen hatte, als sie in ihren Spitzen und Diamanten vor dem Spiegel stand; an die vier Hausmädchen, die hysterisch wurden, als es sie bloß durch die Vorhänge eines der unbewohnten Schlafzimmer hindurch anlächelte; an den Pfarrer des Kirchspiels, dessen Kerze es eines Nachts ausgeblasen hatte, als derselbe einmal spät aus der Bibliothek kam, und der seitdem beständig bei Sir William Gull, geplagt von Nervenstörungen, in Behandlung war; an die alte Madame du Tremoullac, die, als sie eines Morgens früh aufwachte und in ihrem Lehnstuhl am Kamin ein Skelett sitzen sah, das ihr Tagebuch las, darauf sechs Wochen wegen Gehirnentzündung fest im Bett lag und nach ihrer Genesung eine treue Anhängerin der Kirche wurde und jede Verbindung mit dem notorischen Freigeist Monsieur de Voltaire abbrach.

Es erinnerte sich der entsetzlichen Nacht, als der böse Lord Canterville in seinem Ankleidezimmer halb erstickt aufgefunden wurde mit dem Karobuben im Schlund und gerade noch, ehe er starb, beichtete, daß er Charles James Fox vermittelst dieser Karte bei »Crockfords« um 50 000 Pfund Sterling betrogen hatte und daß ihm nun das Gespenst die Karte in den Schlund gesteckt habe.

Alle seine großen Taten kamen ihm ins Gedächtnis zurück, von dem Kammerdiener an, der sich in der Kirche erschoß, weil er eine grüne Hand an die Scheiben klopfen gesehen hatte, bis zu der schönen Lady Stutfield, die immer ein schwarzes Samtband um den Hals tragen mußte, damit die Spur von fünf in ihre weiße Haut eingebrannten Fingern verdeckt wurde, und die sich schließlich in dem Karpfenteich am Ende der Königspromenade ertränkte. Mit dem begeisterten Egoismus des wahren Künstlers versetzte es sich im Geist wieder in seine hervorragendsten Rollen und lächelte bitter, als es an sein letztes Auftreten als »Roter Ruben oder das erwürgte Kind« dachte oder an sein

Debüt als »Riese Gibeon, der Blutsauger von Bexley Moor« und das Furore, das es eines schönen Juliabends gemacht hatte, als es ganz einfach auf dem Tennisplatz mit seinen eigenen Knochen Kegel spielte. Und nach alledem kommen solche elenden modernen Amerikaner, bieten ihm Rising-Sun-Öl an und werfen ihm Kissen an den Kopf! Es war nicht auszuhalten. So war noch niemals in der Weltgeschichte ein Gespenst behandelt worden. Es schwur demgemäß Rache und blieb bis Tagesanbruch in tiefe Gedanken versunken.

*

Als am nächsten Morgen die Familie Otis zum Frühstück zusammenkam, wurde das Gespenst natürlich des längeren besprochen. Der Gesandte der Vereinigten Staaten war selbstverständlich etwas ungehalten, daß sein Geschenk so mißachtet worden war.

»Ich habe durchaus nicht die Absicht«, erklärte er, »dem Geist irgendeine persönliche Beleidigung zuzufügen, und ich muß sagen, daß es aus Rücksicht auf die lange Zeit, die er nun schon hier im Haus wohnt, nicht höflich ist, ihn mit Kissen zu bewerfen« – eine sehr wohlangebrachte Bemerkung, bei welcher, wie ich leider gestehen muß, die Zwillinge in ein lautes Gelächter ausbrachen.

»Andererseits«, fuhr Mr. Otis fort, »wenn er wirklich und durchaus den Rising-Sun-Lubricator nicht benutzen will, so werden wir ihm seine Ketten fortnehmen müssen; bei dem Lärm auf dem Korridor kann man ganz unmöglich schlafen.«

Die Schloßbewohner blieben jedoch die ganze Woche hindurch ungestört, und das einzige, was ihre Aufmerksamkeit erregte, war die beständige Erneuerung des Blutflecks auf dem Boden der Bibliothek. Das war jedenfalls sehr sonderbar, da die Tür und das Fenster des Nachts immer fest verschlossen und verriegelt waren. Auch die wechselnde Farbe des Flecks rief die verschiedensten Vermutungen hervor. Denn zuweilen war er ganz mattrot, dann wieder leuchtend oder auch tiefpurpurn, und als einmal die Familie zum High Tea herunterkam, fand sie ihn hell smaragdgrün! Diese koloristischen Metamorphosen amüsierten natürlich die Gesellschaft sehr, und jeden Abend wurden schon Wetten darüber geschlossen. Die einzige, welche nicht auf diesen und auch auf keine anderen Scherze einging, war die kleine Virginia, die aus irgendeinem ungeklärten Grund immer sehr betrübt beim Anblick des Blutflecks war.

Das zweite Auftreten des Gespenstes war am Sonntag abend. Kurz nachdem auch die männlichen Erwachsenen zu Bett gegangen waren, wurden sie plötzlich durch ein furchtbares Getöse in der Eingangshalle aufgeschreckt. Alle stürzten hinunter und sahen dort, daß eine alte Rüstung von ihrem Ständer auf den Steinboden gefallen war, während das Gespenst von Canterville in einem hochlehnigen Armstuhl saß und sich seine Knie mit einer Gebärde verzweifelten Schmerzes rieb. Die Zwillinge hatten ihre Flitzebogen mitgebracht und schossen zweimal nach ihm mit einer Treffsicherheit, die sie sich durch langes sorgfältiges Training auf ihren Schreiblehrer erworben hatten. Der Gesandte der Vereinigten Staaten richtete unterdessen seinen Revolver auf den Geist und rief ihm nach kalifornischer Etikette zu: »Hände hoch!«

Der Geist fuhr mit einem wilden Wutgeheul in die Höhe und mitten durch die Familie hin wie Rauch, indem er noch Washingtons Kerzenlicht ausblies und sie in völliger Dunkelheit zurückließ. Oben an der Treppe erholte sich das Gespenst wieder und beschloß, in sein berühmtes diabolisches Gelächter auszubrechen; das hatte sich ihm bei mehr als einer Gelegenheit schon nützlich erwiesen. Es soll Lord Rakers Perücke in einer einzigen Nacht gebleicht haben und hat jedenfalls drei der französischen Gouvernanten von Lady Canterville so mitgenommen, daß sie vor der Zeit und ohne Kündigung ihre Stellungen räumten. So lachte es denn also jetzt dieses sein fürchterlichstes Lachen, bis das alte hochgewölbte Dach davon gellte; aber kaum war das letzte grausige Echo verhallt, da öffnete sich eine Tür, und Mrs. Otis kam heraus in einem hellblauen Morgenrock.

»Ich fürchte, Ihnen ist nicht ganz wohl«, sagte sie, »und deshalb bringe ich Ihnen hier eine Flasche von Dr. Dobells Tropfen. Wenn es Verdauungsbeschwerden sind, so werden Sie finden, daß sie ein ganz vorzügliches Mittel sind.«

Der Geist betrachtete sie zornrot und wollte sich auf der Stelle in einen großen schwarzen Hund verwandeln – ein Kunststück, wodurch er mit Recht berühmt war und dem der Hausarzt die Geistesgestörtheit von Lord Cantervilles Onkel, Sir Thomas Horton, zuschrieb. Da hörte er aber Schritte, und das hielt ihn von seinem grausigen Vorhaben ab; er begnügte sich damit, phosphoreszierend zu werden, und verschwand mit einem dumpfen Kirchhofswimmern gerade in dem Moment, als die Zwillinge auf ihn zukamen.

Als der Geist sein Zimmer erreicht hatte, brach er völlig zusammen und verfiel in einen Zustand heftiger Gemütsbewegung. Die Roheit der Zwillinge und der krasse Materialismus von Mrs. Otis waren natürlich außerordentlich verstimmend; aber was ihn am meisten betrübte, war doch, daß er die alte Rüstung nicht mehr hatte tragen können. Er hatte gehofft, daß sogar moderne Amerikaner erschüttert sein würden beim Anblick eines Gespenstes in Rüstung, wenn auch aus keinem andern vernünftigen Grund, so doch aus Achtung vor ihrem Nationaldichter Longfellow, bei dessen graziöser und anziehender Poesie er selbst so manche Lesestunde verbracht hatte, während die Cantervilles in London waren. Und dabei war es noch seine eigene Rüstung! Er hatte sie mit großem Erfolg auf dem Turnier in Kenilworth getragen und darüber von niemand Geringerem als der »Jungfräulichen Königin« selber viel Schmeichelhaftes gesagt bekommen. Und als er die Rüstung heute anlegen wollte, hatte ihn das Gewicht des alten Panzers und Stahlhelms so erdrückt, daß er darunter zu Boden gegangen war, sich beide Knie heftig aufgeschlagen und die rechte Hand verstaucht hatte.

Mehrere Tage lang fühlte er sich nach diesem Vorfall ernstlich krank und verließ sein Zimmer nur, um den Blutfleck in Ordnung zu halten. Da er sich sonst jedoch sehr schonte, erholte er sich bald wieder und beschloß, noch einen dritten Versuch zu machen, den Gesandten und seine Familie in Angst und Schrekken zu versetzen.

Er wählte zu diesem seinem Auftreten Freitag, den 13. August, und beschäftigte sich den ganzen Tag damit, seine Kleidervorräte zu prüfen, bis er schließlich einen großen weichen Hut mit roter Feder, ein Laken mit Rüschen an Hals und Armen und einen rostigen Dolch wählte. Gegen Abend kam ein heftiger Regenschauer, und der Sturm rüttelte gewaltig an allen Türen und Fenstern des älteren Hauses. Das war das Wetter, wie er es liebte.

Sein Plan war folgender: Er wollte sich ganz leise in Washingtons Zimmer schleichen, ihm vom Fußende des Bettes aus wirres Zeug vorschwatzen und sich dann beim Klang leiser geisterhafter Musik dreimal den Dolch ins Herz stoßen. Er war auf Washington ganz besonders böse, weil er wußte, daß dieser es war, der immer wieder den Blutfleck mit Pinkertons Fleckenreiniger entfernte. Wenn er dann den frivolen und tollkühnen Jüngling in unbeschreiblichen Schrecken versetzt hatte, so wollte er sich in das Schlafzimmer von Mr. und Mrs. Otis begeben und dort eine eiskalte Hand Mrs. Otis auf die Stirn legen, während er ihrem zitternden Mann die entsetzlichen Geheimnisse des Beinhauses ins Ohr zischelte. Was die kleine Virginia anbetraf, so war er über sie noch nicht ganz im reinen. Sie hatte ihn nie in irgendeiner Weise beleidigt und war hübsch und sanft. Einige tiefe Seufzer aus dem Kleiderschrank würden mehr als genug für sie sein, dachte er, und wenn sie davon nicht aufwachte, so könnte er ja mit zitternden Fingern an ihrem Bettuch zerren. In bezug auf die Zwillinge war er aber fest entschlossen, ihnen eine ordentliche Lektion zu erteilen. Das erste war natürlich, daß er sich ihnen auf die Brust setzte, um das erstickende Gefühl eines Alpdrückens hervorzurufen. Dann würde er, da ihre Betten dicht nebeneinander standen, in der Gestalt eines grünen, eiskalten Leichnams zwischen ihnen stehen, bis sie vor Schrekken gelähmt waren; und zum Schluß wollte er mit weißgebleichten Knochen und einem rollenden Augapfel im Zimmer herumkriechen als »Stummer Daniel oder das Skelett des Selbstmörders«. Diese Rolle hatte bei mehr als einer Gelegenheit den allergrößten Eindruck gemacht und schien ihm so gut zu sein wie seine berühmte Darstellung des »Martin der Verrückte oder das verhüllte Geheimnis«.

Um halb elf Uhr hörte er die Familie zu Bett gehen. Er wurde noch einige Zeit durch das laute Lachen der Zwillinge gestört, die mit der leichtfertigen Heiterkeit von Schuljungen sich augenscheinlich herrlich amüsierten, ehe sie zu Bett gingen; aber um Viertel vor zwölf Uhr war alles still.

Als es Mitternacht schlug, machte er sich auf den Weg.

Die Eule schlug mit den Flügeln gegen die Fensterscheiben, der Rabe krächzte von dem alten Eichenbaum, und der Wind ächzte durch das Haus wie eine verlorene Seele; aber die Familie Otis schlief, unbekümmert um das nahende Verhängnis, und trotz Regen und Sturm hörte man das regelmäßige Schnarchen des Gesandten der Vereinigten Staaten.

Da trat das Gespenst leise aus der Täfelung hervor, mit einem bösen Lächeln um den grausamen, faltigen Mund, so daß sogar der Mond sein Gesicht verbarg, als er an dem hohen Fenster vorüberglitt, auf dem das Wappen des Gespenstes und das seiner ermordeten Frau in Gold und Hellblau gemalt waren. Leise schlürfte es weiter, wie ein böser Schatten; die Dunkelheit selber schien sich vor ihm zu grausen, wie es vorbeihuschte. Einmal kam es ihm vor, als höre es jemand rufen; es stand still, aber es war nur das Bellen eines Hundes auf dem nahen Bauernhof, und so schlich es weiter, während es wunderliche Flüche aus dem sechzehnten Jahrhundert vor sich hin murmelte und dann und wann mit dem rostigen Dolch in der Luft herumstach. Nun hatte es die Ecke des Korridors erreicht, der zu des unglücklichen Washingtons Zimmer führte. Einen Augenblick blieb es da stehen, und der Wind blies ihm seine grauen Locken um den Kopf und spielte ein phantastisches und groteskes Spiel mit den Falten des Leichentuchs.

Da schlug die Uhr Viertel, und es fühlte, jetzt sei die Zeit gekommen.

Es lächelte zufrieden vor sich hin und machte einen Schritt um die Ecke; aber kaum tat es das, da fuhr es mit einem jammervollen Schreckenslaut zurück und verbarg sein erblaßtes Gesicht in den langen knochigen Händen: Gerade vor ihm stand ein entsetzliches Gespenst, bewegungslos wie eine gemeißelte Statue und fürchterlich wie der Traum eines Wahnsinnigen! Der Kopf war kahl und glänzend, das Gesicht rund und fett und weiß, und gräßliches Lachen schien seine Züge in ein ewiges Grinsen verzerrt zu haben. Aus den Augen kamen rote Lichtstrahlen, der Mund war eine weite Feuerhöhle, und ein scheußliches Gewand, seinem eigenen ähnlich, verhüllte mit seinem schneeigen Weiß die Gestalt des Riesen. Auf seiner Brust war ein Plakat befestigt, mit einer sonderbaren Schrift in alten ungewöhnlichen Buchstaben – wohl irgendein Bericht wilder Missetaten, ein schmähliches Verzeichnis schauerlicher Verbrechen –, und in seiner rechten Hand hielt das Ungeheuer eine Keule von blitzendem Stahl.

Da der Geist noch nie in seinem Leben ein Gespenst gesehen hatte, so war er natürlich furchtbar erschrocken; und nachdem er noch einen zweiten hastigen Blick auf die entsetzliche Erscheinung geworfen hatte, floh er nach seinem Zimmer zurück, stolperte über sein langes Laken, als er den Korridor hinunterraste, und ließ schließlich noch seinen Dolch in die hohen Jagdstiefel des Gesandten fallen, wo ihn der Kammerdiener am nächsten Morgen fand. In seinem Zimmer angekommen, warf er sich auf das schmale Feldbett und verbarg sein Gesicht unter der Decke. Nach einer Weile jedoch rührte sich der tapfere alte Canterville-Charakter doch wieder, und der Geist beschloß, sobald der Tag graute, zu dem anderen Geist zu gehen und ihn anzusprechen. Kaum begann es zu dämmern, da machte er sich auf und ging zur Stelle, wo seine Augen zuerst das gräßliche Phantom erblickt hatten; denn er fühlte, es sei doch schließlich angenehmer, zwei Gespenster zusammen zu sein als eines allein, und daß er mit Hilfe dieses neuen Freunds erfolgreich gegen die Zwillinge zu Felde ziehen könne. Als er jedoch an die Stelle kam, bot sich ihm ein fürchterlicher Anblick. Dem Gespenst war jedenfalls ein Unglück passiert, denn in seinen hohlen Augen war das Licht erloschen, die glänzende Keule war seiner Hand entfallen, und es selber lehnte in einer höchst unbequemen gezwungenen Stellung an der Wand. Er stürzte vorwärts und zog es am Arm, da fiel zu seinem Entsetzen der Kopf ab, rollte auf den Boden, der Körper fiel in sich zusammen, und er hielt in seinen Händen eine weiße Bettgardine mit einem Besenstiel und einem Küchenbeil, während zu seinen Füßen ein hohler Kürbis lag! Er packte mit wilder Hast das Plakat, und da las er im grauen Licht des Morgens die fürchterlichen Worte:

»Das Otis-Gespenst.
Der einzig wahre und originale Spuk.
Vor Nachahmung wird gewarnt.
Bei allen anderen handelt es sich
um Fälschungen.«

Jetzt war ihm alles klar. Man hatte ihn zum besten gehabt, und er war darauf hereingefallen!

Der alte wilde Canterville-Blick kam in seine Augen, er kniff den zahnlosen Mund zusammen, und indem er seine knochigen Hände hoch in die Höhe warf, schwor er in der blumigen Ausdrucksweise alten Stils: Wenn Chanticleer zum zweitenmal in sein lustiges Hifthorn stieße, würden entsetzliche Bluttaten geschehen, und Feme würde auf leisen Sohlen durchs Haus schleichen.

Kaum hatte er diesen furchtbaren Schwur zu Ende geschworen, als vom roten Ziegeldach eines Bauernhofs der Hahn krähte. Das Gespenst lachte ein langes, dumpfes, bitteres Lachen und wartete. Stunde auf Stunde verrann, aber der Hahn krähte aus irgendeinem Grunde nicht wieder.

Endlich ließ ihn um halb acht das Kommen der Stubenmädchen seine grausige Nachtwache aufgeben, und er ging nach seinem Zimmer, in tiefen Gedanken über seinen vergeblichen Schwur und sein vereiteltes Vorhaben. Er schlug in verschiedenen alten Ritterbüchern nach, was er außerordentlich liebte, und fand, daß noch bei jeder Gelegenheit, wo dieser Schwur getan wurde, Chanticleer ein zweites Mal gekräht hatte.

»Zum Teufel mit dem faulen Hahn«, brummte er, »hätte ich doch den Tag erlebt, wo ich mit meinem sicheren Speer ihm durch die Gurgel gefahren wäre, und da hätte er, wenn auch schon im Sterben, für mich zweimal krähen müssen!« Hierauf legte er sich in einem kostbaren erzenen Sarg zur Ruhe und blieb da bis zum späten Abend.

Am nächsten Tag war der Geist sehr schwach und müde. Die furchtbaren Aufregungen der letzten vier Wochen fingen an, ihn anzugreifen, seine Nerven waren völlig überreizt, und beim geringsten Geräusch fuhr er erschreckt in die Höhe. Fünf Tage lang blieb er still auf seinem Zimmer und schickte sich darein, die ewige Sorge um den Blutfleck in der Bibliothek aufzugeben. Wenn die Familie Otis den Fleck nicht zu haben wünschte, so war sie ihn auch nicht wert. Das waren überhaupt augenscheinlich Leute von ganz niederer Bildung und völlig unfähig, den symbolischen Wert eines Hausgespenstes zu würdigen. Die Frage nach überirdischen Erscheinungen und der Entwicklung der Himmelskörper war natürlich eine ganz andere Sache, aber die ging ihn nichts an. Seine heilige Pflicht war es, einmal in der Woche auf dem Korridor zu spuken und jeden ersten und dritten Mittwoch im Monat von dem großen bunten Glasfenster aus in die Halle hinab wirres Zeug zu schwatzen: Von diesen beiden Verpflichtungen konnte er sich guten Gewissens nicht freimachen.

Gewiß war ja sein Leben ein äußerst böses gewesen, aber andererseits mußte man zugeben, daß er in allen Dingen, die mit dem Übernatürlichen zusammenhingen, außerordentlich gewissenhaft war. Mit dieser Gewissenhaftigkeit wanderte er also an den folgenden drei Freitagen wie gewöhnlich zwischen zwölf und drei Uhr die Korridore auf und ab, gab aber schrecklich darauf acht, daß er weder gehört noch gesehen wurde. Er zog die Stiefel aus und trat so leise wie möglich auf die alten wurmstichigen Böden; er trug einen weiten schwarzen Samtmantel und gebrauchte auch den Rising-Sun-Lubricator gewissenhaft, um seine Ketten damit zu schmieren. Dies letzte Vorsichtsmittel benutzte er, wie ich zugeben muß, erst nach vielen Schwierigkeiten. Eines Abends jedoch, während die Familie gerade beim Essen saß, schlich er sich in Mr. Otis' Schlafzimmer und holte sich die Flasche. Zuerst fühlte er sich wohl ein wenig gedemütigt, aber schließlich war er doch vernünftig genug, einzusehen, daß diese Erfindung etwas für sich hatte, jedenfalls diente sie bis zu einem gewissen Grade seinen Zwecken. Aber trotz alledem ließ man ihn noch immer nicht ganz unbelästigt. Beständig waren Stricke über den Korridor gespannt, über die er im Dunkeln natürlich fiel; und eines Abends, als er gerade als »Schwarzer Isaak oder der Jäger von Hogley Woods« angezogen war, stürzte er plötzlich heftig zu Boden, weil er auf einer Rutschbahn aus Butter, welche die Zwillinge vom Tapetenzimmer bis zur Eichentreppe hergerichtet hatten, ausgeglitten war. Diese letzte Beleidigung brachte ihn so in Wut, daß er beschloß, nur noch eine letzte Anstrengung zu machen, um seine Würde und seine gesellschaftliche Stellung zu sichern, und dies sollte damit geschehen, daß er den frechen jungen Eton-Schülern die nächste Nacht in seiner berühmten Rolle als »Kühner Ruprecht oder der Graf ohne Kopf« erscheinen wollte.

Seit mehr als siebzig Jahren war er nicht in dieser Rolle aufgetreten, seit er damals die hübsche Lady Barbara Modish so damit erschreckt hatte, daß sie plötzlich ihre Verlobung mit dem Großvater des jetzigen Lord Canterville auflöste und statt dessen mit dem schönen Jack Castletown nach Gretna Green floh, indem sie erklärte, um keinen Preis der Welt in eine Familie hineinheiraten zu wollen, die einem abscheulichen Gespenst erlaube, in der Dämmerung auf der Terrasse spazierenzugehen. Der arme Jack wurde später vom Lord Canterville im Duell am Wandsworth-Gehölz erschossen, und Lady Barbara starb, noch ehe das Jahr vergangen war, in Tunbridge Wells an gebrochenem Herzen; so war also damals sein Erscheinen von größtem Erfolg gekrönt worden. Aber es war mit dieser Rolle sehr viel Mühe verbunden, wenn ich so sagen darf, in Hinsicht auf eines der größten Geheimnisse des Übernatürlichen, und er brauchte volle drei Stunden zu den Vorbereitungen. Endlich war alles fertig, und er war sehr zufrieden mit seinem Aussehen. Die großen ledernen Reitstiefel, die zum Kostüm gehörten, waren ihm zwar ein bißchen zu weit, und er konnte nur eine der beiden großen Pistolen finden; aber im ganzen genommen war er doch sehr zufrieden mit sich, und um Viertel nach ein Uhr glitt er aus der Wandtäfelung hervor und schlich den Korridor hinab. Als er das Zimmer der Zwillinge erreicht hatte, das, wie ich erwähnen muß, wegen seiner Vorhänge auch das blaue Schlafzimmer genannt wurde, fand er die Tür nur angelehnt. Da er nun einen effektvollen Eintritt wünschte, so stieß er sie weit auf – schwupp! Da fiel ein schwerer Wasserkrug gerade auf ihn herunter und durchnäßte ihn bis auf die Haut. Im selben Augenblick hörte er unterdrücktes Gelächter vom Bett herkommen. Der Schock, den sein Nervensystem erlitt, war so stark, daß er, so schnell er nur konnte, in sein Zimmer lief; am nächsten Tag lag er mit einer heftigen Erkältung im Bett. Sein einziger Trost bei der Sache war, daß er seinen Kopf nicht bei sich gehabt hatte, denn wäre dies der Fall gewesen, so hätten die Folgen doch sehr ernst sein können.

Jetzt gab er alle Hoffnung auf, diese ordinären Amerikaner überhaupt noch zu erschrecken, und begnügte sich in der Regel damit, in Pantoffeln über den Korridor zu schleichen, mit einem dicken rotwollenen Schal um den Hals, aus Angst vor Zugluft, und einer kleinen Armbrust, für den Fall, daß ihn die Zwillinge angreifen sollten. Aber der Hauptschlag, der gegen ihn geführt wurde, erfolgte am 19. September. Er war in die große Eingangshalle gegangen, da er sich dort noch am unbehelligtsten wußte, und unterhielt sich damit, spöttische Bemerkungen über die lebensgroßen Photographien des Gesandten und seiner Frau zu machen, welche jetzt an Stelle der Ahnenbilder derer von Canterville hingen.

Er war einfach, aber ordentlich gekleidet, und zwar in ein langes Laken, das da und dort bräunliche Flecken von Friedhofserde aufwies, hatte seine untere Kinnlade mit vergilbten Leinenbändern hochgebunden und trug eine kleine Laterne und den Spaten eines Totengräbers.

Eigentlich war es das Kostüm von »Jonas der Grablose oder der Leichenräuber von Chertsey Barn«, eine seiner hervorragendsten Rollen, welche die Cantervilles allen Grund hatten zu kennen, weil durch sie der ewige Streit mit ihrem Nachbarn Lord Rufford verursacht worden war.

Es ging auf Viertel vor drei Uhr morgens, und allem Anschein nach rührte sich nichts. Als er jedoch langsam zur Bibliothek schlenderte, um einmal wieder nach Spuren des Blutflecks zu sehen, da sprangen aus einer dunklen Ecke plötzlich zwei Gestalten hervor, welche ihm »Buh!« in die Ohren brüllten.

Von panischem Schrecken ergriffen, der unter solchen Umständen nur selbstverständlich erscheinen muß, raste er zur Treppe, wo aber schon Washington mit der großen Gartenspritze auf ihn wartete; da er sich nun von seinen Feinden so umzingelt und fast zur Verzweiflung getrieben sah, verschwand er schleunigst in dem großen eisernen Ofen, der zu seinem Glück nicht beheizt war, und mußte nun auf einem höchst beschwerlichen Weg durch Ofenrohre und Kamine zu seinem Zimmer zurück, wo er völlig erschöpft, beschmutzt und verzweifelt ankam.

Nach diesem Erlebnis wurde er nie mehr auf einer solchen nächtlichen Expedition angetroffen. Die Zwillinge warteten bei den verschiedensten Gelegenheiten auf sein Erscheinen und streuten jede Nacht den Korridor ganz voll Nußschalen, zum großen Ärger ihrer Eltern und der Dienerschaft, aber es war alles vergebens. Augenscheinlich waren die Gefühle des armen Gespenstes derart verletzt, daß es sich nicht wieder zeigen wollte.

In der Folge nahm dann Mr. Otis sein großes Werk über die Geschichte der demokratischen Partei wieder auf, das ihn schon seit Jahren beschäftigte; Mrs. Otis organisierte ein wunderbares Preiskuchenbacken, das die ganze Grafschaft in Bewegung setzte; die Jungen gaben sich dem Vergnügen von Lacrosse, Euchre, Poker und weiteren amerikanischen Nationalspielen hin, und Virginia ritt auf ihrem hübschen Pony im Park spazieren, begleitet von dem jungen Herzog von Cheshire, der die letzten Wochen der großen Ferien auf Schloß Canterville verleben durfte.

Man nahm allgemein an, daß der Geist das Schloß verlassen habe, ja, Mr. Otis schrieb sogar einen Brief in diesem Sinn an Lord Canterville, der in Erwiderung desselben seine große Freude über diese glückliche Nachricht aussprach und sich der werten Frau Gemahlin auf das angelegentlichste empfehlen ließ.

Die Familie Otis hatte sich aber getäuscht, denn der Geist war noch im Haus, und wenn auch fast schwerkrank, so war er doch keinesfalls entschlossen, die Sache auf sich beruhen zu lassen, besonders als er hörte, daß sich unter den Gästen auch der junge Herzog von Cheshire befände, dessen Großonkel Lord Francis Stilton einst um 1000 Guineen mit Oberst Carbury gewettet hatte, daß er mit dem Geist Würfel spielen wollte, und der am nächsten Morgen im Spielzimmer, auf dem Boden liegend, in einem Zustand hilfloser Lähmung gefunden wurde. Obwohl er noch ein hohes Alter erreichte, so war er niemals wieder fähig gewesen, etwas anderes als »Two à tout« zu sagen. Die Geschichte war seinerzeit allgemein bekannt, obgleich natürlich aus Rücksicht auf die beiden vornehmen Familien die größten Anstrengungen gemacht wurden, sie zu vertuschen. Aber der ausführliche Bericht darüber mit allen näheren Umständen ist in dem dritten Band von Lord Tattles Erinnerungen an den Prinzregenten und seine Freunde zu finden. Der Geist war natürlich sehr besorgt zu zeigen, daß er seine Macht über die Stiltons noch nicht verloren hätte, mit denen er ja noch dazu entfernt verwandt war, da seine Cousine in zweiter Ehe mit dem Sieur de Bulkeley vermählt war, von dem, wie allgemein bekannt, die Herzöge von Cheshire abstammen. So also traf er Vorkehrungen, Virginias kleinem Liebhaber in seiner berühmten Rolle als »Vampirmönch oder der blutlose Benediktiner« zu erscheinen. Dies war eine so fürchterliche Pantomime, daß Lady Startup an jenem verhängnisvollen Neujahrsabend 1764 vor Schreck von einem Gehirnschlag getroffen wurde, an dem sie nach drei Tagen verstarb, nachdem sie noch schnell die Cantervilles, ihre nächsten Verwandten, enterbt und ihren ganzen Besitz ihrem Londoner Apotheker vermacht hatte. Im letzten Moment aber verhinderte den Geist die Angst vor den Zwillingen, sein Zimmer zu verlassen, und der kleine Herzog schlief friedlich in seinem hohen Himmelbett im königlichen Schlafzimmer und träumte von der kleinen Virginia.

Wenige Tage später ritten Virginia und ihr goldlockiger junger Galan über die Brockley-Wiesen spazieren, wo sie beim Springen über eine Hecke ihr Reitkleid derart zerriß, daß sie, zu Hause angekommen, vorzog, die Hintertreppe hinaufzugehen, um nicht gesehen zu werden. Als sie an dem alten Gobelinzimmer vorüberkam, dessen Tür zufällig halb offen stand, vermeinte sie jemanden drinnen zu sehen, und da sie das Kammermädchen ihrer Mama darin vermutete, das dort zuweilen arbeitete, so ging sie hinein, um gleich ihr Kleid ausbessern zu lassen.

Zu ihrer ungeheuren Überraschung war es jedoch das Gespenst von Canterville selber!

Es saß am Fenster und betrachtete das matte Gold des vergilbten Laubes, wie es durch die Luft flog und die roten Blätter einen wilden Reigen in der langen Allee tanzten. Es hatte den Kopf in die Hand gestützt, und seine ganze Haltung drückte tiefe Niedergeschlagenheit aus. Ja, so verlassen und verfallen sah es aus, daß die kleine Virginia, deren erster Gedanke gewesen war, zu fliehen und sich in ihr Zimmer einzuschließen, von Mitleid erfüllt, sich entschloß zu bleiben, um das arme Gespenst zu trösten. Ihr Schritt war so leicht und seine Melancholie so tief, daß es ihre Gegenwart erst bemerkte, als sie es ansprach.

»Sie tun mir so leid«, sagte sie, »aber morgen müssen meine Brüder nach Eton zurück, und wenn Sie sich wie ein kultivierter Mensch betragen, so wird Sie niemand mehr ärgern.«

»Das ist ein einfältiges und ganz unsinniges Verlangen einem Geist gegenüber«, antwortete er, indem er erstaunt das hübsche kleine Mädchen ansah, das ihn anzureden wagte. »Ich muß mit meinen Ketten rasseln und durch Schlüssellöcher stöhnen und des Nachts herumwandeln, wenn es das ist, was Sie meinen. Das ist ja mein einziger Lebenszweck.«

»Das ist überhaupt kein Lebenszweck, und Sie wissen sehr gut, daß Sie ein böser, schlechter Mensch gewesen sind. Mrs. Umney hat uns am ersten Tag unseres Hierseins gesagt, daß Sie Ihre Frau getötet haben.«

»Nun ja, das gebe ich zu«, sagte das Gespenst verärgert, »aber das war doch eine reine Familienangelegenheit und ging niemand anderen etwas an.«

»Es ist sehr unrecht, jemand umzubringen«, sagte Virginia, die zeitweise einen ungemein lieblichen puritanischen Ernst besaß, mit dem sie von irgendeinem Vorfahren aus Neuengland belastet war.

»Oh, wie ich die wohlfeile Strenge abstrakter Moral hasse! Meine Frau war sehr häßlich, hat mir niemals die Manschetten ordentlich stärken lassen und verstand nichts vom Kochen. Denken Sie nur, einst hatte ich einen Kapitalbock in Hogley Woods geschossen, und wissen Sie, wie sie ihn auf den Tisch brachte? Aber das ist ja jetzt ganz gleichgültig, denn es ist lange her, und ich kann nicht finden, daß es nett von ihren Brüdern war, mich zu Tode hungern zu lassen, bloß weil ich sie getötet hatte.«

»Sie zu Tode hungern? Oh, lieber Mr. Geist, ich meine Sir Simon, sind Sie hungrig? Ich habe ein Butterbrot bei mir, möchten Sie das haben?«

»Nein, ich danke Ihnen sehr, ich nehme jetzt nie mehr etwas zu mir; aber trotzdem ist es sehr freundlich von Ihnen, und Sie sind überhaupt viel netter als alle anderen in Ihrer abscheulich groben, vulgären, unehrlichen Familie.«

»Schweigen Sie!« rief Virginia und stampfte mit dem Fuß auf. »Sie sind es, der grob, abscheulich und gewöhnlich ist, und was die Unehrlichkeit betrifft, so wissen Sie sehr wohl, daß Sie mir alle Farben aus meinem Malkasten gestohlen haben, um den lächerlichen Blutfleck in der Bibliothek stets frisch zu machen! Erst nahmen Sie alle die roten, sogar das Scharlach, und ich konnte gar keine Sonnenuntergänge mehr malen, dann nahmen Sie Smaragdgrün und Chromgelb, und schließlich blieb mir nichts mehr als Indigoblau und Deckweiß, da konnte ich nur noch Mondscheinlandschaften malen, die immer solchen melancholischen Eindruck machen und gar nicht leicht zu malen sind. Ich habe Sie nie verraten, obgleich ich sehr ärgerlich war, und die ganze Sache war ja überhaupt lächerlich; denn wer hat je im Leben von grünen Blutflecken gehört?«

»Ja, aber was sollte ich tun«, sagte der Geist kleinlaut, »heutzutage ist es schwer, wirkliches Blut zu bekommen, und als Ihr Bruder nun mit seinem Fleckenreiniger anfing, da sah ich wirklich nicht ein, warum ich nicht Ihre Farben nehmen sollte. Was nun die besondere Färbung betrifft, so ist das lediglich Geschmackssache; die Cantervilles zum Beispiel haben blaues Blut, das allerblaueste in England: Aber ich weiß, ihr Amerikaner macht euch nichts aus dergleichen.«

»Darüber wissen Sie gar nichts, und das beste wäre, Sie wanderten aus und vervollkommneten drüben Ihre Bildung. Mein Vater wird nur zu glücklich sein, Ihnen freie Überfahrt zu verschaffen, und wenn auch ein hoher Zoll auf Geistigem jeder

Art liegt, so wird es doch auf dem Zollamt keine Schwierigkeiten geben, denn die Beamten sind Anhänger der Demokratischen Partei. Wenn Sie erst mal in New York sind, so garantiere ich Ihnen einen großen Erfolg. Ich kenne eine Menge Leute, die tausend Dollar dafür geben würden, einen Großvater zu haben, und noch unendlich viel mehr für ein Familiengespenst.«

»Ich glaube, mir würde Amerika nicht gefallen.«

»Wahrscheinlich weil wir keine Ruinen und Altertümer haben«, sagte Virginia spöttisch.

»Keine Ruinen? Keine Altertümer?« erwiderte der Geist. »Sie haben doch Ihre Marine und Ihre Umgangsformen!«

»Guten Abend! Ich gehe jetzt und will Papa bitten, den Zwillingen noch acht Tage extra länger Ferien zu geben.«

»Bitte, gehen Sie nicht, Miß Virginia«, rief das Gespenst, »ich bin so einsam und unglücklich und weiß nicht mehr, was ich tun soll. Ich möchte nur schlafen und kann es doch nicht.«

»Das ist töricht! Sie brauchen doch nur zu Bett zu gehen und die Kerze auszublasen. Manchmal ist es so schwer, wach zu bleiben, besonders in der Kirche; aber beim Einschlafen gibt es doch gar keine Schwierigkeiten. Sogar die kleinen Kinder können das und sind doch gar nicht klug.«

»Seit dreihundert Jahren habe ich nicht mehr geschlafen«, sagte das Gespenst traurig, und Virginias schöne blaue Augen öffneten sich weit in grenzenlosem Erstaunen, »seit dreihundert Jahren habe ich nicht mehr geschlafen, und ich bin so müde.«

Virginia wurde auf einmal ganz ernst, und ihre kleinen Lippen zitterten wie Rosenblätter. Sie trat näher zu ihm, kniete sich an seine Seite und sah zu seinem alten zerfurchten Gesicht auf.

»Armer, armer Geist«, sprach sie leise, »haben Sie denn kein Fleckchen, wo Sie mal schlafen können?«

»Weit hinter jenen Wäldern liegt ein kleiner Garten«, sagte der Geist mit verträumter ferner Stimme. »Da wächst hohes Gras, da blühen die großen weißen Sterne des Schierlings, und die Nachtigallen singen die ganze Nacht hindurch. Die ganze lange Nacht singen sie, und der kalte, kristallene Mond schaut nieder, und die Trauerweide breitet ihre Riesenarme über die Schläfer aus.«

Virginias Augen füllten sich mit Tränen, und sie verbarg das Gesicht in den Händen.

»Sie meinen den Garten des Todes«, flüsterte sie leise schluchzend.

»Ja, Tod. Der Tod muß so schön sein. In der weichen braunen Erde liegen, während das hohe Gras über einem hin- und herschwankt, und der Stille zu lauschen. Kein Gestern, kein Morgen haben. Die Zeit und das Leben vergessen, im Frieden sein. Sie können mir helfen. Sie können mir die Tore des Todes öffnen, denn auf Ihrer Seite ist stets die Liebe, und die Liebe ist stärker als der Tod.«

Virginia zitterte, und ein kalter Schauer durchlief sie, und einige Minuten lang war es still. Es schien ihr wie ein angstvoller Traum.

Dann sprach der Geist wieder, und seine Stimme klang wie das Seufzen des Windes: »Haben Sie je die alte Prophezeiung an dem Fenster in der Bibliothek gelesen?«

»Oh, wie oft«, rief das junge Mädchen aufblickend, »ich kenne sie sehr gut. Sie ist mit verschnörkelten schwarzen Buchstaben geschrieben und schwer zu lesen, es sind nur sechs Zeilen:

Wenn ein goldenes Mädchen es dahin bringt,
Daß es sündige Lippen zum Beten zwingt,
Wenn die dürre Mandel unter Blüten sich senkt,
Ein unschuldiges Kind seine Tränen verschenkt,
Dann wird dieses Haus wieder ruhig und still,
Und Friede kehrt ein auf Schloß Canterville.

Aber ich weiß nicht, was das heißen soll.«

»Das heißt: daß Sie für mich über meine Sünden weinen müssen, da ich keine Tränen habe, und für mich für meine Seele beten müssen, da ich keinen Glauben habe, und dann, wenn Sie immer gut und sanft gewesen sind, dann wird der Engel des Todes Erbarmen mit mir haben. Sie werden entsetzliche Gestalten im Dunkeln sehen, Schauriges wird Ihr Ohr vernehmen, aber es wird Ihnen kein Leid geschehen, denn über die Unschuld eines Kindes haben die Gewalten der Hölle keine Macht.«

Virginia antwortete nicht, und der Geist rang verzweifelt die Hände, während er auf ihr gesenktes Köpfchen hinabsah. Plötzlich erhob sie sich, ganz blaß, aber ihre Augen leuchteten.

»Ich fürchte mich nicht«, sagte sie bestimmt, »ich will den Engel bitten, Erbarmen mit Ihnen zu haben.«

Mit einem leisen Freudenausruf stand der Geist auf, ergriff mit altmodischer Galanterie ihre Hand und küßte sie. Seine Finger waren kalt wie Eis, und seine Lippen brannten wie Feuer, aber Virginia zauderte nicht, als er sie durch das dämmerdunkle Zimmer führte. In die verblaßten grünen Gobelins waren kleine Jäger gewirkt, die bliesen auf ihren Hörnern und winkten ihr mit den winzigen Händen, umzukehren. »Kehre um, kleine Virginia«, riefen sie, »kehre um!« Aber der Geist faßte ihre Hand fester, und sie schloß die Augen. Greuliche Tiere mit Eidechsenschwänzen und feurigen Augen sahen sie vom Kaminsims an und grinsten: »Nimm dich in acht, Virginia, nimm dich in acht! Vielleicht sieht man dich nie wieder!« Aber der Geist ging noch schneller voran, und Virginia hörte nicht auf die Stimmen. Am Ende des Zimmers hielt das Gespenst an und murmelte einige Worte, die sie nicht verstand. Sie schlug die Augen auf und sah die Wand vor sich verschwinden wie im Nebel, und eine große schwarze Höhle tat sich auf. Es wurde ihr eisig kalt, und sie fühlte etwas an ihrem Kleid zerren. »Schnell, schnell«, rief der Geist, »sonst ist es zu spät«, und schon hatte sich die Wand hinter ihnen wieder geschlossen, und das Gobelinzimmer war leer.

*

Ungefähr zehn Minuten später tönte der Gong zum Tee, und da Virginia nicht herunterkam, schickte Mrs. Otis einen Diener hinauf, sie zu rufen. Nach kurzer Zeit kam er wieder und sagte, daß er Miß Virginia nirgends habe finden können. Da sie um diese Zeit gewöhnlich in den Garten ging, um Blumen für den Mittagstisch zu pflücken, so war Mrs. Otis zuerst nicht weiter besorgt; aber als es sechs Uhr schlug und Virginia immer noch nicht da war, wurde sie doch unruhig und schickte die Jungen aus, sie zu suchen, während sie und Mr. Otis durch das ganze

Haus gingen. Um halb sieben kamen die Jungen wieder und berichteten, sie hätten nirgends auch nur eine Spur ihrer Schwester entdecken können. Jetzt waren alle auf das äußerste beunruhigt und wußten nicht mehr, was sie tun sollten, als Mr. Otis sich plötzlich darauf besann, daß er vor einigen Tagen einer Zigeunertruppe erlaubt habe, im Park zu übernachten. So machte er sich auch sofort auf nach Blackfell Hollow, wo sich die Truppe, wie er wußte, jetzt aufhielt, und sein ältester Sohn und zwei Bauernburschen begleiteten ihn. Der kleine Herzog von Cheshire, der vor Angst ganz außer sich war, bat inständig, sich anschließen zu dürfen, aber Mr. Otis wollte es ihm nicht erlauben, da er fürchtete, der junge Herr würde nur stören. Als sie jedoch an die gesuchte Stelle kamen, waren die Zigeuner fort, und zwar war ihr Abschied augenscheinlich ein sehr rascher gewesen, wie das noch brennende Feuer und einige im Gras liegende Teller bewiesen.

Nachdem er Washington weiter auf die Suche geschickt hatte, eilte Mr. Otis heim und sandte Telegramme an alle Polizeiposten der Grafschaft, in denen er sie ersuchte, nach einem kleinen Mädchen zu suchen, das von Landstreichern oder Zigeunern entführt worden sei. Dann ließ er sein Pferd satteln, und nachdem er darauf bestanden hatte, daß seine Frau und die beiden Jungen sich zu Tisch setzten, ritt er mit einem Knecht nach Ascot. Aber kaum hatte er ein paar Meilen zurückgelegt, als er jemand hinter sich hergaloppieren hörte: Es war der junge Herzog, der auf seinem Pony mit erhitztem Gesicht und ohne Hut hinter ihm herkam.

»Ich bitte um Verzeihung, Mr. Otis«, sagte er atemlos, »aber ich kann nicht zu Abend essen, solange Virginia nicht gefunden ist. Bitte, seien Sie mir nicht böse; wenn Sie voriges Jahr Ihre Einwilligung zu unserer Verlobung gegeben hätten, so würde all diese Sorge uns erspart geblieben sein. Sie schicken mich nicht zurück, nicht wahr? Ich gehe auf jeden Fall mit Ihnen!«

Der Gesandte mußte lächeln über den hübschen Jungen und war wirklich gerührt über seine Liebe zu Virginia; so lehnte er sich denn zu ihm hinüber, klopfte ihm freundlich auf die Schulter und sagte: »Nun gut, Cecil, wenn Sie nicht umkehren wollen, so müssen Sie mit mir kommen, aber dann muß ich Ihnen in Ascot erst einen Hut kaufen.«

»Ach, zum Teufel mit meinem Hut! Ich will Virginia wiederhaben!« rief der kleine Herzog lachend, und sie ritten weiter zur Bahnstation. Dort erkundigte sich Mr. Otis bei dem Bahnhofsvorsteher, ob nicht eine junge Dame auf dem Bahnsteig gesehen worden sei, auf die die Beschreibung von Virginia passe; aber er konnte nichts über sie erfahren. Der Bahnhofsvorsteher telegraphierte die Strecke hinauf und hinunter und versicherte Mr. Otis, daß man auf das gewissenhafteste nachforschen werde; und nachdem Mr. Otis noch bei einem Herrenausstatter, der eben seinen Laden schließen wollte, dem jungen Herzog einen Hut gekauft hatte, ritten sie nach Bexley weiter, einem Dorf, das ungefähr vier Meilen entfernt lag und bei dem die Zigeuner besonders gern ihr Lager aufschlugen, weil es bei einer großen Wiese lag. Hier weckten sie den Ortspolizisten, konnten aber nichts von ihm in Erfahrung bringen; und nachdem sie die ganze Gegend abgesucht hatten, mußten sie sich schließlich unverrichteterdinge auf den Heimweg machen und erreichten todmüde und gebrochenen Herzens um elf Uhr wieder das Schloß. Sie fanden Washington und die Zwillinge am Tor, wo sie mit Laternen gewartet hatten, weil die Allee so dunkel war. Nicht die geringste Spur von Virginia hatte man bisher entdecken können. Man hatte die Zigeuner auf den Wiesen von Brockley eingeholt, aber sie war nicht bei ihnen, und die Zigeuner hatten ihre plötzliche Abreise damit erklärt, daß sie eiligst auf den Jahrmarkt von Chorton gemußt hätten, um dort nicht zu spät anzukommen. Es hatte ihnen wirklich herzlich leid getan, von Virginias Verschwinden zu hören, und da sie Mr. Otis dankbar waren, weil er ihnen den Aufenthalt in seinem Park gestattet hatte, so waren vier von der Truppe mit zurückgekommen, um sich an der Suche zu beteiligen. Man ließ den Karpfenteich ab und durchsuchte jeden Winkel im Schloß – alles ohne Erfolg.

Es gab keinen Zweifel, Virginia war, wenigstens für diese Nacht, verloren.

In tiefster Niedergeschlagenheit kehrten Mr. Otis und die Jungen in das Haus zurück, während der Knecht mit den beiden

Pferden und dem Pony folgte. In der Halle standen alle Dienstboten aufgeregt beieinander, und auf einem Sofa in der Bibliothek lag die arme Mrs. Otis, die vor Schrecken und Angst fast den Verstand verloren hatte und der die gute alte Haushälterin die Stirn mit Eau de Cologne betupfte. Mr. Otis bestand darauf, daß sie etwas esse, und bestellte das Diner für die ganze Familie. Es war eine trübselige Mahlzeit, bei der kaum einer ein Wort sprach; sogar die Zwillinge waren vor Schrecken stumm, denn sie liebten ihre Schwester sehr.

Als man fertig war, schickte Mr. Otis trotz der dringenden Bitten des jungen Herzogs alle zu Bett, indem er erklärte, daß man jetzt in der Nacht ja doch nichts mehr tun könne, und am nächsten Morgen wolle er sofort Scotland Yard telegraphieren, daß man ihnen mehrere Detektive schicken solle. Gerade als man den Speisesaal verließ, schlug die große Turmuhr Mitternacht, und als der letzte Schlag verklungen war, hörte man plötzlich ein furchtbares Gepolter und einen durchdringenden Schrei: Ein wilder Donner erschütterte das Haus in seinen Grundfesten, ein Strom überirdischer Musik durchzog die Luft, die Wandtäfelung oben an der Treppe flog mit tosendem Lärm zur Seite, und in der Öffnung stand, blaß und weiß, mit einer kleinen Schatulle in der Hand – Virginia! Im Nu waren alle zu ihr hinaufgestürmt. Mrs. Otis preßte sie leidenschaftlich in ihre Arme, der Herzog erstickte sie fast mit seinen Küssen, und die Zwillinge vollführten einen wilden Indianertanz um die Gruppe herum.

»Mein Gott! Kind, wo bist du nur gewesen?« rief Mr. Otis fast etwas ärgerlich, da er glaubte, sie habe sich einen törichten Scherz mit ihnen erlaubt. »Cecil und ich sind meilenweit über Land geritten, dich zu suchen, und deine Mutter hat sich zu Tode geängstigt. Du mußt nie wieder solche dummen Streiche machen.«

»Nur das Gespenst darfst du foppen, nur das Gespenst!« schrien die Zwillinge und sprangen umher wie verrückt.

»Mein Liebling, Gott sei Dank, daß wir dich wiederhaben, du darfst mir nie wieder von der Seite«, sagte Mrs. Otis zärtlich, während sie die zitternde Virginia küßte und ihr die langen zerzausten Locken glattstrich.

»Papa«, sagte Virginia ruhig, »ich war bei dem Gespenst. Es ist tot, und du mußt kommen, es zu sehen. Es ist in seinem Leben ein schlechter Mensch gewesen, aber es hat alle seine Sünden bereut, und ehe es starb, gab es mir diese Schatulle mit sehr kostbaren Juwelen.«

Die ganze Familie starrte sie stumm und verwundert an, aber sie sprach in vollem Ernst, wandte sich um und führte sie durch die Öffnung in der Wandtäfelung einen engen geheimen Gang entlang; Washington folgte mit einer Kerze, die er vom Tisch genommen hatte. Endlich gelangten sie zu einer schweren eichenen Tür, die ganz mit rostigen Nägeln beschlagen war. Als Virginia sie berührte, flog sie in ihren schweren Angeln zurück, und man befand sich in einem kleinen niedrigen Zimmer mit gewölbter Decke und einem vergitterten Fenster; ein schwerer eiserner Ring war in die Wand eingelassen, und daran angekettet lag ein riesiges Skelett, das der Länge nach auf dem steinernen Boden ausgestreckt war und mit seinen langen, fleischlosen Fingern nach einem altmodischen Krug und Teller zu greifen versuchte, die man aber gerade so weit gestellt hatte, daß die Hand sie nicht erreichen konnte. Der Krug war wohl einmal mit Wasser gefüllt gewesen, denn innen war er ganz mit grünem Schimmel überzogen. Auf dem Zinnteller lag nur ein Häufchen Staub. Virginia kniete neben dem Skelett nieder, faltete ihre kleinen Hände und betete still, während die übrigen mit Staunen die grausige Szene betrachteten, deren Geheimnis ihnen nun enthüllt war.

»Schaut doch!« rief plötzlich einer der Zwillinge, der aus dem Fenster gesehen hatte, um sich über die Lage des Zimmers zu orientieren. »Schaut doch! Der alte verdorrte Mandelbaum blüht ja! Ich kann die Blüten ganz deutlich im Mondlicht sehen.«

»Gott hat ihm vergeben!« sagte Virginia ernst, als sie sich erhob, und ihr Gesicht strahlte in unschuldiger Freude.

»Du bist ein Engel!« rief der junge Herzog, schloß sie in seine Arme und küßte sie.

*

Vier Tage nach diesen höchst sonderbaren Ereignissen verließ ein Trauerzug nachts um elf Uhr Schloß Canterville. Den Leichenwagen zogen acht schwarze Pferde, von denen jedes einen großen Kopfschmuck von nickenden Straußenfedern trug, und der bleierne Sarg war mit einer kostbaren purpurnen Decke verhangen, auf der das Wappen derer von Canterville in Gold gestickt war. Neben dem Wagen her schritten die Diener mit brennenden Fackeln, und der ganze Zug machte einen äußerst feierlichen Eindruck. Lord Canterville als der Hauptleidtragende war zu diesem Begräbnis extra aus Wales gekommen und saß im ersten Wagen neben der kleinen Virginia. Dann kamen der Gesandte der Vereinigten Staaten und seine Gemahlin, danach Washington und die zwei Jungen, und im letzten Wagen saß Mrs. Umney, die alte Wirtschafterin, ganz allein. Man hatte die Empfindung gehabt, daß sie, nachdem sie mehr als fünfzig Jahre ihres Lebens durch das Gespenst erschreckt worden war, nun auch ein Recht hätte, seiner Beerdigung beizuwohnen. In der Ecke des Friedhofs war ein tiefes Grab gegraben, gerade unter der Trauerweide, und Hochwürden Augustus Dampier, Ph. D. D., hielt eine höchst eindrucksvolle Grabrede. Als die Zeremonie vorüber war, löschten die Diener, einer alten Familientradition der Canterville gemäß, ihre Fackeln aus, und während der Sarg in das Grab hinuntergelassen wurde, trat Virginia vor und legte ein großes Kreuz aus weißen und rosafarbenen Mandelblüten darauf nieder. Inzwischen kam der Mond hinter einer Wolke hervor und bedeckte den kleinen Friedhof mit Silber. Virginia dachte an die Beschreibung des Gespenstes vom Garten des Todes, ihre Augen füllten sich mit Tränen, und sie sprach auf der Rückfahrt nicht ein Wort.

Am nächsten Morgen hatte Mr. Otis mit Lord Canterville vor dessen Rückkehr nach London eine Unterredung wegen der Juwelen, welche das Gespenst Virginia gegeben hatte. Sie waren von außerordentlicher Schönheit, besonders ein Halsschmuck aus Rubinen in altvenezianischer Fassung, ein Meisterwerk der Kunst des sechzehnten Jahrhunderts, und so wertvoll, daß Mr. Otis zögerte, seiner Tochter zu erlauben, sie anzunehmen.

»Mylord«, sagte er, »ich weiß sehr wohl, daß sich in diesem

Lande die Erbfolge ebensowohl auf den Familienschmuck wie auf den Grundbesitz erstreckt, und ich bin dessen ganz sicher, daß diese Juwelen ein Erbstück Ihrer Familie sind oder doch sein sollten. Ich muß Sie demgemäß bitten, die Schmuckstücke mit nach London zu nehmen und sie lediglich als einen Teil Ihres Eigentums zu betrachten, der unter allerdings höchst wunderbaren Umständen wieder in Ihren Besitz zurückgelangt ist. Was meine Tochter betrifft, so ist diese ja noch ein Kind und hat, wie ich mich freue sagen zu können, nur wenig Interesse an solchen Luxusgegenständen. Mrs. Otis, die, wie man wohl sagen kann, eine Autorität in Kunstsachen ist – da sie den großen Vorzug genossen hat, als junges Mädchen mehrere Winter in Boston zu verleben –, Mrs. Otis sagte mir, daß diese Juwelen einen bedeutenden Wert repräsentieren und sich ganz vorzüglich verkaufen würden. Unter diesen Umständen bin ich überzeugt, Lord Canterville, daß Sie einsehen werden, wie unmöglich es für mich ist, einem Mitglied meiner Familie zu erlauben, in dem Besitz der Juwelen zu bleiben, und endlich ist dieser eitle Putz und Tand, dieses glänzende Spielzeug, so passend und notwendig es auch zur Würde der britischen Aristokratie zu gehören scheint, doch unter jenen niemals recht am Platz, die in den strengen und, wie ich bestimmt glaube, unsterblichen Grundsätzen republikanischer Einfachheit erzogen sind. Vielleicht sollte ich noch erwähnen, daß Virginia sehr gern die Schatulle selbst behalten möchte als Erinnerung an Ihren unglücklichen, irregeleiteten Vorfahren. Da diese sehr alt und in einem Zustand großer Reparaturbedürftigkeit zu sein scheint, so werden Sie es vielleicht für angemessen finden, der Bitte meiner Kleinen zu willfahren. Ich für mein Teil muß allerdings gestehen, daß ich außerordentlich erstaunt bin, eins von meinen Kindern Sympathie mit dem Mittelalter in irgendeiner Gestalt empfinden zu sehen, und ich kann mir das nicht anders als dadurch erklären, daß Virginia in einer Ihrer Londoner Vorstädte geboren wurde, kurz nachdem Mrs. Otis von einer Reise nach Athen zurückgekehrt war.«

Lord Canterville hörte der langen Rede des würdigen Gesandten aufmerksam zu, während er sich ab und zu den langen grauen

Schnurrbart strich, um ein unwillkürliches Lächeln zu verbergen; und als Mr. Otis schwieg, schüttelte er ihm herzlich die Hand und sagte: »Mein lieber Mr. Otis, Ihre entzückende kleine Tochter hat meinem unglücklichen Vorfahren, Sir Simon, einen höchst wichtigen Dienst geleistet, und meine Familie und ich sind ihr für den bewiesenen erstaunlichen Mut zu sehr großem Dank verpflichtet. Ganz zweifellos sind die Juwelen Miß Virginias Eigentum; und wahrhaftig, ich glaube, wäre ich herzlos genug, sie ihr fortzunehmen, der böse alte Bursche würde noch diese Woche wieder aus seinem Grab aufstehen und mir das Leben hier zur Hölle machen. Und was den Begriff Erbstück anbelangt, so ist nichts ein Erbstück, was nicht mit diesem Ausdruck in einem Testament oder sonst einem rechtskräftigen Schriftstück als solches bezeichnet ist, und von der Existenz dieser Juwelen ist nichts bekannt gewesen. Ich versichere Ihnen, daß ich nicht mehr Anspruch auf sie habe als Ihr Kammerdiener, und wenn Miß Virginia erwachsen ist, so wird sie, meine ich, doch ganz gern solche hübschen Sachen tragen. Außerdem vergessen Sie ganz, Mr. Otis, daß Sie ja damals die ganze Einrichtung und das Gespenst mit dazu übernommen haben, und alles, was zu dem Besitz des Gespenstes gehörte, wurde damit Ihr Eigentum; und was auch Sir Simon für eine merkwürdige Tätigkeit nachts auf dem Korridor entfaltet haben mag, vom Standpunkt des Gesetzes aus war er absolut tot, und somit erwarben Sie durch Kauf sein Eigentum.«

Mr. Otis war anfangs wirklich verstimmt, daß Lord Canterville auf sein Verlangen nicht eingehen wollte, und bat ihn, seine Entscheidung nochmals zu überdenken; aber der gutmütige Lord war fest entschlossen und überredete schließlich den Gesandten, seiner Tochter doch zu erlauben, das Geschenk des Gespenstes zu behalten; und als im Frühjahr 1890 die junge Herzogin von Cheshire bei Gelegenheit ihrer Hochzeit bei Hofe vorgestellt wurde, erregten ihre Juwelen allgemeines Aufsehen. Denn Virginia bekam wirklich und tatsächlich eine Krone in ihr Wappen, was die Belohnung für alle braven kleinen Amerikanerinnen ist, und heiratete ihren jugendlichen Bewerber, sobald sie mündig geworden war. Sie waren ein so entzückendes Paar und liebten einander so sehr, daß jeder sich über die Heirat freute, jeder außer der Herzogin von Dumbleton – die den jungen Herzog gern für eine ihrer sieben unverheirateten Töchter gekapert hätte und nicht weniger als drei sehr teure Diners zu dem Zweck gegeben hatte – und sonderbarerweise auch außer Mr. Otis selber. Mr. Otis hatte den jungen Herzog persönlich sehr gern, aber theoretisch waren ihm alle Titel zuwider, und »er war«, um seine eigenen Worte zu gebrauchen, »nicht ohne Besorgnis, daß inmitten der entnervenden Einflüsse der vergnügungssüchtigen englischen Aristokratie die einzig wahren Grundsätze republikanischer Einfachheit vergessen werden würden«. Sein Widerstand wurde jedoch völlig besiegt, und ich glaube, daß es, als er in St. Georges, Hanover Square, mit seiner Tochter am Arm durch die Kirche schritt, keinen stolzeren Mann in ganz England gab als ihn. Der Herzog und seine junge Frau kamen nach den Flitterwochen auf Schloß Canterville, und am Tage nach ihrer Ankunft gingen sie am Nachmittag zu dem kleinen einsamen Friedhof unter den Tannen. Man hatte zuerst über die Inschrift auf Sir Simons Grabstein nicht schlüssig werden können, und nach vielen Schwierigkeiten war dann entschieden worden, nur die Initialen seines Namens und den Vers vom Fenster der Bibliothek eingravieren zu lassen. Die Herzogin hatte wundervolle Rosen mitgebracht, die sie auf das Grab streute, und nachdem sie eine Zeitlang stillgestanden hatten, schlenderten sie weiter zu der halbverfallenen Kanzel in der alten Abtei. Dort setzte sich Virginia auf eine der umgestürzten Säulen, ihr Mann legte sich ihr zu Füßen in das Gras, rauchte eine Zigarette und blickte ihr verliebt und glücklich in die schönen Augen. Plötzlich warf er seine Zigarette fort, ergriff ihre Hand und sagte: »Virginia, eine Frau sollte keine Geheimnisse vor ihrem Mann haben!«

»Aber lieber Cecil! Ich habe doch keine Geheimnisse vor dir.«

»Doch, das hast du«, antwortete er lächelnd, »du hast mir nie gesagt, was dir begegnet ist, als du mit dem Gespenst verschwunden warst.«

»Das habe ich niemandem gesagt«, sagte Virginia ernst.

»Das weiß ich, aber du könntest es mir jetzt doch sagen.«

»Bitte, verlange das nicht von mir, Cecil, denn ich kann es dir nicht sagen … Der arme Sir Simon! Ich bin ihm zu so großem Dank verpflichtet. Ja, da brauchst du nicht zu lachen, Cecil, es ist wirklich wahr. Er hat mich einsehen gelehrt, was das Leben ist und was der Tod bedeutet und warum die Liebe stärker ist als beide zusammen.«

Der Herzog stand auf und küßte seine junge Frau sehr zärtlich.

»Du kannst dein Geheimnis behalten, solange mir nur dein Herz gehört«, sagte er leise.

»Das Herz hat dir schon immer gehört, Cecil.«

»Aber unseren Kindern wirst du einst dein Geheimnis sagen, nicht wahr?«

Virginia errötete …

Charles Dickens

Das Gespenst im Aktenschrank

»Meine Herren«, begann Mr. Pickwick, um ein Thema aufzubringen, an dessen Besprechung die ganze Gesellschaft teilnehmen konnte, »ich war heute abend an einem Ort, den Sie alle ohne Zweifel sehr wohl kennen, an dem ich aber seit ein paar Jahren nicht gewesen war und der mir sehr wenig bekannt ist; ich meine ›Gray's Inn‹,* meine Herren. Diese Inns sind doch in einer Stadt wie London sonderbare, entlegene Winkel.«

»Beim Jupiter«, flüsterte Lowten Mr. Pickwick zu, »Sie sind da auf etwas verfallen, worüber wenigstens einer von uns in einem fort sprechen könnte. Sie sollen sehen, der alte Jack Bamber wird sogleich das Wort ergreifen. Man hat ihn noch nie von etwas anderem als von den Inns reden hören, und er hat so lange einsam darin gehaust, daß er halb verrückt geworden ist.«

Jack Bamber war ein kleiner, gelber, hochschultriger Mann, dessen Gesicht, weil er es, wenn er schwieg, stets auf die Brust herunterhängen ließ, Mr. Pickwick noch nicht gesehen hatte. Mr. Pickwick wunderte sich aber dennoch, sobald der alte Mann die runzlige Stirn emporhob und ihm aus seinen glänzenden grauen Augen einen durchdringenden, forschenden Blick zuwarf, daß so markante Züge seiner Aufmerksamkeit auch nur für einen Augenblick hatten entgehen können. Ein süßsaures Lächeln umspielte fortwährend des Alten Mund; er stützte das Kinn auf eine lange, knöchrige Hand mit Nägeln von außerordentlicher Länge; und als er den Kopf auf die linke Seite neigte und scharf unter den buschigen grauen Augenbrauen hervorschaute, lag in seinem Seitenblick aus den Augenwinkeln etwas sonderbar Lauerndes, Leidenschaftliches und Abstoßendes.

* engl »inn« = Gasthof, Wirtshaus

So sah der Mann aus, der sich plötzlich aufrichtete und, jetzt ganz Feuer und Leben, höchst aufgeweckt zu reden begann.

»Aha! Wer sprach da von den Inns?«

»Ich, Sir«, erwiderte Mr. Pickwick, »ich machte die Bemerkung, was für sonderbare alte Gebäude sie seien.«

»Sie«, sagte der alte Mann verächtlich, »was wissen Sie von der Zeit, als sich dort junge Leute in die einsamen Zimmer einschlossen und Tag für Tag lasen und lasen, bis spät in die Nacht, bis sie sich durch ihr Studieren fast um den Verstand brachten, bis ihre geistigen Kräfte gänzlich erschöpft waren, bis sie unter dem unnatürlichen Bestreben zusammensanken, ihre Jugendkräfte einzig den alten trockenen Büchern zu widmen? Und um nun auf eine andere, spätere Zeit zu kommen: Was wissen Sie von dem allmählichen Hinschwinden, dem schrecklich raschen Unterliegen so mancher Auszehrungs- und Fieberpatienten, die in denselben Zimmern litten und starben an den preiswürdigen Ergebnissen und Folgen davon, daß sie ›gelebt‹ hatten? Was wissen Sie von den vielen, die dort um Barmherzigkeit gefleht und verzweifelnd die Geschäftszimmer der Anwälte verlassen haben, um eine Ruhestätte in der Themse zu suchen oder eine Zuflucht im Kerker zu finden? Jawohl, diese Inns sind keine gewöhnlichen Häuser. Es ist kein eingefugtes Stück Holz in dem alten Tafelwerk ihrer Wände, das nicht, wenn es die Gabe des Gedächtnisses und der Rede besäße, schaudererregende Dinge aus der Romantik – ja, der Romantik des Lebens erzählen könnte. So werktagsmäßig und nüchtern sie aussehen, sie sind seltsame alte Gebäude, und ich würde lieber manche grauenhafte Sage als die wahre Geschichte ihrer Gemächer erzählen hören.«

Der alte Mann, der so unerwartet das Wort genommen, hatte mit einem solchen Feuer gesprochen, und in seinem ganzen Ton und Wesen sowie in dem Gegenstand, der sein Feuer entzündet, lag etwas so sehr Ungewöhnliches, daß Mr. Pickwick keine Bemerkung in Bereitschaft hatte, als der Alte auf einmal innehielt und seinen lauernden Seitenblick wieder annahm, der während seiner erhöhten Stimmung verschwunden gewesen war.

Er fuhr jedoch bald wieder fort:

»Betrachten wir sie in einem anderen, poetischeren und romantischen Licht: Wie kostbare Stätten langsamer Tortur erscheinen sie dann! Denken wir uns den bedürftigen Mann, der alles aufgewendet, sich zum Bettler gemacht, der seine Sparpfennige verbraucht hat, um sich tüchtig zu dem Geschäft zu machen, durch welches er nie einen Bissen Brot gewinnen soll. Auf sein Harren, Fürchten, Hoffen, seine Täuschungen, sein Elend, sein jammervolles Behelfen und Hungern folgt endlich die Vernichtung seiner letzten Hoffnungen, die Gewißheit, daß all sein Mühen und Arbeiten vergeblich war, vielleicht der Selbstmord – oder noch besser, er schleppt sein trauriges Dasein als zerlumpter Trunkenbold hin. Hab' ich nicht recht in dem, was ich von den alten Gebäuden sage?«

Und hier rieb sich der alte Mann die Hände und schielte nach allen Seiten wie im seligsten Vergnügen umher, einen andern Gesichtspunkt gefunden zu haben, unter welchen er seinen Lieblingsgegenstand hatte stellen können.

Mr. Pickwick heftete mit großer Neugierde seine Blicke auf ihn, und die übrigen lächelten und schwiegen.

»Sagt, was ihr wollt, von euren deutschen Universitäten«, fuhr der kleine alte Mann fort, »pah, pah! Wir haben genug Romantik daheim und brauchten keine halbe Meile weit danach zu gehen, die Leute denken nur nicht daran.«

»Ich habe in der Tat noch nie an das Romantische der Inns gedacht«, sagte Mr. Pickwick lachend.

»Ei ja, das will ich gern glauben«, versetzte der kleine alte Mann. »Einst fragte mich einer meiner Freunde: ›Was ist an den Zimmern Besonderes?‹ – ›Merkwürdige alte Gemächer‹, erwiderte ich. ›Keineswegs‹, sagte er. ›Sie sind einsam‹, sagte ich. ›Ganz und gar nicht‹, sagte er. Eines Morgens, als er eben ausgehen wollte, rührte ihn der Schlag. Er stürzte mit dem Kopf in seinen Briefkasten und lag achtzehn Monate tot darin. Alle Welt glaubte, er wäre auf das Land gereist.«

»Und wie wurde er endlich gefunden?« fragte Mr. Pickwick.

»Man beschloß, sein Zimmer aufzubrechen, da er seit zwei Jahren keine Miete bezahlt hatte. Es geschah, und ein verstaubtes

Skelett in einem blauen Rock, schwarzen Kniehosen und seidenen Strümpfen fiel dem Aufwärter, der die Tür öffnete, in die Arme. Das war doch wohl ein wenig merkwürdig – wie?«

Der kleine alte Mann ließ den Kopf auf die Seite hängen, rieb sich die Hände mit unaussprechlichem Behagen und einem innerlichen Lachen und fuhr sogleich wieder fort: »Ich weiß noch einen anderen Fall. Er trug sich in Clifford's Inn zu. Ein Taugenichts bewohnte einige Giebelzimmer, schloß sich in einen Schrank in seinem Schlafgemach ein und nahm eine Dosis Arsen. Der Hausverwalter glaubte, er wäre durchgegangen, ließ die Tür aufbrechen und vermietete die Wohnung an einen andern, der sie bald darauf bezog. Aber er konnte in dem Schlafzimmer nicht schlafen – fühlte sich fortwährend unruhig und unbehaglich.

›Sonderbar‹, dachte er bei sich selbst. ›Ich will in dem anderen Zimmer schlafen und dieses bewohnen.‹ Gesagt, getan. Er schlief die ganze Nacht sehr gut, fühlte sich aber dagegen abends im Wohnzimmer unruhig und unbehaglich, unwohl, ja fiebrig, er konnte nicht lesen, sich nichts vornehmen, schneuzte in einem fort sein Licht und starrte im Zimmer umher. ›Es ist mir doch rein unerklärlich‹, sagte er, als er einmal spät in der Nacht nach Hause kam und ein Glas kalten Grog trank, wobei er sich mit dem Rücken an die Wand stellte, um sich nicht einbilden zu können, daß jemand hinter ihm stehe. ›Es ist mir doch rein unerklärlich‹, sagte er, und seine Blicke fielen zufällig auf den kleinen Wandschrank, der stets verschlossen gewesen war, und es überlief ihn kalt vom Kopf bis zu den Füßen. ›Ich habe dieses sonderbare Gefühl schon oft gehabt‹, sagte er, ›und kann mich des Gedankens nicht erwehren, daß es mit dem Schrank da nicht richtig sein muß.‹ Er nahm all seinen Mut zusammen, zerschmetterte das Schloß mit dem Schüreisen, öffnete die Tür, und beim Himmel! Da stand der vorige Mieter kerzengerade in einer Ecke, hielt eine kleine Flasche fest mit der Hand umfaßt, und sein Gesicht hatte die greulichste Totenfarbe!«

Als der kleine Mann mit seiner Erzählung zu Ende war, blickte er seine mit gespannter Aufmerksamkeit dasitzenden Zuhörer einen nach dem andern mit einem grimmiges Behagen ausdrückenden Lächeln an.

»Sie erzählen uns in der Tat äußerst seltsame Dinge, Sir«, sagte Mr. Pickwick, forschenden Blicks des Alten Gesicht durch seine Brille betrachtend.

»Seltsame Dinge«, sagte der kleine alte Mann. »Wie einfältig! Sie erscheinen Ihnen seltsam, weil Ihnen dergleichen noch nicht vorgekommen ist. Sie sind spaßhaft, aber nicht ungewöhnlich.«

»Spaßhaft!« rief Mr. Pickwick unwillkürlich.

»Freilich, spaßhaft; warum sollten sie es nicht sein?« erwiderte der kleine alte Mann mit einem satanischen Lauerblick und fuhr, ohne auf eine Antwort zu warten, fort: »Ich kannte noch einen anderen, vor – ja, vor vierzig Jahren –, der in einem der ältesten Inns eine alte, dumpfige Wohnung nahm, die seit vielen Jahren leergestanden hatte. Es waren viele Altweibergeschichten darüber im Umlauf, und sie nahm sich in der Tat düster und traurig genug aus, doch er war arm, und sie war billig, was hingereicht haben würde, sie zu nehmen, und wenn sie noch zehnmal greulicher gewesen wäre.

Er war genötigt, einiges an altem, wurmstichigem Gerümpel, unter anderem auch einen mächtig großen Aktenschrank mit Glastüren und einem grünen Vorhang innen, zu übernehmen. Der Schrank war unnütz für ihn, denn Akten hatte er nicht hineinzulegen und seine Kleidungsstücke führte er mit sich und hatte wahrhaftig nicht schwer daran zu tragen.

Er hatte seine fahrende Habe – kaum einen Karren voll – herbeischaffen lassen und seine Möbel so aufgestellt, daß die vier Stühle soviel wie möglich einem Dutzend glichen, setzte sich abends an das Feuer, trank das erste Glas Whisky von zwei Gallonen, die er auf Kredit hatte holen lassen, und sann darüber nach, ob sie wohl je bezahlt werden würden, und falls es geschähe, in wieviel Jahren, als seine Blicke auf den Glastüren des mächtigen Schrankes haften blieben.

Hätte ich das häßliche Ding nicht nach dem Schätzwert des alten Trödlers annehmen müssen, dachte er, so hätte ich etwas Nützliches für das Geld anschaffen können. ›Ich will dir etwas sagen, alter Bursche‹, redete er mit lauter Stimme den Schrank an, weil er eben sonst niemand hatte, den er anreden konnte, ›wenn es nicht mehr kostete, deinen alten Leichnam zu zerschlagen, als er selber wert wäre, so würde ich dich sehr bald in das Feuer stecken.‹

Er hatte kaum die Worte gesprochen, als aus dem Schrank Laute zu ertönen schienen, die einem leisen Ächzen glichen. Er wurde anfangs betreten, dachte jedoch nach kurzer Überlegung, das Geräusch müsse von jemandem im anstoßenden Zimmer herrühren, setzte die Füße auf das Kamingitter und hob das Schüreisen auf, um das Feuer anzuschüren. In demselben Augenblick wiederholten sich die Laute, die eine der Glastüren tat sich auf, und er erblickte eine blasse, abgemergelte, aufrecht im Schrank stehende Gestalt in beschmutzter und abgetragener Kleidung. Sie war groß und schlank, ihr Antlitz drückte Pein und Betrübnis aus, aber ihre Hautfarbe und ein Etwas in der ganzen Erscheinung konnten keinem menschlichen Wesen angehören.

›Wer sind Sie?‹ rief der neue Mieter ihr zu, wurde leichenblaß, hob das Schüreisen empor und zielte genau nach dem Gesicht der Gestalt. ›Wer sind Sie?‹

›Schleudere das Schüreisen nicht nach mir‹, erwiderte die Gestalt. ›Wenn du auch noch so zieltest, so würde es doch nur ohne Widerstand durch mich hindurchfahren und bloß die Bretterwand hinter mir beschädigen. Ich bin ein Gespenst.‹

›Wenn das so ist‹, stotterte der Mieter, ›darf ich dann fragen, was Sie hier wollen?‹

›Ich wurde in diesem Zimmer zugrunde gerichtet, meine Kinder wurden in ihm zu Bettlern gemacht‹, erwiderte die Erscheinung. ›In diesem Schrank wurden die Akten eines lange, lange dauernden Prozesses aufbewahrt. In diesem Zimmer teilten zwei schändliche Harpyien*, als ich vor Kummer und immer vergeblichem Hoffen und Harren gestorben war, mein reiches Gut, um dessen Besitz ich während meines jammervollen Daseins gestritten hatte und von welchem am Ende kein Heller für meine unglücklichen Kinder übrigblieb. Ich vertrieb die schändlichen Räuber durch Schrecken und besuche seitdem allnächtlich – denn nur nachts darf ich zur Erde zurückkehren – den

* Unholdinnen der griech. Sage

Schauplatz meines endlosen irdischen Elends. Dieses Zimmer ist mein. Überlaß es mir!‹

›Wenn Sie darauf bestehen, hier zu erscheinen‹, erwiderte der Mieter, der während der wortreichen Rede des Gespenstes Zeit gehabt hatte, sich wieder zu sammeln, ›so werde ich Ihnen das Zimmer mit dem größten Vergnügen überlassen; doch möchte ich Ihnen mit Ihrer Erlaubnis wohl eine Frage vorlegen.‹

›Sprich‹, sagte die Erscheinung ernst.

›Ich beziehe die Bemerkung, die ich zu machen gedenke‹, fuhr der Mieter fort, ›nicht auf Ihre Person, da sie auf alle Geister, von denen ich gehört, anwendbar ist. Es scheint mir nämlich ein wenig unlogisch, daß Sie immer und immer wieder gerade die Orte, an welchen Sie am unglücklichsten gewesen sind, aufsuchen, während Sie sich nach den schönsten Plätzen der Erde begeben könnten, da ja, soviel ich weiß, eine größere oder kleinere Entfernung für Sie keine Rolle spielt.‹

›Hm! Daran hab' ich noch nie gedacht‹, erwiderte das Gespenst, ›aber es ist sehr wahr.‹

›Sie sehen, Sir‹, fuhr der Mieter noch einmal fort, ›dieses Zimmer ist höchst unkomfortabel. Dem Aussehen des Schranks nach zu urteilen, möchte ich sogar behaupten, daß er nicht ganz frei von Wanzen ist; jedenfalls glaube ich, daß Sie viele in jeder Hinsicht bessere Wohnungen finden könnten, von dem so äußerst unangenehmen Londoner Klima ganz zu schweigen.‹

›Sie haben sehr recht, Sir‹, versetzte das Gespenst äußerst höflich, ›und bringen mich auf einen mir ganz neuen Gedanken. Ich will es sogleich einmal mit einer Luftveränderung versuchen.‹

Es fing in der Tat, während es diese Worte sprach, zu verschwinden an, ja, seine Beine waren bei der letzten Silbe schon unsichtbar geworden.

›Und wenn Sie vielleicht die Güte haben wollten, Sir‹, rief der Mieter ihm noch nach, ›den übrigen Ladys und Gentlemen, die sich damit abgeben, in alten, leerstehenden Häusern umzugehen und zu spuken, gleichfalls zu erläutern, daß sie es anderwärts viel komfortabler haben könnten, so würden Sie der menschlichen Gesellschaft eine sehr große Wohltat erweisen.‹

›Das will ich tun‹, erwiderte das Gespenst, ›wir müssen in der Tat arge Tröpfe sein, und ich begreife gar nicht, wie wir so einfältig handeln konnten.‹

Mit diesen Worten verschwand es gänzlich, und was noch bemerkenswerter ist«, setzte der alte Mann, mit einem schlauen Lächeln rings umherblickend, hinzu, »es kam niemals wieder.«

Aus: *Die Pickwickier*

Gebrüder Grimm

Von einem, der auszog, das Fürchten zu lernen

Ein Vater hatte zwei Söhne, davon war der älteste klug und gescheit und wußte sich in alles wohl zu schicken, der jüngste aber war dumm, konnte nichts begreifen und lernen, und wenn ihn die Leute sahen, sprachen sie: »Mit dem wird der Vater noch seine Last haben!« Wenn nun etwas zu tun war, so mußte es der älteste allzeit ausrichten. Hieß ihn aber der Vater noch spät oder gar in der Nacht etwas holen und der Weg ging dabei über den Kirchhof, so antwortete er wohl: »Ach nein, Vater, ich gehe nicht dahin, es gruselt mir!« Denn er fürchtete sich. Oder wenn abends beim Feuer Geschichten erzählt wurden, wobei einem die Haut schaudert, so sprachen die Zuhörer manchmal: »Ach, es gruselt mir!« Der jüngste saß in einer Ecke und hörte das mit an und konnte nicht begreifen, was es heißen sollte. »Immer sagen sie: ›Es gruselt mir! Es gruselt mir!‹ Mir gruselt's nicht. Das wird wohl eine Kunst sein, von der ich auch nichts verstehe.«

Nun geschah es, daß der Vater einmal zu ihm sprach: »Hör, du in der Ecke dort, du wirst groß und stark, du mußt auch etwas lernen, womit du dein Brot verdienst. Siehst du, wie dein Bruder sich Mühe gibt, aber an dir ist Hopfen und Malz verloren.«

»Ei, Vater«, antwortete er, »ich will gerne was lernen; ja, wenn's anginge, so möchte ich lernen, daß mir's gruselte, davon verstehe ich noch gar nichts.« Der älteste lachte, als er das hörte, und dachte bei sich: »Du lieber Gott, was ist mein Bruder für ein Dummbart, aus dem wird sein Lebtag nichts. Was ein Häkchen werden will, muß sich beizeiten krümmen.« Der Vater seufzte und antwortete ihm: »Das Gruseln, das sollst du schon lernen, aber dein Brot wirst du damit nicht verdienen.«

Bald danach kam der Küster zum Besuch ins Haus, da klagte ihm der Vater seine Not und erzählte, wie sein jüngster Sohn in allen Dingen so schlecht beschlagen wäre, er wüßte nichts und lernte nichts. »Denkt Euch, als ich ihn fragte, womit er sein Brot verdienen wollte, hat er gar verlangt, das Gruseln zu lernen.«

»Wenn's weiter nichts ist«, antwortete der Küster, »das kann er bei mir lernen; tut ihn nur zu mir, ich werde ihn abhobeln.«

Der Vater war es zufrieden, weil er dachte, der Junge würde doch ein wenig zugestutzt. Der Küster nahm ihn also ins Haus, und er mußte die Glocke läuten. Nach ein paar Tagen weckte er ihn um Mitternacht, hieß ihn aufstehen, in den Kirchturm steigen und läuten. »Du sollst schon lernen, was Gruseln ist«, dachte er, ging heimlich voraus, und als der Junge oben war und sich umdrehte und das Glockenseil fassen wollte, da sah er auf der Treppe, dem Schalloch gegenüber, eine weiße Gestalt stehen.

»Wer da?« rief er, aber die Gestalt gab keine Antwort, regte und bewegte sich nicht. »Gib Antwort«, rief der Junge, »oder mache, daß du fortkommst, du hast hier in der Nacht nichts zu schaffen.«

Der Küster aber blieb unbeweglich stehen, damit der Junge glauben sollte, es wäre ein Gespenst. Der Junge rief zum zweitenmal: »Was willst du hier? Sprich, wenn du ein ehrlicher Kerl bist, oder ich werfe dich die Treppe hinab.« Der Küster dachte, das wird so schlimm nicht gemeint sein, gab keinen Laut von sich und stand, als wenn er von Stein wäre. Da rief ihn der Junge zum drittenmal an, und als das auch vergeblich war, nahm er einen Anlauf und stieß das Gespenst die Treppe hinab, daß es zehn Stufen hinunterfiel und in einer Ecke liegenblieb. Darauf läutete er die Glocke, ging heim, legte sich, ohne ein Wort zu sagen, ins Bett und schlief weiter.

Die Küstersfrau wartete lange Zeit auf ihren Mann, aber er wollte nicht wiederkommen. Da ward ihr endlich angst, sie weckte den Jungen und fragte: »Weißt du nicht, wo mein Mann geblieben ist? Er ist vor dir auf den Turm gestiegen.« – »Nein«, antwortete der Junge, »aber da hat einer dem Schalloch gegenüber auf der Treppe gestanden, und weil er keine Antwort geben und auch nicht weggehen wollte, so habe ich ihn für einen Spitzbuben gehalten und hinuntergestoßen. Geht nur hin, so werdet Ihr sehen, ob er's gewesen ist, es sollte mir leid tun.« Die Frau sprang fort und fand ihren Mann, der in einer Ecke lag und jammerte und ein Bein gebrochen hatte.

Sie trug ihn herab und eilte dann mit lautem Geschrei zu dem Vater des Jungen. »Euer Junge«, rief sie, »hat ein großes Unglück angerichtet, meinen Mann hat er die Treppe hinabgeworfen, daß er ein Bein gebrochen hat. Schafft den Taugenichts aus unserem Hause.«

Der Vater erschrak, kam herbeigelaufen und schalt den Jungen aus: »Was sind das für gottlose Streiche, die muß dir der Böse eingegeben haben!«

»Vater«, antwortete er, »hört nur an, ich bin ganz unschuldig. Er stand da in der Nacht wie einer, der Böses im Sinne hat. Ich wußte nicht, wer's war, und habe ihn dreimal ermahnt, zu reden oder wegzugehen.«

»Ach«, sprach der Vater, »mit dir erlebe ich nur Unglück, geh mir aus den Augen, ich will dich nicht mehr sehen.«

»Ja, Vater, recht gerne, wartet nur, bis Tag ist, da will ich ausgehen und das Gruseln lernen, so versteh' ich doch eine Kunst, die mich ernähren kann.«

»Lerne, was du willst«, sprach der Vater, »mir ist alles einerlei. Da hast du fünfzig Taler, damit geh in die weite Welt und sage keinem Menschen, wo du her bist und wer dein Vater ist, denn ich muß mich deiner schämen.«

»Ja, Vater, wie Ihr's haben wollt, wenn Ihr nicht mehr verlangt, das kann ich leicht befolgen.«

Als nun der Tag anbrach, steckte der Junge seine fünfzig Taler in die Tasche, ging hinaus auf die große Landstraße und sprach immer vor sich hin: »Wenn mir's nur gruselte! Wenn mir's nur gruselte!« Da kam ein Mann heran, der hörte das Gespräch, das der Junge mit sich selber führte, und als sie ein Stück weiter waren, daß man den Galgen sehen konnte, sagte der Mann zu ihm: »Siehst du, dort ist der Baum, wo sieben mit des Seilers Tochter Hochzeit gehalten haben und jetzt das Fliegen lernen.

Setz dich darunter und warte, bis die Nacht kommt, so wirst du schon das Gruseln lernen.«

»Wenn weiter nichts dazu gehört«, antwortete der Junge, »das ist leicht getan; lerne ich aber so geschwind das Gruseln, so sollst du meine fünfzig Taler haben; komm nur morgen früh wieder zu mir.«

Da ging der Junge zu dem Galgen, setzte sich darunter und wartete, bis der Abend kam. Und weil ihn fror, machte er sich ein Feuer an; aber um Mitternacht ging der Wind so kalt, daß er trotz des Feuers nicht warm werden wollte. Und als der Wind die Gehängten gegeneinanderstieß, daß sie sich hin- und herbewegten, dachte er: »Du frierst unten bei dem Feuer, was mögen die da oben erst frieren und zappeln.« Und weil er mitleidig war, legte er die Leiter an, stieg hinauf, knüpfte einen nach dem anderen los und holte sie alle sieben herab. Darauf schürte er das Feuer, blies es an und setzte sie rings herum, daß sie sich wärmen sollten. Aber sie saßen da und regten sich nicht, und das Feuer ergriff ihre Kleider. Da sprach er: »Nehmt euch in acht, sonst häng' ich euch wieder hinauf.«

Die Toten aber hörten nicht, schwiegen und ließen ihre Lumpen brennen. Da ward er bös und sprach: »Wenn ihr nicht achtgeben wollt, so kann ich euch nicht helfen, ich will nicht mit euch verbrennen«, und hing sie der Reihe nach wieder hinauf. Nun setzte er sich zu seinem Feuer und schlief ein, und am anderen Morgen, da kam der Mann zu ihm, wollte die fünfzig Taler haben und sprach: »Nun, weißt du, was Gruseln ist?«

»Nein«, antwortete er, »woher sollt' ich's wissen? Die da droben haben das Maul nicht aufgetan und waren so dumm, daß sie die Lappen, die sie am Leibe haben, brennen ließen.«

Da sah der Mann, daß er die fünfzig Taler heute nicht davontragen würde, ging fort und sprach: »So einer ist mir noch nicht vorgekommen.«

Der Junge ging auch seines Weges und fing wieder an, vor sich hinzureden: »Ach, wenn mir's nur gruselte! Ach, wenn mir's nur gruselte!« Das hörte ein Fuhrmann, der hinter ihm herschritt, und fragte: »Wer bist du?«

»Ich weiß nicht«, antwortete der Junge.

Der Fuhrmann fragte weiter: »Wo bist du her?«

»Ich weiß nicht.«

»Wer ist dein Vater?«

»Das darf ich nicht sagen.«

»Was brummst du beständig in den Bart hinein?«

»Ei«, antwortete der Junge, »ich wollte, daß mir's gruselte, aber niemand kann mir's lehren.«

»Laß dein dummes Geschwätz«, sprach der Fuhrmann, »komm, geh mit mir, ich will sehen, daß ich dich unterbringe.«

Der Junge ging mit dem Fuhrmann, und abends gelangten sie zu einem Wirtshaus, wo sie übernachten wollten. Da sprach er beim Eintritt in die Stube wieder ganz laut: »Wenn mir's nur gruselte! Wenn mir's nur gruselte!«

Der Wirt, der das hörte, lachte und sprach: »Wenn dich danach lüstet, dazu sollte hier wohl Gelegenheit sein.«

»Ach, schweig still«, sprach die Wirtsfrau, »so mancher Vorwitzige hat schon sein Leben eingebüßt, es wäre jammerschade um die schönen Augen, wenn die das Tageslicht nicht wiedersehen sollten.«

Der Junge aber sagte: »Wenn's noch so schwer wäre, ich will's einmal lernen, deshalb bin ich ja ausgezogen.«

Er ließ dem Wirt auch keine Ruhe, bis dieser erzählte, nicht weit davon stände ein verwünschtes Schloß, wo einer wohl lernen könnte, was gruseln wäre, wenn er nur drei Nächte darin wachen wollte. Der König hätte dem, der's wagen wollte, seine Tochter zur Frau versprochen, und die wäre die schönste Jungfrau, welche die Sonne beschien. In dem Schlosse steckten auch große Schätze, von bösen Geistern bewacht, die würden dann frei und könnten einen Armen reich genug machen. Schon viele wären wohl hineingegangen, aber noch keiner wieder herausgekommen.

Da ging der Junge am anderen Morgen vor den König und sprach: »Wenn's erlaubt wäre, so wollte ich wohl drei Nächte in dem verwünschten Schlosse wachen.«

Der König sah ihn an, und weil er ihm gefiel, sprach er: »Du darfst dir noch dreierlei ausbitten, aber es müssen leblose Dinge sein, und die darfst du mit ins Schloß nehmen.« Da antwortete er: »So bitt' ich um ein Feuer, eine Drehbank und eine Schnitzbank mit dem Messer.«

Der König ließ ihm das alles bei Tage in das Schloß tragen. Als es Nacht werden wollte, ging der Junge hinauf, machte sich in einer Kammer ein helles Feuer an, stellte die Schnitzbank mit dem Messer daneben und setzte sich auf die Drehbank. »Ach, wenn mir's nur gruselte«, sprach er, »aber hier werde ich's auch nicht lernen.«

Gegen Mitternacht wollte er sich sein Feuer einmal aufschüren. Wie er so hinblies, da schrie es plötzlich aus einer Ecke: »Au, miau! Was uns friert!« – »Ihr Narren«, rief er, »was schreit ihr? Wenn euch friert, kommt, setzt euch ans Feuer und wärmt euch!« Und wie er das gesagt hatte, kamen zwei große Katzen in einem gewaltigen Sprung herbei, setzten sich ihm zu beiden Seiten und sahen ihn mit ihren feurigen Augen ganz wild an. Über ein Weilchen, als sie sich gewärmt hatten, sprachen sie: »Kamerad, wollen wir eins in der Karte spielen?«

»Warum nicht?« antwortete er. »Aber zeigt einmal eure Pfoten her.« Da streckten sie die Krallen aus.

»Ei«, sagte er, »was habt ihr lange Nägel! Wartet, die muß ich euch erst abschneiden.« Damit packte er sie beim Kragen, hob sie auf die Schnitzbank und schraubte ihnen die Pfoten fest. »Euch habe ich auf die Finger gesehen«, sprach er, »da vergeht mir die Lust zum Kartenspiel«, schlug sie tot und warf sie hinaus ins Wasser.

Als er aber die zwei zur Ruhe gebracht hatte und sich wieder zu seinem Feuer setzen wollte, da kamen aus allen Ecken und Enden schwarze Katzen und Hunde an glühenden Ketten, immer mehr und mehr, daß er sich nicht mehr bergen konnte. Die schrien greulich, traten ihm auf sein Feuer, zerrten es auseinander und wollten es ausmachen. Das sah er ein Weilchen ruhig mit an. Als es ihm aber zu arg ward, faßte er sein Schnitzmesser und rief: »Fort mit dir, du Gesindel!« und haute auf sie los. Ein Teil sprang weg, die anderen schlug er tot und warf sie hinaus in den Teich.

Als er wiedergekommen war, blies er aus den Funken sein Feuer frisch an und wärmte sich. Und als er so saß, wollten ihm die Augen nicht länger offenbleiben, und er bekam Lust zu schlafen. Da blickte er um sich und sah in der Ecke ein großes Bett. »Das ist mir eben recht«, sprach er und legte sich hinein. Als er aber die Augen zutun wollte, fing das Bett von selbst an zu fahren und fuhr im ganzen Schloß herum. »Recht so«, sprach er, »nur schneller zu!« Da rollte das Bett fort, als wären sechs Pferde vorgespannt, über Schwellen und Treppen, auf und ab. Auf einmal – hopp, hopp! – fiel es um, das Unterste zuoberst, daß es wie ein Berg auf ihm lag. Aber er schleuderte Decken und Kissen in die Höhe, stieg heraus und sagte: »Nun mag fahren, wer Lust hat«, legte sich an sein Feuer und schlief, bis es Tag war.

Am Morgen kam der König, und als er ihn da auf der Erde liegen sah, meinte er, die Gespenster hätten ihn umgebracht und er wäre tot. Da sprach er: »Es ist doch schade um den schönen Menschen.«

Das hörte der Junge, richtete sich auf und sprach: »Soweit ist's noch nicht!«

Da verwunderte sich der König, freute sich aber und fragte, wie es ihm ergangen wäre.

»Recht gut«, antwortete er, »eine Nacht wäre herum, die zwei anderen werden auch herumgehen.«

Als er zum Wirt kam, da machte der große Augen. »Ich dachte nicht«, sprach er, »daß ich dich wieder lebendig sehen würde; hast du nun gelernt, was Gruseln ist?«

»Nein«, sagte er, »es ist alles vergeblich, wenn mir's nur einer sagen könnte!«

Die zweite Nacht ging er abermals hinauf ins alte Schloß, setzte sich zum Feuer und fing sein altes Lied wieder an: »Wenn mir's nur gruselte!« Wie Mitternacht herankam, ließ sich ein Lärm und Gepolter hören, erst sachte, dann immer stärker, dann war's ein bißchen still, endlich kam mit lautem Geschrei ein halber Mensch den Schornstein herab und fiel vor ihn hin. »Heda!« rief er. »Noch ein halber gehört dazu, das ist zuwenig.« Da ging der Lärm von frischem an, es tobte und heulte, und die andere Hälfte fiel auch herab. »Wart«, sprach er, »ich will dir erst das Feuer ein wenig anblasen.« Als er das getan hatte und sich wieder umsah, da waren die beiden Stücke zusammengefahren, und da saß ein greulicher Mann auf seinem Platz. »So haben wir nicht gewettet«, sprach der Junge, »die Bank ist mein.« Der Mann wollte ihn wegdrängen, aber der Junge ließ sich's nicht gefallen, schob ihn mit Gewalt weg und setzte sich wieder auf seinen Platz. Da fielen noch mehr Männer herab, einer nach dem anderen, die holten neun Totenbeine und zwei Totenköpfe, setzten auf und spielten Kegel. Der Junge bekam auch Lust und fragte: »Hört ihr, kann ich mit sein?«

»Ja, wenn du Geld hast.«

»Geld genug«, antwortete er, »aber eure Kugeln sind nicht recht rund.« Da nahm er die Totenköpfe, setzte sie in die Drehbank und drehte sie rund. »So, jetzt werden sie besser schüppeln«, sprach er, »heida! Nun geht's lustig!« Er spielte mit und verlor etwas von seinem Geld. Als es aber zwölf schlug, war alles vor seinen Augen verschwunden. Er legte sich nieder und schlief ruhig ein. Am anderen Morgen kam der König und wollte sich erkundigen. »Wie ist dir's diesmal gegangen?« fragte er.

»Ich habe gekegelt«, antwortete er, »und ein paar Heller verloren.«

»Hat dir denn nicht gegruselt?«

»Ei was«, sprach er, »lustig hab' ich mich gemacht. Wenn ich nur wüßte, was Gruseln wäre.«

In der dritten Nacht setzte er sich wieder auf seine Bank und sprach ganz verdrießlich: »Wenn es mir nur gruselte!« Als es spät ward, kamen sechs große Männer und brachten eine Totenlade herein. Da sprach er: »Haha, das ist gewiß mein Vetterchen, das erst vor ein paar Tagen gestorben ist«, winkte mit dem Finger und rief: »Komm, Vetterchen, komm!« Sie stellten den Sarg auf die Erde, er aber ging hinzu und nahm den Deckel ab: Da lag ein toter Mann darin. Er fühlte ihm ans Gesicht, aber es war kalt wie Eis. »Wart«, sprach er, »ich will dich ein bißchen wärmen«, ging ans Feuer, wärmte seine Hand und legte sie ihm aufs Gesicht, aber der Tote blieb kalt. Nun nahm er ihn heraus, setzte sich ans Feuer und legte ihn auf seinen Schoß und rieb ihm die Arme, damit das Blut wieder in Bewegung kommen sollte. Als auch das nichts helfen wollte, fiel ihm ein: »Wenn zwei zusammen im

Bett liegen, so wärmen sie sich«, brachte ihn ins Bett, deckte ihn zu und legte sich neben ihn. Über ein Weilchen ward auch der Tote warm und fing an sich zu regen. Da sprach der Junge: »Siehst du, Vetterchen, hätt' ich dich nicht gewärmt!«

Der Tote aber hub an und rief: »Jetzt will ich dich erwürgen.«

»Was«, sagte er, »ist das dein Dank? Gleich sollst du wieder in deinen Sarg«, hob ihn auf, warf ihn hinein und machte den Deckel zu; da kamen die Männer und trugen ihn fort. »Es will mir nicht gruseln«, sagte er, »hier lerne ich's mein Lebtag nicht!«

Da trat ein Mann herein, der war aber alt und hatte einen langen weißen Bart. »O du Wicht«, rief er, »nun sollst du bald lernen, was Gruseln ist, denn du sollst sterben.«

»Nicht so schnell«, antwortete der Junge, »soll ich sterben, so muß ich auch dabeisein.«

»Dich will ich schon packen«, sprach der Unhold.

»Sachte, sachte, mach dich nicht so breit; so stark wie du bin ich auch, und wohl noch stärker.«

»Das wollen wir seh'n«, sprach der Alte, »bist du stärker als ich, so will ich dich geh'n lassen; komm, wir wollen's versuchen.«

Da führte er ihn durch dunkle Gänge zu einem Schmiedefeuer, nahm eine Axt und schlug den einen Amboß mit einem Schlag in die Erde.

»Das kann ich noch besser«, sprach der Junge und ging zu dem anderen Amboß. Der Alte stellte sich nebenhin und wollte zusehen, und sein weißer Bart hing herab. Da faßte der Junge die Axt, spaltete den Amboß auf einen Hieb und klemmte den Bart des Alten mit hinein. »Nun hab' ich dich«, sprach der Junge, »jetzt ist das Sterben an dir.« Dann faßte er eine Eisenstange und schlug auf den Alten los, bis er wimmerte und bat, er möchte aufhören, er wollte ihm große Reichtümer geben. Der Junge zog die Axt raus und ließ ihn los.

Der Alte führte ihn wieder ins Schloß zurück und zeigte ihm in einem Keller drei Kasten voll Gold. »Davon«, sprach er, »gehört ein Teil den Armen, der andere dem König, der dritte ist dein.«

Da schlug es zwölf, und der Geist verschwand, so daß der

Junge im Finstern stand. »Ich werde mir doch heraushelfen können«, sprach er, tappte herum, fand den Weg in die Kammer und schlief dort bei seinem Feuer ein.

Am anderen Morgen kam der König und sagte: »Nun wirst du gelernt haben, was Gruseln ist?«

»Nein«, antwortete er, »was ist's nur? Mein toter Vetter war da, und ein bärtiger Mann ist gekommen, der hat mir da unten viel Geld gezeigt, aber was Gruseln ist, hat mir keiner gesagt.«

Da sprach der König: »Du hast das Schloß erlöst und sollst meine Tochter heiraten.«

»Das ist alles recht gut«, antwortete er, »aber ich weiß noch immer nicht, was Gruseln ist.«

Da ward das Gold heraufgebracht und die Hochzeit gefeiert, aber der junge König, so lieb er seine Gemahlin hatte und so vergnügt er war, sagte doch immer: »Wenn mir nur gruselte, wenn mir nur gruselte.« Das verdroß sie endlich.

Ihr Kammermädchen sprach: »Ich will Hilfe schaffen, das Gruseln soll er schon lernen.«

Sie ging hinaus zum Bach, der durch den Garten floß, und ließ sich einen ganzen Eimer voll Gründlinge holen. Nachts, als der junge König schlief, mußte seine Gemahlin ihm die Decke wegziehen und den Eimer voll Wasser mit den Gründlingen über ihn herschütten, daß die kleinen Fische um ihn herumzappelten. Da wachte er auf und rief: »Ach, was gruselt mir, was gruselt mir, liebe Frau! Ja, nun weiß ich, was Gruseln ist.«

Mark Twain

Eine Gespenstergeschichte

Ich mietete mir ein großes Zimmer hoch oben in Broadway, in einem weitläufigen alten Hause, dessen obere Stockwerke vor mir jahrelang völlig unbewohnt gewesen waren. Der Ort war lange dem Staub und den Spinngeweben, der Einsamkeit und dem Schweigen überlassen geblieben. Es war mir, als taste ich mich zwischen Gräbern dahin, als dringe ich in das Privatleben der Toten ein, als ich in der ersten Nacht in mein Quartier hinaufkletterte. Zum erstenmal in meinem Leben überkam mich eine abergläubische Furcht, und als ich auf der Treppe um eine dunkle Ecke bog und mir das weiche Gewebe eines unsichtbaren Spinnennetzes ins Gesicht schwebte und sich darin festsetzte, da schauderte ich zusammen wie jemand, der einem Gespenst begegnet.

Wie froh war ich, als ich mein Zimmer erreicht hatte und dem Moder und der Finsternis die Tür vor der Nase zumachen konnte. Ein fröhliches Feuer brannte im Kamin, und ich setzte mich davor mit der behaglichen Empfindung der Erleichterung.

Zwei Stunden lang saß ich dort. Ich dachte dabei an vergangene Zeiten, rief mir frühere Erlebnisse in die Erinnerung zurück und lud halb vergessene Gesichter aus dem Nebel der Vergangenheit zu mir ein, indem ich im Geiste Stimmen lauschte, die schon längst für alle Zeiten verstummt waren, und einst beliebten Liedern, die jetzt niemand mehr singt. Und als meine Träumerei sich zu einer immer schwermütigeren Trauer dämpfte, stimmten die heulenden Winde da draußen sich zu sanften Klagen herab, das wütende Klatschen des Regens gegen die Fensterscheiben milderte sich zu ruhigem Anklopfen, und nach und nach erstarb auch der Lärm auf den Straßen, bis die eiligen

Schritte des letzten verspäteten Nachzüglers in der Ferne verhallten und kein Ton mehr zu vernehmen war.

Das Feuer war herabgebrannt. Ein Gefühl der Vereinsamung beschlich mich. Ich stand auf und entkleidete mich, wobei ich auf den Zehen im Zimmer umherging und nur verstohlen tat, was ich zu tun hatte, als ob ich von schlafenden Feinden umgeben wäre, deren Schlummer zu stören verhängnisvoll werden könnte. Ich deckte mich im Bett zu und lauschte still dem Regen, dem Wind und dem leisen Knarren ferner Fensterläden, bis sie mich endlich in Schlaf lullten.

Ich schlief fest, aber wie lange, weiß ich nicht. Urplötzlich fand ich mich wach und erfüllt von einer schaudernden Erwartung. Tiefes Schweigen ringsum. Nichts war zu vernehmen als das Klopfen meines Herzens. Da, nach einer Weile, begann die Bettdecke langsam fortzurutschen zum Fußende des Bettes hin, als ob jemand an ihr zerrte. Ich vermochte mich nicht zu rühren, ich vermochte keinen Laut hervorzubringen. Noch immer rutschte die Bettdecke fort, bis meine Brust unbedeckt war. Da erfaßte ich sie mit einer großen Anstrengung und zog sie mir über den Kopf. Ich wartete, lauschte, wartete. Abermals begann das beharrliche Zerren, und abermals lag ich starr während eines Jahrhunderts sich träge hinschleppender Sekunden, bis meine Brust wieder nackt war. Endlich nahm ich all meine Energie zusammen, riß die Decke an ihre Stelle zurück und hielt sie mit kräftigem Griff fest.

Ich wartete. Allmählich fühlte ich ein schwaches Zupfen, und ich griff wieder fester zu. Das Zupfen wurde kräftiger, steigerte sich zu heftigem Reißen – es wurde stärker und stärker. Ich mußte die Decke loslassen, und zum dritten Mal schlüpfte sie fort. Ich stöhnte. Ein antwortendes Stöhnen kam vom Fußende des Bettes. Dicke Schweißtropfen standen mir auf der Stirn. Ich war mehr tot als lebendig.

Da hörte ich einen schweren Tritt in meinem Zimmer. Mir schien, es sei der Tritt eines Elefanten, dem eines menschlichen Wesens glich er nicht. Aber er entfernte sich von mir – darin lag einiger Trost. Ich hörte ihn sich der Tür nähern, durch diese hinausgehen, ohne Riegel und Schloß zu bewegen, und die finsteren, trübseligen Gänge entlang sich entfernen, wobei auf die Dielen und Balkenfugen gedrückt wurde, bis sie beim Vorübergehen knarrten – und dann herrschte wieder tiefes Schweigen.

Als sich meine Aufregung gelegt hatte, sagte ich zu mir selbst: »Das ist ein Traum – einfach ein häßlicher Traum.«

Und so lag ich da und dachte darüber nach, bis ich mich vollständig überzeugt hatte, daß es wirklich ein Traum war, und da kam ein erleichtertes Lachen von meinen Lippen, und ich war wieder guter Dinge.

Ich stand auf und steckte Licht an. Als ich fand, daß Schlösser und Riegel sich just in der Verfassung befanden, in der ich sie gelassen hatte, da quoll wieder ein beruhigendes Lachen in meinem Herzen auf und kräuselte meine Lippen. Ich ergriff meine Pfeife, steckte sie an und war gerade im Begriff, mich vor das Feuer zu setzen, als – mir die Pfeife aus den kraftlosen Fingern sank, das Blut meine Wangen verließ und mein ruhiges Atemholen von einem hastigen Luftschnappen abgelöst wurde. In der Asche vor dem Kamin, Seite an Seite mit dem Abdruck meiner eigenen nackten Füße, befand sich ein zweiter, der so ungeheuer groß war, daß im Vergleich damit der meine nur dem eines Kindes glich. Ich hatte also wirklich Besuch gehabt, und das Rätsel des Elefantentritts war gelöst.

Ich blies das Licht aus und kehrte, von Furcht wie gelähmt, ins Bett zurück. Dort lag ich lange Zeit, starrte in die Finsternis hinaus und lauschte. Da hörte ich ein scharrendes Geräusch über mir, wie wenn ein schwerer Körper über den Boden geschleift würde; darauf das Hinabwerfen des Körpers, dann das Erbeben meiner Fenster. In fernen Teilen des Gebäudes hörte ich das dumpfe Zuschlagen von Türen. Ich vernahm, wie sich von Zeit zu Zeit Fußtritte verstohlen in die Gänge hinein- und wieder hinauswagten, wie sie die Treppen hinauf- und hinunterschlichen. Zuweilen näherten sich diese Fußtritte meiner Tür, zauderten und entfernten sich dann wieder. Ich hörte in abgelegenen Gängen schwaches Klirren von Ketten und lauschte, während das Klirren näher kam, es mühsam die Treppe heraufkletterte und jede Bewegung mit dem losen Kettenende hörbar machte, da dieses mit kräftigem Rasseln auf die Stufen fiel. Ich hörte gemurmelte Sätze, halb ausgestoßenes Geschrei, das mit Gewalt unterdrückt zu werden schien, und das Schleifen unsichtbarer Gewänder und das Rauschen unsichtbarer Flügel.

Da kam mir zum Bewußtsein, daß man in mein Zimmer gedrungen war – daß ich nicht mehr allein war. Ich hörte es um mein Bett seufzen und atmen und geheimnisvoll flüstern. Drei kleine Kugeln von sanft phosphoreszierendem Licht erschienen an der Decke, gerade über meinem Kopf, setzten sich dort fest, glühten einen Augenblick, und dann fielen sie herab – zwei von ihnen auf mein Gesicht, die dritte auf das Kissen. Sie sprühten, waren flüssig und fühlten sich warm an. Die Erfahrungswissenschaft belehrte mich, daß sie sich im Herabfallen in Blutstropfen verwandelten – ich brauchte kein Licht, um mich davon zu überzeugen. Dann erblickte ich blasse, trüb erhellte Gesichter und weiße, emporgehobene Hände, die körperlos einen Augenblick in der Luft umherschwammen und dann verschwanden. Das Geflüster, die Stimmen und die Töne verstummten, und ein feierliches Schweigen trat ein. Ich wartete und horchte. Ich fühlte, daß ich Licht haben oder sterben müsse. Vor Furcht war ich schwach geworden.

Langsam erhob ich mich in eine sitzende Stellung – da kam mein Gesicht in Berührung mit einer klebrigen Hand. Alle Kraft verließ mich offenbar, und ich sank wie ein vom Schlage gerührter Kranker zurück. Dann vernahm ich das Rascheln eines Kleides – es schien sich der Tür zu nähern und hinauszugehen.

Als wieder alles still war, kroch ich krank und schwach aus dem Bett und steckte mit einer Hand, die zitterte, als wäre sie hundert Jahre alt, das Gas an. Das Licht brachte mein Gemüt in eine etwas bessere Verfassung. Ich setzte mich hin und versank in eine träumerische Betrachtung der großen Fußstapfen in der Asche. Allmählich begannen ihre Umrisse zu zittern und verschwommen zu werden. Ich blickte hinauf, da war die breite Gasflamme langsam am Verlöschen.

Im gleichen Augenblick hörte ich wieder den Elefantentritt. Ich bemerkte, wie er sich durch die muffigen Vorsäle näherte, immer mehr, immer mehr, und wie das Licht daraufhin trüber

und trüber wurde. Der Tritt erreichte meine Tür und hielt inne – das Licht hatte sich in ein schwächliches Blau aufgelöst, und alles um mich herum lag in einem geisterhaften Zwielicht. Die Tür wurde nicht geöffnet, und dennoch fühlte ich, wie ein schwacher Lufthauch meine Wangen fächelte, und bald darauf war ich mir bewußt, daß sich ein ungeheures, wolkiges Wesen vor mir befand. Ich beobachtete es mit meinen wie in Bann gehaltenen Augen. Ein blasses Glühen stahl sich über das Wesen; nach und nach nahmen seine wolkigen Falten Gestalt an – es erschien ein Arm, dann Beine, darauf ein Rumpf; endlich blickte ein großes, schwermütiges Gesicht aus dem Dunst hervor. Seiner Nebelhüllen entkleidet, nackt, muskulös und wohlgestaltet erhob sich über mir der majestätische Riese von Cardiff.

All mein Elend verschwand – denn jedes Kind weiß, daß von diesem wohlwollenden Gesicht nichts Böses ausgehen kann. Meine heitere Laune kehrte augenblicklich zurück, und zugleich flammte das Gaslicht, als hätte es mit ihr sympathisiert, wieder hell auf. Niemals war ein einsamer Verbannter so froh, Gesellschaft willkommen heißen zu können, wie ich es war, daß ich diesen freundlichen Riesen begrüßen durfte. Ich sagte: »Wie, ist es niemand anders als du? Weißt du auch, daß ich mich während der letzten zwei, drei Stunden fast zu Tode geängstigt habe? Ich bin wirklich ganz aufrichtig froh, dich zu sehen. Ich wollte, ich hätte einen passenden Stuhl ... Hier, hier, versuch es nicht, dich auf das Ding da zu setzen!«

Aber es war zu spät. Eh' ich ihn zurückhalten konnte, hatte er sich darauf niedergelassen, und herab ging es mit ihm ... Niemals sah ich einen Stuhl so in Stücke fliegen!

»Halt, halt, du zertrümmerst mir alle ...«

Wieder zu spät. Abermaliges Krachen, und ein zweiter Stuhl hatte sich in seine ursprünglichen Elemente aufgelöst.

»Zum Teufel, bist du nicht bei Sinnen! Willst du mir denn meine sämtlichen Möbel zertrümmern? Hier, hier du versteinerter Narr ...«

Aber es nützte nichts. Bevor ich ihn zurückhalten konnte, hatte er sich auf das Bett gesetzt, und augenblicklich war es eine melancholische Ruine.

»Ist das eine Art und Weise, sich zu benehmen! Erst kommst du und stolperst in meiner Wohnung herum und bringst eine Legion herumstrolchender Gespenster mit dir, auf daß sie mich zu Tode peinigen, und dann, da ich über eine Unzartheit im Kostüm hinwegsehe, welche von anständigen Leuten nirgendwo anders als in einem ehrbaren Theater, und auch dort nicht einmal, geduldet werden würde, wenn die Nacktheit deinem Geschlecht eigentümlich wäre, lohnst du mir meine Nachsicht damit, daß du mir sämtliche Möbel, die du finden kannst, durch deine Sitzversuche zertrümmerst. Und warum willst du dich denn absolut setzen? Du schädigst dich selbst ebensosehr wie mich. Du hast dir das Ende deiner Wirbelsäule zerbrochen und den Boden mit Splittern deiner Schinken so bestreut, daß die Wohnung aussieht wie die Werkstätte eines Steinmetzen. Du sollst dich was schämen – du bist groß genug, um es besser zu wissen!«

»Nun, nun, ich will keine Möbel mehr zerschlagen. Aber was soll ich anfangen? Seit einem Jahrhundert habe ich keine Gelegenheit zum Sitzen gehabt.«

Und die Tränen drangen ihm in die Augen.

»Armer Teufel«, sagte ich, »ich hätte nicht so barsch gegen dich sein sollen. Und vermutlich bist du noch obendrein eine Waise! Aber setz dich hier auf den Boden – nichts anderes vermag dein Gewicht auszuhalten – zudem können wir uns nicht gemütlich unterhalten, wenn ich so sehr zu dir hinaufblicken muß; ich muß dich hier unten haben, hier bei diesem hohen Kontorstuhl, auf den ich klettern will, um von Angesicht zu Angesicht mit dir zu plaudern.«

Er setzte sich also auf den Boden, steckte sich eine Pfeife an, die ich ihm gab, warf sich eine meiner roten Decken über die Schultern, stülpte sich meine Badewanne nach Art eines Helmes auf den Kopf und machte es sich behaglich. Dann kreuzte er seine Beine, während ich das Feuer schürte, und setzte die platten Sohlen seiner ungeheuren Füße der angenehmen Wärme aus.

»Was hast du denn da an den Fußsohlen, daß sie so durchlöchert sind?«

»Verfluchte Frostbeulen – ich bekam sie bis zum Hinterkopf

hinauf, als ich da unter Newalls Farm lag. Allein der Ort gefällt mir; ich liebe ihn, wie jemand seine alte Heimat liebt. Es gibt nirgends eine Ruhe für mich, die mir so wohl bekommt wie die, welche ich dort genießen kann.«

Wir plauderten noch eine halbe Stunde miteinander, da bemerkte ich, daß er müde aussah, und sagte es ihm.

»Müde?« sagte er. »Nun ja, wie kann's anders sein. Und nun will ich dir alles erzählen, was damit zusammenhängt, da du mich so gut behandelt hast. Ich bin der Geist des versteinerten Mannes, der da drüben über der Straße in dem Museum liegt. Ich bin der Geist des Riesen von Cardiff. Ich habe weder Ruhe noch Frieden, bis man diesen armen Leib wieder beerdigt haben wird. Was war nun das Natürlichste, was ich tun konnte, um die Menschen zu bewegen, mir diesen Wunsch zu erfüllen? Du erschrickst! – An dem Orte spuken, wo der Körper lag! Und so spukte ich allnächtlich in dem Museum herum. Ich überredete sogar andere Geister, mir dabei behilflich zu sein. Aber damit war nichts erreicht, denn noch niemals ist jemand um Mitternacht ins Museum gekommen. Da bekam ich den Einfall, über die Straße zu gehen und hier in diesem Hause ein bißchen zu spuken. Ich fühlte, daß ich Glück haben müsse, wenn ich Gehör fände, denn ich hatte die wirksamste Gesellschaft bei mir, welche die Hölle nur liefern konnte. Nacht auf Nacht sind wir, vor Kälte schaudernd, durch diese moderigen Zimmer gewandert, haben Ketten geschleppt, gestöhnt, geflüstert, sind die Treppen hinauf- und hinuntergetrampelt, bis ich, offen gestanden, vor Erschöpfung ganz matt war. Aber als ich heute nacht in deinem Zimmer Licht sah, raffte ich alle meine Kräfte noch einmal zusammen und kam mit einem Teil der alten Frische hierher. Allein ich bin ganz ermüdet – vollständig erschöpft. Gib mir, ich bitte dich dringend, gib mir einige Hoffnung!«

Ich sprang mit einem Ausbruch von Erregtheit von meinem erhabenen Sitz herunter und rief aus: »Das überschreitet jedes Maß und alles, was bisher geschehen! Ei, du armes, altes, herumirrendes Fossil, du hast dir ganz umsonst all die Mühe gegeben. Du hast wegen eines Gipsabgusses von dir herumgespukt – der wahre Riese von Cardiff befindet sich in Albany! Zum Teufel, kennst du deine eigenen Überreste nicht?«

Niemals habe ich eine Miene so voll beredter Scham, so voller bedauernswerter Demütigung gesehen, wie sie sich hier über sein ganzes Gesicht verbreitete.

Der versteinerte Mann erhob sich langsam, stellte sich auf seine Füße und sagte: »Aufrichtig, ist das wahr?«

»So wahr ich hier sitze.«

Er nahm die Pfeife aus dem Mund und legte sie auf den Kaminsims, dann stand er einen Augenblick unentschlossen, wobei er unbewußt, nur aus alter Gewohnheit, seine Hände dahin brachte, wo seine Hosentaschen hätten sein sollen. Gedankenvoll ließ er das Kinn auf die Brust sinken und sprach endlich: »Nun – nie in meinem Leben kam ich mir so albern vor wie jetzt. Der versteinerte Mann hat alle Welt zum Narren gehalten, und nun endet der gemeine Betrug damit, daß er seinen eigenen Geist zum besten hat. Mein Sohn, wenn in deinem Herzen noch ein Funken von Mitleid ist für ein armes, freundloses Gespenst wie mich, so laß diesen Vorfall nicht unter die Leute kommen. Bedenke, wie dir zumute sein würde, wenn du eine so eselhafte Dummheit begangen hättest!«

Ich hörte, wie er majestätisch die Treppe hinunterging und hinaus auf die verlassene Straße schritt. Das Geräusch seiner Tritte wurde immer schwächer, und ich fühlte mich traurig gestimmt, daß er fortgegangen war, der arme Teufel – und noch trauriger darüber, daß er meine rote Decke und meine Badewanne mitgenommen hatte.

Robert Louis Stevenson

Das Flaschenteufelchen

Auf der Insel Hawaii gab es einen Mann, den ich Keawe nennen will; denn, um die Wahrheit zu sagen, er lebt noch, und darum darf ich seinen wirklichen Namen nicht verraten. Er war nicht weit von Honaunau geboren, wo die Gebeine Keawes des Großen in einer Höhle begraben liegen. Der Mann war arm, ehrlich und fleißig. Er konnte lesen und schreiben wie ein Schulmeister. Außerdem war er ein ausgezeichneter Seemann, er war eine Zeitlang auf den Dampfern gefahren, die zwischen den Inseln verkehren, und hatte den Walfischfänger an der Küste von Hamakua gesteuert. Schließlich kam Keawe auf den Gedanken, sich die große Welt und fremde Städte anzusehen. Er verheuerte sich deshalb auf ein Schiff, das nach San Franzisko fuhr.

Die Stadt war wunderbar, mit einem herrlichen Hafen und unzähligen reichen Leuten. Es gibt da einen Hügel, auf dem lauter Paläste stehen. Auf diesem Hügel ging Keawe, die Taschen voller Geld, eines Tages spazieren und besah sich mit viel Vergnügen die großen Häuser zu beiden Seiten.

»Was für schöne Häuser das sind!« dachte er bei sich. »Wie glücklich müssen die Menschen sein, die hier wohnen und sich keine Sorgen um den nächsten Tag zu machen brauchen!«

Während er so dachte, kam er an ein Haus, das zwar kleiner als die anderen war, aber vollkommen in seiner Bauart und schmuck wie ein Spielzeug. Die Stufen glänzten wie Silber, der Garten war wie von blühenden Girlanden umsäumt, und die Fenster strahlten wie Diamanten. Keawe blieb stehen und bestaunte all die Herrlichkeit.

Als er so dastand, bemerkte er einen Mann, der durch eines der Fenster zu ihm heruntersah. Das Fenster war so klar, daß Keawe ihn so deutlich sehen konnte wie einen Fisch im Wasser des Korallenriffs. Der Mann war etwas älter, hatte einen kahlen Kopf und einen schwarzen Bart. Sein Gesicht war voll Kummer, und er seufzte tief auf.

Die Wahrheit aber war die: Während Keawe zu dem Mann hinein- und der Mann zu Keawe herausblickte, beneidete einer den andern.

Auf einmal lächelte der Mann und gab Keawe ein Zeichen, doch hereinzukommen, und er empfing ihn an der Haustür.

»Ich habe ein schönes Haus«, sagte er, und wieder seufzte er. »Möchtet Ihr Euch nicht auch einmal die Zimmer ansehen?«

Dann führte er Keawe durch das ganze Haus, vom Keller bis zum Dachgeschoß, und da war nichts, das in seiner Art nicht vollkommen gewesen wäre, worüber Keawe sehr staunte.

»Wirklich«, sagte er, »das ist ein schönes Haus. Wenn ich in einem solchen Haus wohnte, würde ich den ganzen Tag fröhlich sein. Wie kommt es nur, daß Ihr so traurig ausseht?«

Der Mann schien die Frage nicht gehört zu haben.

»Ich sehe nicht ein«, erwiderte er, »warum Ihr nicht auch ein Haus haben solltet wie das meinige, ja, ein noch schöneres, wenn Ihr wollt. Ihr habt doch etwas Geld, nehme ich an?«

»Ich habe fünfzig Dollar«, sagte Keawe, »aber ein Haus wie dieses kostet doch sicher mehr als fünfzig Dollar.«

Der Mann überrechnete die Kosten. »Schade, daß Ihr nicht mehr habt«, sagte er, »denn das könnte Euch später einmal Sorgen bereiten. Aber fünfzig Dollar würden genügen.«

»Für das Haus?« fragte Keawe.

»Nein, nicht für das Haus«, antwortete der Mann, »aber für die Flasche. Denn ich muß Euch gestehen, obwohl ich so reich und vom Glück begünstigt erscheine, stammt doch mein ganzes Vermögen, das Haus und auch der Garten, nur von einer Flasche, die nicht viel größer ist als eine gewöhnliche Weinflasche. Da ist sie.«

Er öffnete einen verschlossenen Schrank und holte eine rundbäuchige Flasche mit langem Hals heraus. Sie war aus milchweißem Glas, in dem es wie Regenbogenfarben schillerte. In ihrem Innern regte es sich unbestimmt – wie Schatten und Feuer zugleich.

»Das ist die Flasche«, sagte der Mann. Und als Keawe lachte, fuhr er fort: »Ihr glaubt mir nicht? Nun, dann versucht doch einmal, ob Ihr sie zerbrechen könnt.«

Keawe nahm die Flasche und warf sie auf den Fußboden, immer wieder, bis er müde war; aber sie prallte immer nur vom Boden ab wie ein Kinderball und war nicht im geringsten beschädigt.

»Das ist ein merkwürdiges Ding«, sagte Keawe, »sie sieht doch aus und faßt sich auch an, als ob sie aus Glas wäre!«

»Sie ist auch aus Glas«, erwiderte der Mann und seufzte dabei schwerer denn je, »aber ihr Glas ist in den Flammen der Hölle geglüht. Ein kleiner Teufel wohnt darin, das ist der Schatten, der sich darin regt, so glaube ich wenigstens. Jedem, der die Flasche kauft, gehorcht das Teufelchen. Alles, was er sich wünscht – Liebe, Ruhm, Geld, Häuser wie meines hier, ja sogar eine ganze Stadt wie die unsere – gehört ihm, sowie er den Wunsch nur ausspricht. Napoleon besaß diese Flasche und wurde durch sie zum Weltbeherrscher; zuletzt aber verkaufte er sie – und fiel. Kapitän Cook hatte sie und fand durch sie den Weg zu so vielen Inseln. Aber auch er verkaufte sie – und wurde auf Hawaii erschlagen. Denn sowie man sie verkauft, schwinden die Macht und der Beistand des Teufels. Und wenn dann einer nicht zufrieden ist mit dem, was er hat, geht es ihm schlecht.«

»Und trotzdem sagt Ihr, daß Ihr sie verkaufen wollt?«

»Ich habe schon alles, was ich mir wünsche, und allmählich werde ich alt«, antwortete der Mann. »Eines nämlich kann das Teufelchen nicht – es kann einem das Leben nicht verlängern; und es wäre nicht recht von mir, Euch zu verschweigen, daß die Flasche einen Nachteil hat. Denn stirbt einer, bevor er sie verkauft hat, muß er für immer in der Hölle schmachten.«

»Das ist freilich ein schwerwiegender Nachteil«, rief Keawe, »und ich möchte mit dem Ding lieber nichts zu tun haben! Gott sei Dank kann ich mich ohne Haus abfinden, aber mit einem könnte ich mich ganz gewiß nicht abfinden: mit der ewigen Verdammnis.«

»Du meine Güte, Ihr müßt nicht gleich so voreilig sein«, entgegnete der Mann. »Ihr braucht Euch der Macht des Teufelchens nur mit Maßen zu bedienen. Dann verkauft Ihr die Flasche an einen anderen, so wie ich sie jetzt Euch verkaufe, und lebt bis ans Ende Eurer Tage in Behaglichkeit.«

»Hm, aber zweierlei macht mich stutzig«, sagte Keawe. »Ihr seufzt die ganze Zeit wie eine verliebte Jungfer, das ist das eine – und das andere: Ihr verkauft diese Flasche sehr billig.«

»Ich sagte Euch schon, warum ich seufze«, erwiderte der Mann. »Ich fürchte nämlich, meine Gesundheit ist nicht mehr die beste, und Ihr sagtet ja selbst, sterben und zum Teufel gehen, das ist nicht jedermanns Sache. Was nun den billigen Preis betrifft, so muß ich Euch noch mit einer besonderen Bewandtnis der Flasche bekannt machen. Vor langer, langer Zeit, als sie der Teufel zur Erde brachte, war sie unermeßlich teuer. Sie kostete ihren ersten Besitzer viele Millionen Dollar. Nun darf die Flasche aber nur mit Verlust verkauft werden. Wenn Ihr sie für denselben Preis abgebt, den Ihr selbst dafür bezahlt habt, kommt sie zu Euch zurück wie eine abgerichtete Taube. Daraus ergab sich, daß der Preis durch all die Jahrhunderte hindurch immer niedriger wurde und die Flasche nun auffallend billig ist. Ich selbst kaufte sie hier in der Gegend von einem meiner mächtigen Nachbarn, und sie kostete mich nur neunzig Dollar. Ich könnte sie also schon für neunundachtzig Dollar und neunundneunzig Cent verkaufen, aber nicht um einen Cent teurer, sonst würde das Ding wieder zu mir zurückkommen. Das bringt nun wieder zwei Nachteile mit sich: Erstens – bietet man den Leuten eine so ungewöhnliche Flasche für nur knapp neunzig Dollar an, so glauben sie, man will sich über sie lustig machen; und zweitens – aber das hat noch Zeit, und ich brauche vorläufig nicht darauf einzugehen. Auf jeden Fall aber müßt Ihr daran denken, daß sie nur gegen geprägte Münzen verkäuflich ist.«

»Und was beweist mir, daß Ihr die Wahrheit sagt?« fragte Keawe.

»Ihr könnt ja gleich eine Probe darauf machen«, antwortete der Mann. »Gebt mir Eure fünfzig Dollar, nehmt die Flasche und wünscht Euch die fünfzig Dollar wieder in Eure Tasche zurück. Wenn sie nicht da sind, mach' ich, auf Ehrenwort, den ganzen Handel rückgängig und gebe Euch Euer Geld wieder.«

»Beschwindelt Ihr mich auch nicht?« fragte Keawe.

Da legte der Mann einen feierlichen Eid ab.

»Schön«, sage Keawe, »ich will es versuchen. Es kann ja weiter nichts schaden.« Er überließ dem Mann sein Geld, und dieser gab ihm die Flasche.

»Teufelchen in der Flasche«, rief Keawe, »ich wünsche mir meine fünfzig Dollar zurück.« – Und kaum hatte er diese Worte ausgesprochen, war seine Tasche so schwer wie zuvor.

»Das ist tatsächlich eine wunderbare Flasche«, sagte Keawe.

»Und nun wünsche ich Euch einen guten Morgen, mein Bester, daß Euch der Teufel hole – statt mich!« sagte der Mann.

»He!« rief Keawe. »Genug von diesem Unsinn. Hier – nehmt Eure Flasche wieder zurück!«

»Ihr habt sie für weniger gekauft, als ich dafür bezahlt habe«, erwiderte der Mann und rieb sich die Hände, »jetzt gehört sie Euch. Ich meinerseits wünsche nur noch, Euch loszuwerden.« Damit klingelte er seinem chinesischen Diener und ließ Keawe vor die Tür setzen.

Als Keawe nun mit der Flasche unter dem Arm auf der Straße stand, begann er nachzudenken. »Wenn alles, was der Mann mir über die Flasche gesagt hat, wahr ist, habe ich vielleicht ein schlechtes Geschäft gemacht«, überlegte er, »aber er hat mich wohl nur zum Narren gehalten.« Dann zählte er sein Geld, es waren genau neunundvierzig amerikanische Dollar und ein chilenisches Dollarstück. »Das also scheint zu stimmen«, sagte Keawe zu sich, »nun will ich eine zweite Probe machen.«

Die Straßen in jenem Stadtteil waren sauber wie ein Schiffsdeck, und obwohl es mitten am Tag war, ließ sich weit und breit niemand blicken. Keawe stellte die Flasche in den Rinnstein und ging weiter. Zweimal sah er sich um, und jedesmal stand die rundbäuchige, milchweiße Flasche, wo er sie hingestellt hatte. Er sah sich noch ein drittes Mal um, dann bog er um eine Straßenecke. Aber kaum hatte er das getan, stieß etwas an seinen Ellenbogen – und siehe da! – es war der lange Hals der Flasche, und ihr dicker Bauch saß eingezwängt in der Tasche seines Seemannsrocks.

»Also auch das stimmt«, sagte Keawe.

Als nächstes kaufte er in einem Laden einen Korkzieher und ging hinaus in die Felder, wo er nicht gesehen werden konnte. Dort versuchte er, den Korken herauszuziehen, aber sooft er den Bohrer ansetzte, sprang er wieder heraus, und der Korken blieb, wo er war.

»Das muß ein ganz neuartiger Korken sein!« sagte Keawe zu sich. Doch plötzlich fing er an zu zittern und zu schwitzen, denn er bekam Angst vor der Flasche.

Auf seinem Rückweg zum Hafen sah er einen Laden, in dem ein Mann Muscheln und Stöcke von den Südseeinseln, alte heidnische Götterfiguren, alte Münzen, Bilder aus Japan und China und allerlei Kram verkaufte, wie ihn die Matrosen in ihren Seekisten mitbringen. Da kam ihm ein Gedanke; er ging hinein und bot die Flasche für hundert Dollar zum Kauf an. Der Ladenbesitzer lachte ihn zuerst aus und bot ihm fünf. Doch freilich, die Flasche war eine Seltenheit, solches Glas wurde in keiner von Menschen betriebenen Glashütte geblasen, so hübsch schillerten die Farben in dem milchigen Weiß, und so seltsam huschte der Schatten darin hin und her. Nachdem der Trödler, wie es bei seinesgleichen üblich ist, eine Weile gefeilscht hatte, gab er Keawe sechzig Silberdollar für das Ding und stellte es auf ein Brett in die Mitte seines Schaufensters.

»Nun«, sagte sich Keawe, »habe ich für sechzig verkauft, was ich für fünfzig kaufte – oder eigentlich etwas billiger, denn einer meiner Dollar war aus Chile – und werde sehen, ob der Mann auch mit der anderen Eigenschaft der Flasche recht hatte.«

Darauf ging er an Bord seines Schiffes zurück, aber als er dort seine Kiste öffnete – lag die Flasche darin! Sie war schneller hier gewesen als er selbst.

Keawe aber hatte auf dem Schiff einen Freund, der hieß Lopaka.

»Warum starrst du denn so in deine Kiste?« fragte Lopaka.

Sie waren allein im Vorderschiff. Keawe verpflichtete seinen Freund zu Verschwiegenheit und erzählte ihm alles.

»Das ist ja eine höchst sonderbare Geschichte«, sagte Lopaka, »und ich fürchte, die Flasche wird dir noch Unglück bringen. Wenn dir aber das Unglück sicher ist, ist es nur recht und billig, wenn du auch den Vorteil dieses Handels ausnutzt. Überlege dir, was du von der Flasche haben willst, verlange es von ihr, und wenn du hast, was du wolltest, will ich dir die Flasche abkaufen. Denn ich wünsche mir schon lange einen Schoner, um zwischen den Inseln Handel zu treiben.«

»Das wäre nichts für mich«, sagte Keawe. »Ich hätte lieber ein schönes Haus mit einem Garten an der Konaküste, wo ich geboren bin, wo mir die Sonne zur Tür hereinscheint und Blumen im Garten stehen. Glasscheiben will ich in den Fenstern haben und Bilder an den Wänden, kleine Spielereien und feine Decken auf den Tischen wie in dem Haus, in dem ich heute war; nur soll das meine noch ein Stockwerk höher sein und rundherum Balkone haben wie der Palast des Königs. Dort will ich dann sorglos leben und mit meinen Freunden und Verwandten lustig sein.«

»Schön«, sagte Lopaka, »wir wollen die Flasche nach Hawaii mitnehmen, und wenn alles ausgeht, wie du es erwartest, will ich sie dir abkaufen und mir einen Schoner wünschen.«

Sie einigten sich darüber, und kurz danach kehrte das Schiff mit Keawe, Lopaka und der Flasche an Bord nach Honolulu zurück. Kaum waren sie an Land gegangen, als ihnen am Strand ein Freund begegnete, der Keawe unvermittelt sein Beileid aussprach.

»Ich verstehe nicht, warum Ihr mir Euer Beileid ausdrückt.«

»Ja, habt Ihr es denn noch nicht gehört?« fragte ihn der Freund. »Euer Onkel, der gute alte Mann, ist gestorben, und Euer Vetter, der hübsche Junge, ist im Meer ertrunken.«

Keawe wurde sehr traurig darüber. Er begann zu weinen und zu klagen und vergaß die Flasche. Lopaka aber wurde nachdenklich, und als Keawes Schmerz sich ein wenig gelegt hatte, sagte er: »Ich habe mir eben überlegt – besaß dein Onkel nicht in Kaü auf Hawaii ein Stück Land?«

»Nein«, sagte Keawe, »nicht in Kaü, sondern auf der Bergseite, etwas südlich von Hookena.«

»Und dieser Grund gehört jetzt dir?« fragte Lopaka.

»Ja, das wird er wohl«, sagte Keawe und begann wieder seine Verwandten zu beklagen.

»Laß jetzt das Weinen«, versetzte Lopaka, »mir kam nämlich gerade ein Gedanke: Wie, wenn das nun alles auf die Flasche zurückzuführen wäre? Dann hättest du doch schon das Grundstück zu deinem Haus.«

»Wenn das so wäre«, rief Keawe aus, »dann hätte sie mir einen sehr schlechten Dienst damit erwiesen! Aber es könnte wirklich so sein – denn gerade in einer solchen Gegend habe ich mir das Haus immer vorgestellt.«

»Aber das Haus ist ja noch gar nicht gebaut«, sagte Lopaka.

»Nein, und wird wohl auch nie gebaut werden«, versetzte Keawe. »Mein Onkel hatte zwar etwas Kaffee, Awa und Bananen, doch das wird höchstens dazu reichen, mein Auskommen zu finden. Der übrige Teil des Grundstücks ist nichts als Lava.«

»Gehen wir zum Notar«, schlug Lopaka vor, »die Sache gibt mir zu denken.«

Als sie beim Notar waren, stellte sich heraus, daß Keawes Onkel in seinen letzten Tagen ungeheuer reich geworden war und ein ansehnliches Vermögen hinterlassen hatte.

»Hier hast du nun auch das Geld für dein Haus!« rief Lopaka.

»Wenn Ihr daran denkt, Euch ein neues Haus zu bauen«, sagte der Notar, »so habe ich hier die Empfehlungskarte eines neuen Baumeisters, auf den man große Stücke hält.«

»Das wird ja immer besser!« rief Lopaka. »Es geht alles wie am Schnürchen, wir brauchen nur zu gehorchen.«

So gingen sie denn zu dem Baumeister, der gerade einige Pläne zu neuen Häusern auf seinem Tisch liegen hatte.

»Ihr wollt etwas Ungewöhnliches«, sagte der Baumeister, »wie gefällt Euch dieses hier?« Damit reichte er Keawe eine Skizze.

Als nun Keawe einen Blick auf die Zeichnung warf, konnte er einen entzückten Schrei nicht unterdrücken – denn vor ihm lag die genaue Abbildung des Hauses, das er sich vorgestellt hatte.

»Dem Haus kann ich nicht entgehen«, dachte er. »Sowenig mir auch die Umstände gefallen, ich kann ihm nicht entgehen; und darum ist es wohl am besten, mit dem Bösen auch das Gute hinzunehmen.«

Und er teilte dem Baumeister alle seine Wünsche mit: wie er

das Haus eingerichtet haben wollte, wie die Bilder an den Wänden und die Nippsachen auf den Tischen aussehen sollten. Dann fragte er rundheraus, wieviel er für die ganze Geschichte verlange.

Der Baumeister stellte allerlei Fragen, nahm seine Feder und berechnete die Kosten. Als er damit fertig war, nannte er genau die Summe, die Keawe geerbt hatte.

Lopaka und Keawe sahen einander an und nickten.

»Es ist mir nun ganz klar, daß ich dieses Haus haben soll, ob ich will oder nicht«, dachte Keawe. »Es kommt vom Teufel, und ich fürchte, ich werde wenig Gutes davon haben. Eines aber weiß ich gewiß: Ich werde keinen Wunsch mehr aussprechen, solange diese Flasche in meinem Besitz ist. Das Haus habe ich mir nun einmal aufgeladen, und so will ich mit dem Bösen auch das Gute hinnehmen.«

Er machte seinen Vertrag mit dem Baumeister. Danach verheuerten sich Keawe und Lopaka wieder auf ein Schiff, und sie fuhren nach Australien. Sie hatten nämlich beschlossen, sich um nichts mehr zu kümmern und den Bau und die Ausschmückung ganz dem Geschmack des Baumeisters und des Flaschenteufelchens zu überlassen.

Sie hatten eine gute Fahrt. Nur wagte Keawe in dieser Zeit kaum zu sprechen, denn er hatte sich geschworen, keinen Wunsch mehr zu äußern und die Dienste des Teufelchens nicht mehr in Anspruch zu nehmen. Als sie zurückkamen, teilte ihnen der Baumeister mit, daß das Haus fertig sei, und Keawe und Lopaka schifften sich auf der »Hall« nach Kona ein, um es zu besichtigen und sich zu überzeugen, ob alles so ausgeführt worden war, wie Keawe es sich gedacht hatte.

Das Haus stand an der Bergseite, wo es von Schiffen aus gesehen werden konnte. Darüber stieg der Wald bis hinauf in die Regenwolken, und unter ihm fiel die schwarze Lava zu den Klippen ab, in denen die Könige alter Zeiten begraben liegen. Um das Haus herum führte ein Garten, in dem es in allen Farben blühte. Auf einer Seite befand sich ein Obstgarten mit Papaias, auf der anderen einer mit Brotfruchtbäumen. Vor dem Hause aber, gegen das Meer hin, stand ein getakelter Schiffsmast mit einer Fahne. Das Haus hatte drei Stockwerke mit großen Zimmern und breiten Balkonen. Die Fenster waren aus feinstem Glas, klar wie Wasser und strahlend wie der helle Tag. Alle Arten Möbel schmückten die Zimmer, und an den Wänden hingen Bilder in goldenen Rahmen: Bilder von Schiffen und Schlachten, von wunderschönen Frauen und eigenartigen Landschaften. Nirgends in der Welt gab es Bilder von so leuchtenden Farben wie die in Keawes Haus. Die Nippsachen aber waren ganz besonders schön. Da gab es schlagende Uhren, Spieldosen, kleine Männchen mit nickenden Köpfen, Bücher voller Bilder, wertvolle Waffen aus aller Herren Länder und die hübschesten Geduldsspiele zum Zeitvertreib für einsame Stunden. Die Balkone waren so breit gebaut, daß die Bewohner einer ganzen Stadt darauf Platz gehabt hätten.

Keawe wußte nicht, was ihm lieber war: die Veranda auf der Rückseite des Hauses, wo man den Landwind und den Anblick der Blumenbeete und Obstgärten genießen konnte, oder die Balkone auf der Vorderseite, wo man die Seebrise einatmen, den steilen Berghang hinunterblicken und die »Hall« vorbeifahren sehen konnte, die einmal in der Woche zwischen Hookena und der Berginsel Pele verkehrte, und wo die Schoner mit Holz, Awapfeffer und Bananen an der Küste entlangsegelten.

Als Keawe und Lopaka alles besichtigt hatten, setzten sie sich vor das Portal.

»Nun, ist alles so, wie du es haben wolltest?« fragte Lopaka.

»Es gibt keine Worte dafür«, sagte Keawe. »Es ist alles noch viel schöner, als ich es mir vorgestellt hatte.«

»Nur eines ist zu bedenken«, versetzte Lopaka, »das alles könnte auch ganz natürlich zugegangen sein, und das Flaschenteufelchen hat vielleicht gar nichts damit zu tun gehabt. Wenn ich nun die Flasche kaufte und am Ende gar keinen Schoner bekäme, hätte ich mir die Hand umsonst verbrannt. Ich habe dir zwar mein Wort gegeben, trotzdem denke ich, du wirst mir eine weitere Probe nicht abschlagen.«

»Ich habe mir geschworen, keine Dienste mehr anzunehmen«, erwiderte Keawe, »ich bin schon weit genug gegangen.«

»Es ist kein Wunsch, woran ich denke«, entgegnete Lopaka.

»Ich möchte nur das Teufelchen selbst einmal sehen. Dabei ist nichts zu gewinnen, und du brauchst dich darum nicht zu schämen. Habe ich es aber einmal gesehen, kann ich meiner Sache sicher sein. Also tu mir doch den Gefallen und laß mich das Teufelchen sehen, und dann – hier habe ich das Geld in meiner Hand – will ich dir die Flasche abkaufen.«

»Ich fürchte nur eines«, sagte Keawe, »wenn nämlich das Teufelchen allzu unheimlich aussieht, wirst du vielleicht die Flasche gar nicht mehr haben wollen?«

»Ich bin doch ein Mann von Wort«, erwiderte Lopaka, »hier, ich lege das Geld zwischen uns.«

»Also schön«, sagte Keawe, »ich bin selber neugierig: Kommt heraus, Herr Teufel, und laßt Euch einmal anschauen!«

Kaum hatte er das gesagt, da fuhr das Teufelchen aus der Flasche heraus, und schnell wie eine Eidechse war es auch wieder drinnen.

Keawe und Lopaka waren wie zu Stein erstarrt. Es war finstere Nacht, ehe sie ihr Denken und die Sprache wiederfanden. Da schob Lopaka seinem Freund das Geld zu und nahm die Flasche.

»Ich bin ein Mann von Wort«, sagte er, »denn wäre ich das nicht, würde ich die Flasche jetzt nicht einmal mit meinem Fuß berühren. Na, den Schoner werde ich jedenfalls bekommen und dazu ein paar Dollar für meine Tasche, dann aber will ich den Teufel so schnell wie möglich wieder loswerden, denn, um die volle Wahrheit zu sagen, sein Anblick hat mich aus der Ruhe gebracht.«

»Lopaka«, sagte Keawe, »halte mich nicht für schlechter, als ich bin. Ich weiß, es ist Nacht, die Straßen sind schlecht, und der Weg an den Gräbern vorbei ist so spät in der Nacht unheimlich, aber ich sage dir, seit ich diese kleine Fratze gesehen habe, kann ich weder essen noch schlafen noch beten, ehe die Flasche aus meiner Nähe ist. Ich will dir eine Laterne und einen Korb für die Flasche geben und dazu ein Bild aus meinem Haus oder sonst etwas Hübsches – aber bitte, geh sofort und übernachte bei Nahinu in Hookena!«

»Keawe«, erwiderte Lopaka, »so mancher würde dir das übelnehmen, zumal ich dir einen solchen Freundschaftsdienst erweise, mein Wort zu halten und die Flasche zu kaufen; denn die Nacht und die Finsternis und der Weg an den Gräbern vorbei sind gewiß zehnmal so gefährlich für einen Menschen, der eine solche Sünde auf dem Gewissen und eine solche Flasche unter dem Arm hat. Aber ich bin selbst zu Tode erschrocken, daß ich nicht das Herz habe, dich zu tadeln. Darum gehe ich also und bitte Gott, daß du in deinem Hause glücklich wirst und ich mit meinem Schoner Glück habe und daß wir beide am Ende doch noch in den Himmel kommen, trotz des Teufels in der Flasche.«

Lopaka ritt also den Berg hinunter, und Keawe stand auf dem vorderen Balkon seines Hauses, lauschte dem Hufschlag des Pferdes und folgte dem Schein der Laterne den Pfad hinab und an dem Höhlenriff vorbei, in dem die Toten begraben liegen. Und die ganze Zeit zitterte er und faltete die Hände und betete für seinen Freund und dankte Gott dafür, daß er selbst diese Sorge los war.

Der nächste Tag aber war strahlend schön und sein neues Haus so wunderbar, daß er all die Schrecken, die er erlebt hatte, vergaß. Ein Tag nach dem andern verging, und Keawe lebte in steter Freude. Die Veranda auf der Rückseite wurde sein Lieblingsplatz. Dort wohnte und aß er und las die Zeitungen aus Honolulu; und jeder, der vorbeiging, mußte hereinkommen und sich die Zimmer und die Bilder ansehen. So wurde sein Haus weit und breit bekannt. In ganz Kona wurde es Ka-Hale Nui, das Große Haus, genannt, manchmal auch das Glänzende Haus, denn Keawe hielt sich einen Chinesen, der den ganzen Tag Staub wischte und polierte; und alles Glas, die Vergoldungen, die schönen Stoffe und die Bilder glänzten so hell wie der Morgen. Keawe selbst aber konnte nicht durch die Zimmer gehen, ohne zu singen, so sehr freute er sich. Und wenn drunten auf dem Meer Schiffe vorbeisegelten, ließ er die Flagge von seinem Mast wehen.

So verging die Zeit, bis Keawe eines Tages seine alten Freunde in Kaula besuchte. Dort wurde er gut bewirtet. Schon am nächsten Morgen aber verließ er sie, sobald er konnte, denn er konnte es nicht erwarten, wieder sein schönes Haus zu sehen.

Kurz hinter Honaunau sah er in der Ferne ein Mädchen am

Strand baden. Sie schien wohlgewachsen, und als sie sich anzog, sah er ihr weißes Gewand und den roten Holoku flattern. Als er in ihre Nähe kam, war sie mit dem Anziehen fertig und vom Meer heraufgekommen. Erfrischt von ihrem Bad, stand sie mit leuchtenden, freundlichen Augen in ihrem roten Holoku am Weg. Keawe hielt unvermittelt sein Pferd an.

»Ich dachte, ich kenne jeden Menschen hier im Lande«, sagte er, »wie kommt es, daß ich dich nicht kenne?«

»Ich bin Kokua, Kianos Tochter«, sagte das Mädchen, »und bin gerade von Oahu zurückgekehrt. Und wer bist du?«

»Ich werde dir später sagen, wer ich bin«, antwortete Keawe und stieg vom Pferd, »nicht jetzt. Es könnte nämlich sein, daß du schon von mir gehört hast, und wenn du weißt, wer ich bin, gibst du mir keine freie Antwort. Aber sage mir vor allem eines: Bist du verheiratet?«

Da lachte Kokua laut. »Du stellst aber Fragen! Bist du denn verheiratet?«

»Nein, Kokua, ich bin nicht verheiratet«, antwortete Keawe, »und bis zu diesem Augenblick habe ich auch niemals daran gedacht, mich zu binden. Aber ich will ganz offen sein: Hier am Wegrand bin ich dir begegnet und habe deine Augen gesehen, die wie Sterne sind, hier habe ich mein Herz verloren. Wenn du nichts von mir wissen willst, dann sage es mir, und ich will heimreiten. Wenn ich dir aber nicht schlechter erscheine als irgendein anderer junger Mann, dann sage es mir auch; dann will ich für diese Nacht bei deinem Vater einkehren und morgen mit dem guten Mann reden.«

Kokua sagte kein Wort mehr. Sie sah nur über das Meer und lachte.

»Kokua«, sagte Keawe, »wenn du nichts sagst, will ich das für eine gute Antwort nehmen und zu deinem Vater gehen!«

Immer noch schweigend, ging sie vor ihm her. Nur manchmal sah sie sich um, blickte aber gleich wieder fort und hielt mit den Lippen ihr Hutband fest. Als sie das Haus erreicht hatten, kam Kiano auf die Veranda heraus, begrüßte Keawe mit Namen und hieß ihn in seinem Haus willkommen. Da sah das Mädchen ihn neugierig an, denn der Ruf des Großen Hauses war auch ihr zu

Ohren gekommen, und das war sicher eine große Versuchung für sie. Den ganzen Abend waren sie alle sehr lustig. Das Mädchen war unter den Augen der Eltern keck wie ein Sperling und neckte Keawe. Am nächsten Morgen sprach Keawe mit Kiano, und dann suchte er das Mädchen allein auf.

»Kokua«, sagte er, »du hast dich gestern den ganzen Abend über mich lustig gemacht; noch ist es Zeit, mich wegzuschicken. Ich wollte dir nicht sagen, wer ich bin, weil ich ein so schönes Haus habe und fürchtete, du würdest zuviel an das Haus denken und zuwenig an den Mann, der dich liebt. Nun weißt du alles, und wenn du mich nicht wiedersehen willst, sage es mir gleich.«

»O nein«, sagte Kokua, und diesmal lachte sie nicht. Mehr aber verlangte Keawe nicht.

So verlief Keawes Werbung. Es war schnell gegangen, aber auch ein Pfeil fliegt schnell und eine Flintenkugel noch schneller, und doch können beide das Ziel treffen. Es war aber nicht nur schnell, sondern auch tief gegangen, denn Keawe hatte das Herz des Mädchens erobert. Sie hörte seine Stimme aus der Brandung am Lavastrand und wäre bereit gewesen, um seinetwillen, den sie nur zweimal gesehen hatte, Vater, Mutter und die heimatlichen Inseln zu verlassen. Keawe aber flog auf seinem Pferd an den Gräbern vorbei, den Bergpfad hinauf, und der Hufschlag des Pferdes und Keawes Freudengesang hallten in den Höhlen der Toten wider. Er kam in das Glänzende Haus zurück und sang noch immer. Er setzte sich zum Essen auf den großen Balkon, und der Chinese wunderte sich über seinen Herrn, der selbst zwischen den einzelnen Bissen noch sang. Die Sonne versank in der See, und die Nacht stieg herauf, und Keawe ging noch bei Lampenlicht auf seinen Balkonen herum, und die Menschen auf den Schiffen lauschten staunend seinem Gesang hoch oben in den Bergen.

»Nun bin ich auf der Höhe meines Lebens angelangt«, sagte er zu sich. »Schöner kann es wohl kaum werden. Dies ist der Gipfel, nun kann es nur noch abwärts gehen. Drum will ich zum erstenmal alle meine Zimmer beleuchten, in meinem schönen Bad mit kaltem und heißem Wasser baden und dann allein in meinem Brautgemach schlafen.«

Der Chinese mußte aufstehen und den Ofen heizen, und während er unten an seinem Kessel hantierte, hörte er über sich in den erleuchteten Zimmern den Freudengesang seines Herrn. Als das Wasser warm war, rief der Chinese seinen Herrn, und Keawe ging in das Badezimmer. Der Chinese hörte ihn singen, während das Wasser in die Marmorwanne lief, und hörte ihn singen, aufhören und wieder singen, während er sich auszog. Plötzlich aber brach der Gesang ab. Der Chinese lauschte. Er rief hinauf, um zu fragen, ob alles in Ordnung sei, und Keawe antwortete »ja!« und schickte ihn zu Bett. Aber es erklang kein Gesang mehr im Glänzenden Haus. Und die ganze Nacht hindurch hörte der Chinese nur noch die Schritte seines Herrn, der ruhelos auf den Balkonen um das Haus herumging.

Folgendes war geschehen: Als Keawe sich auszog, um sein Bad zu nehmen, entdeckte er auf seiner Haut einen Fleck wie eine Pilzflechte auf einem Felsen – und da hörte er auf zu singen. Denn er kannte jene Flechten und wußte, daß er die chinesische Krankheit, den Aussatz, hatte.

Nun ist es traurig für jeden, den eine solche Krankheit befällt. Und jeden würde es traurig machen, ein so schönes behagliches Haus verlassen zu müssen, sich von allen Freunden trennen zu müssen, um an der Nordküste von Molokai (dorthin wurden die Aussätzigen gebracht!) zwischen den mächtigen Klippen und der Meeresbrandung zu leben. Doch um wie vieles trauriger mußte das alles für Keawe sein, der erst gestern seine Liebste gefunden, sie erst diesen Morgen errungen hatte und nun alle seine Hoffnungen in einem einzigen Augenblick wie Glas zerbrechen sah!

Er saß erst eine Weile auf dem Rand seiner Badewanne. Dann sprang er mit einem Schrei auf und lief hinaus, auf und ab, auf und ab, immer die Balkone entlang, wie einer, den tiefste Verzweiflung gepackt hat.

»Gern würde ich Hawaii, das Land meiner Väter, und mein Haus verlassen«, dachte Keawe, »tapferen Mutes würde ich nach Kalaupapa bei den Klippen von Molokai gehen und dort unter den Aussätzigen leben und schlafen. Aber welches Unrecht habe ich begangen, welche Sünde auf meine Seele geladen, daß ich

Kokua begegnen mußte, als sie erfrischt vom Meerwasser in den Abend ging? Kokua, die mich bezaubert hat! Kokua, das Licht meines Lebens! Nie darf ich sie heiraten, nie mehr sie ansehen, nie mehr mit liebender Hand berühren!«

Nun merkt man erst, was für ein Mann Keawe war, denn er hätte dort in dem Glänzenden Haus viele Jahre leben können und niemand würde seine Krankheit bemerkt haben. Doch das alles galt ihm nichts mehr, wenn er Kokua verlieren mußte. Ja, er hätte in diesem Stadium seiner Krankheit Kokua sogar heiraten können, viele würden das getan haben. Keawe aber liebte das Mädchen wie ein ganzer Mann, er wollte sie nicht ins Unglück stürzen.

Einige Zeit nach Mitternacht kam ihm die Flasche wieder in den Sinn. Er ging auf die Veranda und rief sich den Abend ins Gedächtnis zurück, an dem der Teufel aus der Flasche gefahren war – bei dem Gedanken daran lief es ihm eisig über den Rücken.

»Ein furchtbares Ding ist diese Flasche«, dachte Keawe, »und furchtbar ist dieses Teufelchen, und es ist furchtbar, sich den Flammen der Hölle auszusetzen. Doch welche andere Hoffnung bleibt mir noch, um meine Krankheit loszuwerden und Kokua heiraten zu können? Habe ich nicht dem Teufel ins Auge gesehen, nur um mir ein Haus anzuschaffen? Und sollte mir dasselbe nicht gelingen, wenn es darum geht, Kokua zu gewinnen?«

Und da fiel ihm ein, daß die »Hall« am nächsten Tag auf ihrer Fahrt nach Honolulu vorbeikommen würde. »Da muß ich hin«, dachte er, »um Lopaka zu treffen. Denn meine einzige Hoffnung ist jetzt die Flasch, die ich damals mit solcher Freude fortgegeben habe.«

Er konnte die ganze Nacht kein Auge schließen, morgens blieb ihm der Bissen im Halse stecken. Doch er schickte noch einen Brief an Kiano und ritt dann um die Ankunftszeit des Dampfers an den Gräbern vorbei, zum Hafen hinunter. Es regnete, und sein Pferd lief träge. Er blickte zu den schwarzen Schluchten der Grabhöhlen hinauf und beneidete die Toten, die dort ruhten und aller Sorgen ledig waren. Und wehmütig dachte er daran, wie glücklich er erst gestern hier vorübergaloppiert war. So kam er nach Hookena hinunter, wo wie gewöhnlich der ganze Ort versammelt war, um den Dampfer zu erwarten. Unter dem Schutzdach des Lagerhauses saßen sie alle beisammen, machten ihre Späße und erzählten einander Neuigkeiten. Aber Keawe war nicht nach lauter Unterhaltung zumute. Still saß er unter ihnen und sah hinaus in den Regen, der auf die Häuser niederfiel, auf die Brandung, die gegen die Felsen schlug, und Seufzer stiegen ihm auf die Lippen.

»Keawe aus dem Glänzenden Haus ist traurig«, flüsterte einer dem anderen zu.

Ja, und das war er auch. Doch wen sollte das wundern?

Dann legte die »Hall« an, und das Landungsboot brachte ihn an Bord. Das Hinterdeck des Schiffes war wie immer voll von Weißen, die den Vulkan besichtigt hatten. Im Mittelschiff drängten sich die Einheimischen, und das Vorderschiff füllten wilde Stiere aus Hilo und Pferde aus Kaü. Keawe aber saß in seinem Kummer fern von allem und hielt Ausschau nach Kianos Haus. Dort lag es, tief unten am Strand, umgeben von den schwarzen Felsen und von Kokospalmen beschattet. Und dort an der Haustür war ein roter Holoku, nicht größer als eine Fliege, zu sehen, der geschäftig hin und her eilte.

»O du Königin meines Herzens«, stöhnte er auf, »ich will meine Seele aufs Spiel setzen, um dich zu gewinnen!«

Bald danach brach die Dunkelheit herein, und die Kajüten wurden beleuchtet. Die Weißen saßen wie gewöhnlich beim Kartenspiel und tranken Whisky. Keawe aber ging die ganze Nacht auf Deck hin und her; und auch am nächsten Tag, als das Schiff an den windstillen Küsten von Maui und Molokai vorüberdampfte, rannte er noch auf und ab wie ein wildes Tier im Käfig.

Gegen Abend passierten sie Diamond Head und legten an den Molen von Honolulu an. Keawe ging an Land und erkundigte sich sofort nach Lopaka. Doch sein Freund war der Besitzer eines Schoners geworden – es gab keinen besseren auf den Inseln – und kreuzte draußen auf dem Ozean zwischen Pola-Pola und Kahiki. Von ihm war also keine Hilfe zu erwarten. Da erinnerte sich Keawe an einen Freund Lopakas, der in der Stadt Rechtsanwalt war, und erkundigte sich nach seiner Wohnung. Man sagte ihm, daß er plötzlich reich geworden sei und ein schönes neues Haus am Strand von Waikiki besitze. Das ermutigte Keawe, und er rief einen Wagen herbei und fuhr zum Haus des Anwalts.

Das Haus war funkelnagelneu, und die Bäume im Garten waren kaum größer als Spazierstöcke; der Rechtsanwalt aber machte den Eindruck eines zufriedenen Menschen.

»Womit kann ich Euch dienen?« fragte er.

»Ihr seid ein Freund von Lopaka«, sagte Keawe, »und Lopaka hat einmal einen gewissen Gegenstand von mir gekauft. Ich dachte, Ihr wäret vielleicht imstande, mir auf seine Spur zu verhelfen.«

Das Gesicht des Advokaten wurde finster. »Ich möchte nicht sagen, daß ich Euch nicht verstehe, Herr Keawe«, entgegnete er, »doch das ist eine üble Sache, an die Ihr da rührt. Seid versichert, ich weiß nichts, doch glaube ich, Ihr könntet an einer gewissen Stelle die gewünschte Auskunft erhalten.«

Und er nannte ihm den Namen eines Mannes, den ich verschweige. Es dauerte tagelang, und überall, wo Keawe nun hinkam, fand er neue Kleider, Wagen und Pferde, schöne neue Häuser und zufriedene Menschen, doch sowie er nur eine Andeutung über sein Anliegen machte, wurden die Gesichter abweisend.

»Ich bin zweifellos auf der Spur«, dachte Keawe. »Alle diese neuen Kleider und Wagen sind die Gaben des Teufelchens, und der frohe Eindruck, den die Gesichter der Menschen machen, läßt darauf schließen, daß sie den Gewinn dieses verfluchten Dings eingesteckt haben, es losgeworden sind und sich nun sicher fühlen. Erst wenn ich bleiche Wangen zu sehen und Seufzer zu hören bekomme, werde ich wissen, daß ich der Flasche nahe bin.«

So kam es schließlich, daß er an einen Mann in der Beritaniastraße verwiesen wurde. Als er um die Zeit des Abendessens vor seine Haustür kam, fand er da die üblichen Anzeichen: das neue Haus, den jungen Garten und das elektrische Licht, das durch die

Fenster schien. Als aber der Besitzer erschien, durchfuhr Keawe ein Strahl von Angst und Hoffnung; denn das Gesicht des jungen Mannes vor ihm war leichenblaß, seine Augen waren schwarz umrändert, das Haar verwahrlost, und sein Blick glich dem eines Menschen, der gehängt werden soll.

»Hier muß sie sein«, dachte Keawe. Und ohne Übergang sagte er: »Ich bin gekommen, um die Flasche zu kaufen.«

Bei diesen Worten taumelte der junge Mann gegen die Wand.

»Die Flasche«, stöhnte er, »die Flasche zu kaufen!«

Es war, als wollte er ersticken. Dann faßte er Keawe heftig beim Arm und zog ihn in ein Zimmer, wo er zwei Gläser mit Wein füllte.

»Auf Euer Wohl!« sagte Keawe, der im Umgang mit Weißen sehr geübt war. »Ja«, fuhr er dann fort, »ich bin hier, um die Flasche zu kaufen. Wie hoch ist ihr Preis jetzt?«

Bei dieser Frage fiel dem jungen Mann das Glas aus der Hand, und er sah Keawe wie ein Gespenst an.

»Der Preis?« rief er aus. »Der Preis? Ihr kennt den Preis nicht?«

»Ich frage Euch danach«, antwortete Keawe. »Aber warum seid Ihr denn so bestürzt? Stimmt etwas nicht mit dem Preis?«

»Die Flasche ist, seit sie in Euren Händen war, um vieles billiger geworden, Herr Keawe«, sagte der junge Mann stammelnd.

»Na schön«, versetzte Keawe, »dann werde ich um so weniger für sie bezahlen müssen. Was habt Ihr für sie bezahlt?«

Der junge Mann wurde weiß wie die Wand. »Zwei Cents«, sagte er.

»Was?« rief Keawe. »Zwei Cents? Dann könnt Ihr sie ja nur noch für einen Cent verkaufen! Und wer sie kauft –« Das Wort erstarb ihm auf der Zunge; denn wer sie jetzt kaufte, konnte sie nie mehr weiterverkaufen; Flasche und Flaschenteufel mußten bei ihm bleiben, bis er starb; und starb er, mußte er mit ihnen in die Hölle fahren.

Der junge Mann fiel vor ihm auf die Knie. »Um Himmels willen, kauft die Flasche!« bettelte er. »Ihr könnt mein ganzes

Vermögen haben! Ich war wahnsinnig, als ich sie für diesen Preis kaufte, aber ich hatte im Geschäft Geld unterschlagen. Ich wäre verloren gewesen und ins Gefängnis gekommen.«

»Armer Mensch!« sagte Keawe. »Ihr habt, um der gerechten Strafe für Eure Betrügerei zu entgehen, Euer Seelenheil so verwegen aufs Spiel gesetzt, und ich sollte zögern, meint Ihr, ich, der Liebende? Gebt mir die Flasche, und gebt mir das Wechselgeld, das Ihr sicher längst habt, hier ist ein Fünfcentstück!«

Es war, wie Keawe vermutet hatte: Der junge Mann hatte das Wechselgeld in einer Schublade vorbereitet. Die Flasche wechselte den Besitzer, und noch hatten Keawes Finger den Hals der Flasche nicht umschlossen, als er auch schon den Wunsch hauchte, wieder ein gesunder Mensch zu sein. Und tatsächlich, als er wieder nach Hause zurückgekehrt war und sich in seinem Zimmer vor dem Spiegel entkleidete, war seine Haut fleckenlos wie die eines Kindes. Nun aber geschah das Seltsame. Kaum hatte er dieses Wunder geschaut, war er wie verwandelt; er dachte nicht mehr an die chinesische Krankheit und noch viel weniger an Kokua. Er hatte nur noch einen Gedanken, daß er auf Zeit und Ewigkeit dem Flaschenteufelchen verfallen sei und nichts anderes mehr zu erwarten habe, als für immer ein Reisig in den Flammen der Hölle zu sein. Er sah sie schon im Geist vor sich lodern, spürte schon die Hitze, dann wurde es dunkel um ihn her.

Als Keawe wieder zu sich kam, fiel ihm ein, daß an diesem Abend im Hotel die Musik spielte. Er ging hinunter, weil er sich vor dem Alleinsein fürchtete, und lief dort unter all den fröhlichen Menschen verzweifelt hin und her. Er hörte die Melodien auf- und abklingen, sah den Kapellmeister den Takt schlagen, und daneben hörte er die ganze Zeit die Flammen knistern und sah das rote Feuer im Höllenschlund brennen. Plötzlich spielte die Kapelle Hiki-ao-ao, und bei dieser Weise, die er mit Kokua zusammen gesungen hatte, bekam er wieder Mut.

»Es ist nun einmal geschehen«, dachte er, »und so will ich denn wieder das Gute mit dem Bösen hinnehmen.«

So kam es, daß er mit dem nächsten Dampfer nach Hawaii zurückfuhr, mit Kokua getraut wurde und sie zu sich auf den Berg in das Glänzende Haus nahm.

Nun stand es aber so mit den beiden: Wenn sie zusammen waren, war Keawes Herz beruhigt; sowie er aber allein war, verfiel er in ein brütendes Grauen, hörte die Höllenflammen prasseln und sah das rote Feuer im Höllenschlund. Kokua aber war mit ihrem ganzen Herzen zu ihm gekommen; es klopfte rascher in ihrer Brust, wenn sie ihn sah, und ihre Hand hing in der seinen; und sie war so hübsch, vom Haar auf ihrem Kopf bis zu den Nägeln an ihren Zehen, daß jeder sich bei ihrem Anblick freute. Sie war von Natur freundlich und hatte immer ein gutes Wort bereit. Sie steckte voller Lieder; jubilierend wie ein Vogel ging sie durch das Glänzende Haus, das fröhlichste Geschöpf in seinen drei Stockwerken. Keawe sah und hörte sie mit Entzücken, und dann verkroch er sich in einem Winkel seines Hauses und weinte und stöhnte, wenn er an den Preis dachte, den er für sie bezahlt hatte. Dann wieder mußte er sich die Augen trocknen, das Gesicht waschen und hingehen und mit ihr auf einem der breiten Balkone sitzen, in ihren Gesang einstimmen und mit wehem Herzen ihr Lächeln erwidern.

So kam der Tag, an dem auch ihre Lieder seltener wurden; und nun war es nicht nur Keawe, der sich abseits hielt, um zu weinen, sondern einer mied den andern und saß allein auf dem entgegengesetzten Balkon, und die ganze Breite des Glänzenden Hauses lag zwischen ihnen. Keawes Verzweiflung war so groß, daß er die Veränderung kaum bemerkte; er war nur froh, mehr Stunden für sich zu haben, in denen er allein sein und über sein Schicksal nachbrüten konnte; er war dann nicht so häufig dazu gezwungen, seine Traurigkeit unter einem lächelnden Gesicht zu verbergen. Eines Tages aber, als er leise durchs Haus schlich, war ihm, als hörte er jemand schluchzen; und er fand Kokua, das Gesicht in den Händen verborgen, auf dem Flur des Balkons und wie ein Kind weinend.

»Du tust gut daran, in diesem Haus zu weinen, Kokua«, sagte er, »und doch würde ich mein Leben darum geben, daß wenigstens du glücklich wärst.«

»Glücklich!« rief sie. »Keawe, als du allein in deinem Glänzenden Hause wohntest, warst du der Inbegriff eines glücklichen Menschen auf der Insel. Lachen und Lieder hattest du auf den Lippen, und dein Gesicht war heiter wie die aufgehende Sonne. Dann hast du die arme Kokua geheiratet, und Gott allein weiß, was an ihr nicht richtig ist. Denn von diesem Tag an hast du nicht mehr gelacht. Oh«, schluchzte sie, »was mache ich nur falsch? Ich glaubte, ich sei hübsch, und ich wußte, daß ich dich liebte. Was ist nur mit mir, daß ich dich so traurig mache?«

»Arme Kokua«, sagte Keawe. Er setzte sich zu ihr nieder und wollte ihre Hand in die seine nehmen, doch sie entzog sie ihm. »Arme Kokua«, sagte er wieder, »mein armes, schönes Kind! Und ich hatte immer gehofft, dir das ersparen zu können! Nun sollst du alles wissen. Dann wirst du mit dem armen Keawe wenigstens Mitleid haben, dann wirst du verstehen, wie sehr er dich früher geliebt hat, daß er, um dich zu besitzen, die Hölle herausforderte, und wie sehr er dich noch immer liebt, dieser arme Verdammte, daß er sich trotzdem ein Lachen abringen kann, wenn er dich sieht.«

Und er erzählte ihr alles von Anfang an.

»Das alles hast du meinetwegen getan?« rief sie. »Oh! Wozu mache ich mir dann Sorgen!« Und sie umarmte ihn und weinte an seiner Brust.

»Ach, Kind«, sagte Keawe, »wenn ich an das Höllenfeuer denke, wird mir angst und bang!«

»Reden wir nicht mehr davon«, sagte sie. »Kein Mensch kann verloren sein, nur weil er Kokua liebt, wenn er nichts anderes begangen hat. Ich sage dir, Keawe, mit diesen Händen werde ich dich erretten oder mit dir zugrunde gehen. Du liebtest mich und gabst für mich deine Seele hin, und ich, meinst du, wäre nicht imstande zu sterben, um dich zu erretten?«

»Ach, Liebste!« rief er. »Dein Tod könnte nichts ändern, außer daß ich verlassen wäre, bis die Stunde meiner Verdammnis naht.«

»Das verstehst du nicht«, sagte sie, »ich bin in Honolulu zur Schule gegangen, ich bin kein gewöhnliches Mädchen. Und ich sage dir, ich werde meinen Liebsten erretten. Was hast du da wegen des einen Cents gesagt? Amerika ist doch nicht die ganze Welt. In England gibt es ein Geldstück, das Farthing heißt und das ungefähr einen halben Cent wert ist. Aber«, rief sie dann bekümmert, »damit wäre uns kaum gedient! Denn dann wäre der nächste Käufer ja wieder ein verlorener Mann, und einen so tapferen wie meinen Keawe werden wir so leicht nicht finden! Aber es gibt ja auch noch Frankreich; dort haben sie eine kleine Münze, die sie Centime nennen, und davon gehen fünf oder so auf einen Cent. Besser könnten wir es gar nicht treffen. Komm, Keawe, laß uns so schnell wie möglich zu den französischen Inseln fahren, nach Tahiti. Dort haben wir vier Centimes, drei Centimes, zwei Centimes, einen Centime; vier Verkaufsmöglichkeiten der Reihe nach. Und wir sind zwei, um das Geschäft zu betreiben. Komm, Keawe, küsse mich und vergiß die Sorgen! Kokua wird dich verteidigen!«

»Du Kind Gottes!« rief Keawe. »Ich kann nicht glauben, daß Gott mich strafen will, weil ich mir etwas so Gutes wünschte wie dich. Tun wir, was du sagtest; führe mich, wohin du willst; ich lege mein Leben und mein Heil in deine Hände.«

Am nächsten Morgen in aller Frühe schon war Kokua mit ihren Vorbereitungen beschäftigt. Sie nahm die Seemannskiste, die Keawe als Matrose benutzt hatte, und legte zuallererst die Flasche hinein. Dann packte sie ihre schönsten Kleider und die kostbarsten Schmuckstücke des Hauses ein. »Denn«, sagte sie, »wir müssen als reiche Leute auftreten, sonst wird niemand an die Flasche glauben.« Während ihrer Reisevorbereitungen war sie munter wie ein Zeisig, nur wenn sie auf Keawe blickte, sprangen ihr die Tränen in die Augen, und sie mußte zu ihm hinlaufen und ihn küssen. Keawe selbst aber war ein Stein vom Herzen genommen; nun, da er sein Geheimnis teilen konnte und einen neuen Hoffnungsschimmer sah, fühlte er sich wie neugeboren und atmete wieder freier. Und doch saß ihm der Schreck immer noch im Nacken, und hin und wieder, wie der Wind eine Kerze auslöscht, erlosch die Hoffnung in ihm, und er sah die Flammen flackern und das rote Höllenfeuer brennen.

Sie ließen das Gerücht verbreiten, daß sie sich auf einer Vergnügungsfahrt in die Vereinigten Staaten befänden, was zwar befremdlich schien, doch lange nicht so befremdlich wie die Wahrheit, hätte jemand sie erraten können. Sie fuhren mit der »Hall« nach Honolulu und von dort auf der »Umatilla« zusammen mit einer Menge Weißer nach San Franzisko. Von San Franzisko aus schifften sie sich auf dem Postboot »Tropenvogel« nach Papeete, der Hauptstadt der französischen Südseeinseln, ein. Dort kamen sie, nach einer angenehmen Reise, an einem schönen Tag bei Passatwind an, sahen die Brandung am Korallenriff und Motuiti mit seinen Palmen und, als der Schoner das Riff hinter sich hatte, die weißen Häuser der Stadt, die sich auf der Niederung unter grünen Bäumen am Hafen dahinzogen, und darüber die Berge und Wolken von Tahiti, der Insel der Seligen.

Sie fanden es am klügsten, ein Haus zu mieten, und nahmen eines, das dem britischen Konsulat gegenüberlag; und um recht mit ihrem Geld zu prunken, schafften sie sich ein auffallendes Pferdegespann an. Das war sehr einfach, solange noch die Flasche in ihrem Besitz war. Und Kokua war viel wagemutiger als Keawe. Kam es ihr in den Sinn, dann verlangte sie einfach zwanzig oder hundert Dollar von dem Teufelchen. Auf diese Weise fielen sie bald in der Stadt auf, und über die Fremden von Hawaii mit ihrem Pferdegespann und Kokuas kostbare Spitzen wurde viel geredet.

Mit der Sprache von Tahiti, die mit Ausnahme gewisser Buchstaben der von Hawaii sehr ähnlich ist, kamen sie nach anfänglichen Schwierigkeiten gut zurecht; und sowie sie etwas fließender sprechen konnten, begannen sie den Verkauf der Flasche vorzubereiten. Man muß bedenken, daß sie ein Gegenstand war, auf den man nicht so leicht das Gespräch bringen konnte. Es war nicht einfach, jemanden zu überzeugen, daß man es ernst meine, wenn man ihm das Angebot machte, ihm die Quelle der Gesundheit und unerschöpflicher Reichtümer für vier Centimes zu verkaufen. Dazu war es auch nötig, auf die Gefahren der Flasche hinzuweisen; und die Leute glaubten entweder die ganze Geschichte nicht und lachten darüber, oder sie betrachteten sie mehr von der unheimlichen Seite, wurden bedenklich und zogen sich von Keawe und Kokua zurück wie von Menschen, die mit dem Teufel im Bund sind. Und anstatt ihren Zweck zu erreichen, merkten die beiden, daß sie in der Stadt gemieden wurden. Die Kinder liefen schreiend vor ihnen davon, etwas, das Kokua unerträglich war. Katholiken bekreuzigten sich, wenn sie an ihnen vorübergingen, und alle Menschen begannen ihren Freundlichkeiten mit einem Schlag auszuweichen.

Da überkam sie große Niedergeschlagenheit. Nach einem solchen Tag saßen sie dann abends schweigend in ihrem neuen Haus, und nur manchmal wurde die Stille durch Kokuas plötzliches Schluchzen unterbrochen. Manchmal beteten sie zusammen, manchmal stellten sie die Flasche vor sich auf den Boden und beobachteten, wie der Schatten in ihrer Mitte hin und her huschte. An solchen Abenden fürchteten sie sich davor, zu Bett zu gehen. Dann lagen sie lange wach, ehe sie der Schlummer überkam, und wenn einer von ihnen nach kurzem Dösen erwachte, hörte er den anderen im Dunkeln leise weinen, oder er war dem Haus und der Flasche entflohen und lief im Garten unter den Bananenbäumen umher.

So war es eines Nachts, als Kokua erwachte. Keawe war fort. Sie befühlte sein Bett, es war kalt. Da überfiel sie die Angst, und sie setzte sich auf. Ein wenig Mondlicht fiel durch die Fensterläden, das Zimmer war hell, und sie konnte die Flasche auf dem Fußboden stehen sehen. Draußen blies der Wind, die großen Bäume der Allee ächzten, und das abgefallene Laub raschelte in der Veranda. Daneben hörte Kokua noch einen anderen Laut; ob er von einem Tier oder von einem Menschen stammte, konnte sie kaum erkennen, aber er klang todtraurig und schnitt ihr ins Herz. Leise stand sie auf, öffnete die Tür einen Spalt und blickte in den mondbeschienenen Garten hinaus. Dort lag Keawe, das Gesicht im Staub, unter den Bananenbäumen und stöhnte.

Kokuas erster Gedanke war, zu ihm hinzulaufen und ihn zu trösten; ein zweiter, zwingenderer aber hielt sie davon ab. Keawe hatte sich vor seiner Frau stets als ein tapferer Mann gezeigt; sie durfte ihn jetzt, in einem Augenblick der Schwäche, durch ihre Gegenwart nicht beschämen. Und sie zog sich ins Haus zurück.

»Himmel«, dachte sie, »wie unbekümmert bin ich gewesen, wie schwach! Er ist es doch, nicht ich, der ständig in dieser Gefahr schwebt! Er war es, nicht ich, der den Fluch auf seine Seele lud. Um meinetwillen und aus Liebe zu einem so unwürdigen, hilflosen Geschöpf sieht er sich nun den Flammen der Hölle so nah und riecht ihren Rauch, während er dort draußen im Wind und im Mondschein liegt. Wie dumm bin ich, daß ich bis jetzt meine Pflicht nicht erkannt habe! Oder habe ich sie erkannt und mich nur feige von ihr abgewendet? Von nun an aber will ich meine Seele in beide Hände nehmen, der weißen Himmelsleiter und den Freunden dort oben Lebewohl sagen. Liebe um Liebe, und meine soll der Keawes gleichen! Seele um Seele, und meine soll es sein, die vergeht!«

Sie hatte geschickte Hände und war schnell angezogen. Sie nahm das Kleingeld – die kostbaren Centimes, die sie immer bereitliegen hatten; sie waren wenig in Gebrauch, und darum hatten sie sich auf der Bank einen kleinen Vorrat davon geholt. Als sie draußen in der Allee stand, trug der Wind Wolken heran, und der Mond war verschwunden. Die Stadt schlief, und Kokua wußte nicht, wohin sie gehen sollte. Da hörte sie im Schatten der Bäume jemanden husten.

»Alter«, sagte Kokua, »was macht Ihr hier draußen in der kalten Nacht?«

Der alte Mann konnte vor Husten kaum ein Wort hervorbringen, aber Kokua erkannte, daß er arm und fremd auf der Insel war.

»Wollt Ihr mir einen Gefallen tun?« fragte Kokua. »Wollt Ihr wie ein Fremder dem anderen, wie ein alter Mann einer jungen Frau, einer Tochter Hawaiis, helfen?«

»Ach«, sagte der Alte, »Ihr seid die Hexe von den acht Inseln und wollt sogar meine alte Seele einfangen? Aber ich habe schon von Euch gehört und kann Eurer Schlechtigkeit widerstehen.«

»Setzt Euch hier nieder«, sagte Kokua, »und ich will Euch

eine Geschichte erzählen!« Und sie erzählte ihm Keawes Geschichte vom Anfang bis zum Ende.

»Und ich«, sagte sie, »bin seine Frau, die er mit seinem Seelenheil erkaufte. Was bleibt mir anderes übrig? Wenn ich selbst zu ihm ginge und ihm anböte, die Flasche zu kaufen, würde er es mir verweigern. Wenn Ihr aber ginget, würde er sie mit Freuden hergeben. Ich will hier auf Euch warten; Ihr kauft sie für vier Centimes, und ich kaufe sie Euch für drei wieder ab. Und der Herr gebe mir armem Mädchen Kraft!«

»Wenn Ihr mich belügt«, sagte der Alte, »würde Euch Gott, glaube ich, auf der Stelle töten.«

»Das würde er!« rief Kokua. »Seid versichert, das würde er. Ich könnte so falsch nicht sein – Gott würde es nicht dulden.«

»Gebt mir die vier Centimes und erwartet mich hier!«

Als Kokua nun so allein auf der Straße stand, verlor sie den Mut. Der Wind heulte in den Bäumen, und sie sah darin das Flackern der Höllenflammen; Schatten spielten im Licht der Straßenlaternen, und sie sah darin die sich reckenden Hände der Bösen. Wenn sie die Kraft dazu gehabt hätte, wäre sie davongelaufen, und wenn sie genug Atem gehabt hätte, hätte sie laut geschrien. Aber sie konnte weder das eine noch das andere tun. Zitternd wie ein erschrecktes Kind stand sie in der Allee.

Endlich sah sie den alten Mann mit der Flasche in der Hand zurückkommen.

»Ich habe getan, worum Ihr mich gebeten habt«, sagte er. »Euer Gatte weinte wie ein Kind, als ich ging. Er wird heute nacht gut schlafen!« Und er hielt ihr die Flasche hin.

»Ehe Ihr sie mir gebt«, hauchte Kokua, »nehmt mit dem Bösen das Gute – wünscht Euch, von Eurem Husten befreit zu werden!«

»Ich bin ein alter Mann«, antwortete er, »und stehe dem Grab schon zu nahe, um noch eine Gunst vom Teufel anzunehmen. Aber was habt Ihr? Warum nehmt Ihr die Flasche nicht? Warum zögert Ihr?«

»Ich zögere nicht!« rief Kokua. »Ich bin nur zu schwach.

Gebt mir eine Minute Zeit! Meine Hand sträubt sich, und alles in mir schaudert vor dem verfluchten Ding zurück. Nur eine Minute!«

Der alte Mann sah Kokua gütig an. »Armes Kind«, sagte er, »du fürchtest dich! Ich will sie behalten. Ich bin alt, in dieser Welt erwartet mich nichts mehr, und in der anderen –«

»Gebt sie mir!« stieß Kokua hervor. »Hier ist Euer Geld. Denkt Ihr, ich könnte so gemein sein? Gebt mir die Flasche!«

»Gott segne dich, Kind«, sagte der alte Mann.

Kokua verbarg die Flasche unter ihrem Holoku, verabschiedete sich rasch von dem Mann und ging die Allee hinunter; es war ihr gleichgültig wohin, denn ein Weg war nun wie der andere für sie, sie führten alle zur Hölle. Sie ging manchmal langsam, manchmal lief sie. Manchmal schrie sie laut in die Nacht hinein, und manchmal legte sie sich am Straßenrand in den Staub und weinte. Alles, was sie von der Hölle gehört hatte, fiel ihr nun ein; sie sah die Flammen lodern, roch den Rauch und fühlte sich auf glühenden Kohlen vergehen.

Gegen Tagesanbruch kam sie wieder zu sich und ging nach Hause.

Es war, wie der Alte gesagt hatte – Keawe schlief wie ein Kind. Kokua stand da und starrte auf sein Gesicht.

»Nun, mein Keawe, darfst du schlafen«, sagte sie vor sich hin. »Wenn du erwachst, dann darfst du singen und lachen. Aber für die arme Kokua sind diese glücklichen Tage vorbei – für sie gibt es keinen Schlaf, keine Freude, kein Singen mehr. Weder auf Erden noch im Himmel.«

Damit legte sie sich in das Bett an seine Seite, und ihr Jammer war so groß, daß sie sofort in tiefen Schlaf fiel.

Spät am Morgen weckte ihr Gatte sie und erzählte ihr von der glücklichen Wendung. Er war vor Freude wie blind, denn er bemerkte Kokuas Niedergeschlagenheit nicht, die sie nur schlecht verbergen konnte. Die Worte blieben ihr im Hals stecken, aber es machte ihm nichts, denn er redete unaufhörlich. Sie konnte keinen Bissen essen, doch wer bemerkte es schon? Keawe aß die Schüsseln leer. Kokua sah und hörte ihm zu wie einer Traumerscheinung; es gab Augenblicke, in denen sie alles vergaß und bezweifelte, und sie fuhr sich mit der Hand über die Stirn. Sich selbst verdammt zu wissen und ihren Gatten so dahinplappern zu hören, erschien so ungeheuerlich.

Keawe aß und sprach die ganze Zeit, machte Pläne für die Heimreise und dankte ihr dafür, daß sie ihn errettet hatte. Er liebkoste sie und nannte sie seine Retterin. Er lachte über den alten Mann, der so närrisch gewesen war, die Flasche zu kaufen.

»Er schien ein ehrbarer Mann zu sein«, sagte Keawe. »Aber man kann nicht nach dem Äußeren urteilen, denn wozu wollte der alte Sünder wohl die Flasche haben?«

»Mein lieber Mann«, sagte Kokua bescheiden, »er könnte auch gute Absichten dabei im Auge gehabt haben.«

Keawe lachte. »Unsinn!« rief er. »Ein alter Spitzbub war er, sage ich dir, und ein alter Esel obendrein. Denn die Flasche war für vier Centimes schwer genug zu verkaufen; für drei wird es ganz unmöglich sein. Der Spielraum ist nicht mehr groß genug; das Ding fängt an, brenzlich zu riechen – brrr!« rief er und schauderte. »Es stimmt zwar, ich kaufte sie selbst für einen Cent und wußte gar nicht, daß es noch kleinere Münzen gibt. Ich war ein Narr, es zu tun, und ein zweiter dieser Art wird sich nicht mehr finden. Wer immer die Flasche jetzt hat, sie wird ihn in die Hölle bringen.«

»Ach, Keawe«, sagte Kokua, »ist es nicht etwas Schreckliches, sich selbst durch den ewigen Untergang eines anderen zu retten? Ich glaube, ich könnte nicht darüber lachen. Es würde mich traurig machen und bedrücken. Ich würde für den Ärmsten beten.«

Keawe, der fühlte, daß sie recht hatte, wurde nur noch ärgerlicher.

»Ach«, rief er, »du kannst ja traurig sein, wenn du magst! Aber eine gute Frau würde nicht so denken. Wenn du nur im geringsten an mich dächtest, würdest du dich schämen!«

Darauf ging er fort, und Kokua blieb allein.

Welche Hoffnung hatte sie noch, die Flasche für zwei Centimes zu verkaufen? Keine, fühlte sie. Und selbst wenn es eine gäbe, war da nicht ihr Mann, der sie zur Abreise in ein Land drängte, wo es unter einem Cent nichts mehr gab? Und heute – am Morgen ihres Opfers – verließ sie ihr Mann und tadelte sie!

Sie versuchte nicht einmal, die kurze Spanne Zeit zu nützen, die ihr noch blieb. Sie saß da, hatte die Flasche vor sich und betrachtete sie angstvoll. Dann ergriff sie sie mit Abscheu und versteckte sie.

Bald darauf kam Keawe wieder zurück und wollte mit ihr ausfahren.

»Mein lieber Mann, ich bin krank«, sagte sie. »Entschuldige, aber ich bin nicht in der Stimmung für Vergnügungen, ich fühle mich zu schwach.«

Das brachte Keawe mehr als je zuvor gegen sie auf. Er zürnte ihr, weil er dachte, daß sie über das Unglück des alten Mannes nachbrüte, und sich selbst, weil er fühlte, daß sie recht hatte und sich seines Glückes schämte.

»Das ist deine Treue und deine Liebe zu mir!« rief er. »Dein Mann ist eben vor dem ewigen Untergang errettet worden, den er aus Liebe zu dir auf sich nahm – und du bist nicht in der Stimmung zu Vergnügungen!«

Zornig ging er wieder fort und lief den ganzen Tag ziellos in der Stadt umher. Er begegnete Freunden und trank mit ihnen. Sie mieteten einen Wagen, fuhren ins Land hinein und tranken dort weiter. Keawe fühlte sich aber die ganze Zeit unbehaglich, weil er sich vergnügte, während seine Frau traurig war, und weil er im Innersten seines Herzens wußte, daß sie ihm gegenüber im Recht war; und in diesem Bewußtsein trank er immer mehr.

Nun befand sich in seiner Gesellschaft ein alter brutaler Weißer, einer, der früher Bootsmann auf einem Walfischfänger gewesen war, ein Landstreicher, Goldgräber und Sträfling. Er hatte einen schlechten Charakter und prahlte gern; er liebte den Alkohol und sah andere gern betrunken; und dieser nötigte Keawe ein Glas nach dem anderen auf. Bald hatte die ganze Gesellschaft kein Geld mehr.

»Hör einmal, du«, sagte der Bootsmann, »du bist reich –

wenigstens hast du es immer behauptet. Du hast eine Flasche oder so ein Zeug.«

»Ja«, sagte Keawe, »ich bin reich. Ich werde nach Hause gehen und mir von meiner Frau Geld geben lassen, sie hebt es auf.«

»Das ist eine schlechte Einführung, Maat«, versetzte der Bootsmann, »vertrau niemals einem Weibsbild dein Geld an. Sie sind falsch wie eine Schlange! Halte lieber die Augen offen!«

Diese Rede machte nun Eindruck auf Keawe, denn er war schon etwas benebelt.

»Es sollte mich nicht wundern, wenn sie wirklich falsch wäre«, dachte er, »warum wäre sie sonst so niedergeschlagen über meine Errettung gewesen? Aber ich will ihr zeigen, daß ich nicht der Mann bin, der sich hintergehen läßt. Ich will sie auf frischer Tat ertappen.«

Als sie wieder in der Stadt waren, bat Keawe den Bootsmann, an der Ecke vor dem alten Gefängnis auf ihn zu warten, und ging allein die Allee zu seinem Haus hinauf. Es war wieder Nacht geworden. Im Hause brannte Licht, aber kein Laut war zu hören. Keawe schlich um das Haus herum, öffnete leise die Hintertür und schaute in das Zimmer.

Da saß Kokua, die Lampe neben sich, auf dem Fußboden. Vor ihr stand eine milchweiße Flasche mit rundem Bauch und langem Hals, Kokua sah sie und rang die Hände.

Lange Zeit stand Keawe da und schaute. Zuerst war er wie betäubt, dann überkam ihn die Angst, daß mit dem Verkauf etwas nicht gestimmt habe und die Flasche wie damals in San Franzisko zu ihm zurückgekommen sei. Bei diesem Gedanken begannen ihm die Knie zu wanken, und der Weinrausch verflog wie der Morgennebel über einem Fluß. Und dann stieg ein anderer Gedanke in ihm auf, ein ganz unglaublicher, der ihm die Röte in die Wangen trieb.

»Ich muß mir darüber Gewißheit verschaffen«, dachte er.

Er schloß die Tür, ging wieder leise ums Haus herum und trat geräuschvoll ins Haus, als sei er eben erst zurückgekommen. Und siehe! Als er die Zimmertür öffnete, war die Flasche nicht mehr da. Kokua saß in einem Sessel und fuhr auf, wie jemand, der aus dem Schlaf erwacht.

»Ich habe den ganzen Tag getrunken und mich unterhalten«, sagte Keawe. »Ich war mit netten Freunden zusammen und komme nur zurück, um mir Geld zu holen. Ich gehe gleich wieder fort, um mit ihnen weiterzuzechen.«

Seine Stimme aber und sein Gesicht waren so düster wie das Jüngste Gericht. Kokua war nur zu verstört, um es zu bemerken.

»Du hast recht, lieber Mann, es ist ja dein Geld«, sagte sie, und ihre Stimme bebte.

»Oh, ich habe immer recht«, sagte Keawe und ging geradewegs auf die Kiste zu und nahm sich Geld heraus. Dabei sah er schnell in die Ecke, wo sie immer die Flasche aufbewahrt hatten, aber es stand keine Flasche dort.

Da hob sich die Kiste auf dem Boden vor ihm wie eine Meereswoge, und das Haus drehte sich um ihn wie eine Rauchwolke, denn er erkannte, daß er verloren war und daß es für ihn keine Rettung mehr gab.

»Es ist so, wie ich befürchtete«, dachte er. »Sie selbst hat die Flasche gekauft.«

Dann kam er wieder zur Besinnung und stand auf, doch der Schweiß lief ihm über das Gesicht, dicht wie ein Regenschauer und kalt wie Quellwasser.

»Kokua«, sagte er, »ich habe heute in einer Art gesprochen, die mir nicht zusteht. Ich gehe jetzt wieder zu meinen Zechkumpanen zurück«, dabei lachte er ein wenig, »aber ich würde mehr Vergnügen daran finden, wenn du mir vergeben hättest.«

Im nächsten Augenblick umschlang sie seine Knie und küßte sie unter strömenden Tränen.

»Oh«, rief sie aus, »ich wollte ja nur ein einziges freundliches Wort hören!«

»Wir wollen nie wieder schlecht voneinander denken«, sagte Keawe, dann ging er.

Das Geld aber, das Keawe mitgenommen hatte, war nur ein Teil von dem Vorrat an Centimestücken, den sie sich gleich nach ihrer Ankunft zurückgelegt hatten. Er wollte und konnte nicht mehr weitertrinken. Sein Weib hatte für ihn ihre Seele hingegeben, nun mußte er seine für die ihre geben; es gab keinen anderen Gedanken mehr für ihn.

An der Ecke, vor dem alten Gefängnis, wartete der Bootsmann auf ihn.

»Meine Frau hat die Flasche«, sagte Keawe, »wenn du mir nicht hilfst, sie zu bekommen, gibt es heute kein Geld mehr und nichts mehr zu trinken.«

»Das ist doch nicht dein Ernst mit der Flasche?« rief der Bootsmann.

»Dort steht eine Laterne«, antwortete Keawe, »schau mich an! Sehe ich so aus, als ob ich scherze?«

»Das stimmt«, sagte der Bootsmann, »du siehst so ernst aus wie ein Gespenst.«

»Nun also«, versetzte Keawe, »hier sind zwei Centimes. Du gehst zu meiner Frau hinein und bietest sie ihr für die Flasche, die sie dir, wenn ich nicht sehr irre, sofort herausgeben wird. Dann bringst du sie mir hierher, und ich kaufe sie dir für einen Centime wieder ab. Denn es gehört zu den Eigentümlichkeiten dieser Flasche, daß man sie für eine immer kleinere Summe verkaufen muß. Mache es, wie du willst, aber verrate mit keinem Wort, daß du von mir kommst.«

»Hältst du mich auch nicht zum Narren, Kamerad?« fragte der Bootsmann.

»Und wenn ich es täte, was könnte dir schon geschehen?« erwiderte Keawe.

»Das stimmt«, sagte der Bootsmann.

»Und wenn du mir nicht glaubst«, fügte Keawe hinzu, »kannst du ja eine Probe darauf machen. Wünsche dir die Taschen voll Geld, wenn du aus dem Haus bist, oder eine Flasche vom besten Rum, was du willst, und du wirst die Flasche kennenlernen.«

»Ausgezeichnet, Kamerad«, sagte der Bootsmann. »Ich will es probieren. Aber wenn du dich lustig machst über mich, sollst du mich kennenlernen, darauf kannst du dich verlassen!«

Damit ging der Walfischfänger die Allee hinauf. Keawe stand fast an derselben Stelle, wo Kokua in der vorigen Nacht gewartet hatte; aber Keawe war entschlossener und wankte nicht, wenn er sich einmal etwas vorgenommen hatte. Nur sein Herz war voll bitterer Verzweiflung.

Die Zeit wurde ihm lang, während er wartete, bis er endlich im Dunkeln der Allee jemanden singen hörte. Er erkannte die Stimme des Bootsmanns, aber es wunderte ihn, daß sie mit einemmal so betrunken klang.

Gleich darauf tauchte der Mann selbst torkelnd im Schein der Laterne auf. Die Teufelsflasche war in seinem Rock eingeknöpft, und in der Hand hielt er noch eine andere Flasche. Kaum war er in Sicht, hob er sie an den Mund und trank.

»Du hast sie«, sagte Keawe, »das sehe ich.«

»Hände weg!« rief der Bootsmann und wich nach hinten aus. »Komme mir nur einen Schritt näher, und ich schlage dir eine aufs Maul! Ich sollte dir wohl deine Kastanien aus dem Feuer holen, was?«

»Was meinst du damit?« fragte Keawe.

»Was ich damit meine?« grölte der Bootsmann. »Daß das eine verdammt feine Flasche ist, das meine ich. Wie ich die für zwei Centimes kriegen konnte, verstehe ich nicht, aber das weiß ich, daß du sie für einen nicht wiederkriegst!«

»Du willst sie mir nicht wieder verkaufen?« rief Keawe außer Atem.

»Nein, mein Herr«, antwortete der Bootsmann, »aber einen Schluck Rum kann ich dir geben, wenn du willst.«

»Ich sage dir, wer diese Flasche besitzt, kommt in die Hölle!« rief Keawe.

»Dorthin komme ich sowieso«, entgegnete der Bootsmann, »und mir ist für diese Reise noch nichts Besseres untergekommen als diese Flasche. Nein, mein Herr«, grölte er wieder, »das ist jetzt meine Flasche, und du kannst sehen, wo du eine andere findest!«

»Ist es denn möglich?« rief Keawe. »Um deiner selbst willen beschwöre ich dich, verkaufe sie mir!«

»Da kannst du lange beschwören«, gab ihm der Bootsmann zur Antwort. »Du hältst mich wohl für schwachsinnig? Nun siehst du, daß ich es nicht bin, und damit Schluß! Wenn du keinen Schluck von dem Rum nehmen willst, dann nehme ich einen. Zum Wohl! Und nun gute Nacht!«

Er torkelte die Allee hinunter der Stadt zu, und damit verschwindet die Flasche aus der Geschichte.

Keawe aber rannte leicht wie der Wind zu Kokua. Groß war ihre Freude an jenem Abend, und groß waren seitdem das Glück und der Friede im Glänzenden Haus.

August Schnetzler

Vom Mummelsee

Im Mummelsee, im dunklen See,
Da blühn der Lilien viele,
Sie wiegen sich, sie biegen sich,
Dem losen Wind zum Spiele;
Doch wenn die Nacht herniedersinkt,
Der volle Mond am Himmel blinkt,
Entsteigen sie dem Bade
Als Jungfern ans Gestade.

Es braust der Wind, es saust das Rohr
Die Melodie zum Tanze;
Die Lilienmädchen schlingen sich
Von selbst zu einem Kranze
Und schweben leis umher im Kreis,
Gesichter weiß, Gewänder weiß,
Bis ihre bleichen Wangen
Mit zarter Röte prangen.

Es braust der Sturm, es saust das Rohr,
Es pfeift im Tannenwalde,
Die Wolken ziehn am Monde hin
Wohl über die breite Halde,
Und auf und ab durchs nasse Gras
Dreht sich der Reigen ohne Maß,
Und immer lauter schwellen
Ans Ufer an die Wellen.

Da hebt ein Arm sich aus der Flut,
Die Riesenfaust geballet,
Ein triefend Haupt dann, schilfbekränzt,
Vom langen Bart umwallet,
Und eine Donnerstimme schallt,
Daß im Gebirg es widerhallt:
»Zurück in eure Wogen,
Ihr Lilien ungezogen!«

Da stockt der Tanz – die Mädchen schrein
Und werden immer blässer.
Der Vater ruft: »Puh! Morgenluft!
Zurück in das Gewässer!«
Die Nebel steigen aus dem Tal,
Es dämmert schon der Morgenstrahl,
Und Lilien schwanken wieder
Im Wasser auf und nieder.

Wilhelm Hauff

Das Gespensterschiff

Mein Vater hatte einen kleinen Laden in Balsora. Er war weder arm noch reich und einer von jenen Leuten, die nicht gerne etwas wagen, aus Furcht, das Wenige zu verlieren, was sie haben. Er erzog mich schlecht und recht und brachte es bald so weit, daß ich ihm an die Hand gehen konnte. Gerade als ich achtzehn Jahre alt war und er eben die erste größere Spekulation machte, starb er, wahrscheinlich aus Gram, tausend Goldstücke dem Meer anvertraut zu haben. Ich mußte ihn bald nachher wegen seines Todes glücklich preisen, denn wenige Wochen hernach lief die Nachricht ein, daß das Schiff, dem mein Vater seine Güter mitgegeben hatte, versunken sei. Meinen jugendlichen Mut konnte aber dieser Unfall nicht beugen. Ich machte alles vollends zu Geld, was mein Vater hinterlassen hatte, und zog aus, um in der Fremde mein Glück zu versuchen, nur von einem alten Diener meines Vaters begleitet, der sich aus alter Anhänglichkeit nicht von mir und meinem Schicksal trennen wollte.

Im Hafen von Balsora schifften wir uns mit günstigem Winde ein. Das Schiff, auf dem ich mich eingemietet hatte, sollte nach Indien. Wir waren schon fünfzehn Tage auf der gewöhnlichen Straße gefahren, als uns der Kapitän einen Sturm ankündigte. Er machte ein bedenkliches Gesicht, denn es schien, er kenne in dieser Gegend das Fahrwasser nicht genug, um einem Sturm mit Ruhe begegnen zu können. Er ließ alle Segel einziehen, und wir trieben ganz langsam hin. Die Nacht war angebrochen, war hell und kalt, und der Kapitän glaubte schon, sich in den Anzeichen des Sturmes getäuscht zu haben.

Auf einmal schwebte ein Schiff, das wir vorher nicht gesehen hatten, dicht an dem unsrigen vorbei. Wildes Jauchzen und

Schreien erschollen von dem Verdeck herauf, worüber ich mich, zu dieser angstvollen Stunde vor einem Sturm, nicht wenig wunderte. Aber der Kapitän wurde blaß wie der Tod.

»Mein Schiff ist verloren«, rief er, »dort segelt der Tod!«

Ehe ich ihn noch über diesen sonderbaren Ausruf befragen konnte, stürzten schon heulend und schreiend die Matrosen herein. »Habt ihr ihn gesehen?« schrien sie. »Jetzt ist's mit uns vorbei!«

Der Kapitän ließ Trostsprüche aus dem Koran vorlesen und setzte sich selbst ans Steuerruder. Aber vergebens! Zusehends brauste der Sturm auf, und ehe eine Stunde verging, krachte das Schiff und blieb sitzen. Die Boote wurden ausgesetzt, und kaum hatten sich die letzten Matrosen gerettet, so versank das Schiff vor unseren Augen, und als Bettler fuhr ich in die See hinaus.

Aber der Jammer hatte noch kein Ende. Fürchterlicher tobte der Sturm, das Boot war nicht mehr zu regieren. Ich hatte meinen alten Diener fest umschlungen, und wir versprachen uns, nie voneinander zu weichen. Endlich brach der Tag an. Aber mit dem ersten Anblick der Morgenröte faßte der Wind das Boot, in welchem wir saßen, und stürzte es um. Ich habe keinen meiner Schiffsleute mehr gesehen. Der Sturz hatte mich betäubt; und als ich aufwachte, befand ich mich in den Armen meines alten treuen Dieners, der sich auf das umgeschlagene Boot gerettet und mich nachgezogen hatte. Der Sturm hatte sich gelegt. Von unserem Schiff war nichts mehr zu sehen, wohl aber entdeckten wir nicht weit von uns ein anderes Schiff, auf das die Wellen uns zutrieben. Als wir näher hinzukamen, erkannte ich das Schiff als dasselbe, das in der Nacht an uns vorbeigefahren und welches den Kapitän so sehr in Schrecken versetzt hatte. Ich empfand ein sonderbares Grauen vor diesem Schiff. Die Äußerung des Kapitäns, die sich so furchtbar bestätigt hatte, das öde Aussehen des Schiffes, auf dem sich, so nahe wir auch herankamen, so laut wir auch schrien, niemand zeigte, erschreckten mich. Doch es war dies unser einziges Rettungsmittel, darum priesen wir den Propheten, der uns so wundervoll erhalten hatte.

Am Vorderteil des Schiffes hing ein langes Tau herab. Mit Händen und Füßen ruderten wir darauf zu, um es zu erfassen.

Endlich glückte es. Laut erhob ich meine Stimme, aber immer blieb es still auf dem Schiff. Da kletterten wir an dem Tau hinauf, ich als der Jüngste voran. Aber Entsetzen! Welches Schauspiel stellte sich meinem Auge dar, als ich das Deck betrat! Der Boden war mit Blut gerötet, zwanzig bis dreißig Leichname in türkischen Kleidern lagen auf dem Boden, am mittleren Mastbaum stand ein Mann, reichgekleidet, den Säbel in der Hand, aber das Gesicht war blaß und verzerrt, durch die Stirn ging ein großer Nagel, der ihn an den Mastbaum heftete, auch er war tot. Schrecken fesselte meine Schritte, ich wagte kaum zu atmen.

Endlich war auch mein Begleiter heraufgekommen. Auch ihn überraschte der Anblick des Decks, das gar nichts Lebendiges, sondern nur so viele schreckliche Leichname zeigte. Wir wagten endlich, nachdem wir in unserer Seelenangst zum Propheten gefleht hatten, weiter vorzuschreiten. Bei jedem Schritt sahen wir uns um, ob nicht etwas Neues, noch Schrecklicheres sich darbiete. Aber alles blieb, wie es war. Weit und breit nichts Lebendiges, nur wir und das Weltmeer. Nicht einmal laut zu sprechen wagten wir, aus Furcht, der tote, am Mast angespießte Kapitano möchte seine starren Augen nach uns hindrehen oder einer der Getöteten möchte seinen Kopf umwenden. Endlich waren wir bis an eine Treppe gekommen, die in den Schiffsraum führte. Unwillkürlich machten wir dort halt und sahen einander an, denn keiner wagte es recht, seine Gedanken zu äußern.

»O Herr«, sprach mein treuer Diener, »hier ist etwas Schreckliches geschehen. Doch wenn auch das Schiff da unten voll Mörder steckt, so will ich mich ihnen doch lieber auf Gnade und Ungnade ergeben, als längere Zeit unter diesen Toten zubringen.« Ich dachte wie er, wir faßten uns ein Herz und stiegen voll Erwartung hinunter.

Totenstille war aber auch hier, und nur unsere Schritte hallten auf der Treppe. Wir standen an der Tür der Kajüte. Ich legte mein Ohr an die Tür und lauschte, es war nichts zu hören. Ich machte auf. Das Gemach bot einen unordentlichen Anblick dar. Kleider, Waffen und anderes Gerät lagen durcheinander. Nichts in Ordnung. Die Mannschaft oder wenigstens der Kapitano mußte vor kurzem gezecht haben, denn es lag alles noch umher. Wir gingen weiter von Raum zu Raum, von Gemach zu Gemach, überall fanden wir herrliche Vorräte an Seide, Perlen, Zucker und so weiter. Ich war vor Freude über diesen Anblick außer mir, denn da niemand auf dem Schiff war, glaubte ich, alles mir zueignen zu dürfen. Ibrahim aber machte mich aufmerksam darauf, daß wir wahrscheinlich noch sehr weit vom Land seien, wohin wir allein und ohne menschliche Hilfe nicht kommen könnten.

Wir labten uns an den Speisen und Getränken, die wir in reichlichem Maß vorfanden, und stiegen endlich wieder aufs Deck. Aber hier schauderte uns immer die Haut bei dem schrecklichen Anblick der Leichen. Wir beschlossen, uns davon zu befreien und sie über Bord zu werfen. Aber wie schauerlich ward uns zumute, als wir fanden, daß sich keiner aus seiner Lage bewegen ließ. Wie festgebannt lagen sie am Boden, und man hätte die Bretter des Decks ausheben müssen, um sie zu entfernen, und dazu gebrach es uns an Werkzeugen. Auch der Kapitano ließ sich nicht von seinem Mast losmachen, nicht einmal seinen Säbel konnten wir der starren Hand entwinden. Wir brachten den Tag in trauriger Betrachtung unserer Lage zu, und als es Nacht zu werden anfing, erlaubte ich dem alten Ibrahim, sich schlafen zu legen, ich selbst aber wollte auf dem Verdeck wachen, um nach Rettung auszuspähen. Als aber der Mond heraufkam und ich nach den Gestirnen berechnete, daß es wohl die elfte Stunde sei, überfiel mich ein so unwiderstehlicher Schlaf, daß ich unwillkürlich hinter ein Faß, das auf dem Verdeck stand, zurückfiel. Doch war es mehr Betäubung als Schlaf, denn ich hörte deutlich die See an der Seite des Schiffes anschlagen und die Segel im Winde knarren und pfeifen. Auf einmal glaubte ich Stimmen und Männertritte auf dem Verdeck zu hören. Ich wollte mich aufrichten, um danach zu schauen. Aber eine unsichtbare Gewalt hielt meine Glieder gefesselt, nicht einmal die Augen konnte ich aufschlagen. Und immer deutlicher wurden die Stimmen, es war mir, als wenn ein fröhliches Schiffsvolk auf dem Verdeck umhertriebe. Mitunter glaubte ich, die kräftige Stimme eines Befehlenden zu hören, auch hörte ich Taue und Segel deutlich auf- und abziehen. Nach und nach aber schwanden mir die Sinne, ich verfiel in einen tieferen Schlaf, in dem ich nur noch ein Geräusch von Waffen zu hören glaubte, und erwachte erst, als die Sonne schon hoch stand und mir aufs Gesicht brannte. Verwundert schaute ich mich um; Sturm, Schiff, die Toten und was ich in der Nacht gehört hatte, kam mir wie ein Traum vor, aber als ich aufblickte, fand ich alles wie gestern. Unbeweglich lagen die Toten, unbeweglich war der Kapitano an den Mastbaum geheftet. Ich lachte über meinen Traum und stand auf, um meinen Alten zu suchen.

Dieser saß ganz nachdenklich in der Kajüte. »O Herr!« rief er aus, als ich hereintrat. »Ich wollte lieber im tiefsten Grunde des Meeres liegen als in diesem verhexten Schiff noch eine Nacht zubringen.« Ich fragte ihn nach der Ursache seines Kummers, und er antwortete mir: »Als ich einige Stunden geschlafen hatte, wachte ich auf und vernahm, wie man über meinem Haupt hin und her lief. Ich dachte zuerst, Ihr wäret es, aber es waren wenigstens zwanzig, die oben umherliefen, auch hörte ich rufen und schreien. Endlich kamen schwere Tritte die Treppe herab. Da wußte ich nichts mehr von mir, nur hie und da kehrte auf einige Augenblicke meine Besinnung zurück, und da sah ich denn denselben Mann, der oben am Mast angenagelt ist, an jenem Tisch dort sitzen, singend und trinkend, aber der, der in einem roten Scharlachkleid nicht weit von ihm am Boden liegt, saß neben ihm und half ihm trinken.« Also erzählte mir mein alter Diener.

Ihr könnt es mir glauben, meine Freunde, daß mir gar nicht wohl zumute war; denn es war keine Täuschung, ich hatte ja auch die Toten gar wohl gehört. In solcher Gesellschaft zu schiffen, war mir greulich. Mein Ibrahim aber versank in tiefes Nachdenken. »Jetzt hab' ich's!« rief er endlich aus, es fiel ihm nämlich ein Sprüchlein ein, das ihn sein Großvater, ein erfahrener, weitgereister Mann, gelehrt hatte und das gegen jeden Geister- und Zauberspuk helfen konnte. Auch behauptete er, jenen unnatürlichen Schlaf, der uns befiel, in der nächsten Nacht verhindern zu können, wenn wir nämlich recht fleißig Sprüche aus dem Koran beteten.

In banger Erwartung sahen wir die Nacht herankommen. Neben der Kajüte war ein kleines Kämmerchen, dorthin beschlossen wir uns zurückzuziehen. Wir bohrten mehrere Löcher in die Tür, hinlänglich groß, um durch sie die ganze Kajüte zu überschauen. Dann verschlossen wir die Tür, so gut es ging, von innen, und Ibrahim schrieb den Namen des Propheten in alle vier Ecken. So erwarteten wir die Schrecken der Nacht. Es mochte wieder ungefähr elf Uhr sein, als es mich gewaltig zu schläfern anfing. Mein Gefährte riet mir daher, einige Sprüche des Korans zu beten, was mir auch half. Mit einem Male schien es oben lebhaft zu werden, die Taue knarrten, Schritte gingen über das Verdeck, und mehrere Stimmen waren deutlich zu unterscheiden. Mehrere Minuten hatten wir so in gespannter Erwartung gesessen, da hörten wir etwas die Treppe der Kajüte herabkommen. Als dies der Alte hörte, fing er an, den Spruch, den ihn sein Großvater gegen Spuk und Zauberei gelehrt hatte, herzusagen:

»Kommt ihr herab aus der Luft,
Steigt ihr aus tiefem Meer,
Schlieft ihr in dunkler Gruft,
Stammt ihr vom Feuer her:
Allah ist euer Herr und Meister,
Ihm sind gehorsam alle Geister.«

Ich muß gestehen, ich glaubte gar nicht recht an diesen Spruch, und mir stiegen die Haare zu Berge, als die Tür aufflog. Herein trat jener große, stattliche Mann, den ich am Mastbaum angenagelt gesehen hatte. Der Nagel ging ihm auch jetzt mitten durchs Hirn, das Schwert aber hatte er in die Scheide gesteckt, hinter ihm trat noch ein anderer herein, weniger kostbar gekleidet; ihn hatte ich oben liegen gesehen.

Der Kapitano, denn dies war er unverkennbar, hatte ein bleiches Gesicht, einen großen schwarzen Bart, wildrollende Augen, mit denen er sich im ganzen Gemach umsah. Ich konnte ihn ganz deutlich sehen, als er an unserer Tür vorüberging; er aber schien gar nicht auf die Tür zu achten, die uns verbarg. Beide setzten sich an den Tisch, der in der Mitte der Kajüte stand, und sprachen laut und fast schreiend miteinander in einer unbekannten Sprache. Sie wurden immer lauter und eifriger, bis endlich der Kapitano mit geballter Faust auf den Tisch schlug, daß das Zimmer dröhnte. Mit wildem Gelächter sprang der andere auf und winkte dem Kapitano, ihm zu folgen. Dieser stand auf, riß seinen Säbel aus der Scheide, und beide verließen das Gemach. Wir atmeten freier, als sie weg waren, aber unsere Angst hatte noch lange kein Ende. Immer lauter und lauter wurde es auf dem Deck. Man hörte eilends hin und her laufen und schreien, lachen und heulen. Endlich ging ein wahrhaft höllischer Lärm los, so daß wir glaubten, das Deck mit allen Segeln komme zu uns herab, Waffengeklirr und Geschrei – auf einmal aber tiefe Stille. Als wir es nach vielen Stunden wagten, hinaufzugehen, trafen wir alles wie sonst; nicht einer lag anders als früher, alle waren steif wie Holz.

So waren wir mehrere Tage auf dem Schiff; es ging immer nach Osten, wo nach meiner Berechnung Land liegen mußte. Aber wenn es auch bei Tag viele Meilen zurückgelegt hatte, bei Nacht schien es immer wieder zurückzukehren, denn wir befanden uns stets am gleichen Fleck, wenn die Sonne aufging. Wir konnten uns dies nicht anders erklären, als daß die Toten jede Nacht mit vollem Winde zurücksegelten. Um nun dies zu verhüten, zogen wir, ehe es Nacht wurde, alle Segel ein und wandten dasselbe Mittel an wie bei der Tür in der Kajüte; wir schrieben den Namen des Propheten auf Pergament und auch das Sprüchlein des Großvaters dazu und banden es um die eingezogenen Segel. Ängstlich warteten wir in unserem Kämmerchen den Erfolg ab. Der Spuk schien diesmal noch ärger zu toben, aber siehe, am andern Morgen waren die Segel noch aufgerollt, wie wir sie verlassen hatten. Wir spannten den Tag über nur so viele Segel auf, als nötig waren, das Schiff sanft fortzutreiben, und so legten wir in fünf Tagen eine gute Strecke zurück.

Endlich am Morgen des sechsten Tages entdeckten wir in geringer Ferne Land, und wir dankten Allah und seinem Propheten für unsere wunderbare Rettung. Diesen Tag und die folgende Nacht trieben wir an einer Küste hin, und am siebenten Morgen glaubten wir in geringer Entfernung eine Stadt zu entdecken. Wir ließen mit vieler Mühe einen Anker in die See, der alsobald Grund faßte, setzten ein kleines Boot, das auf Deck stand, aus und ruderten mit aller Macht der Stadt zu. Nach einer halben Stunde liefen wir in einen Fluß ein, der sich in die See ergoß, und stiegen ans Ufer. Im Stadttor erkundigten wir uns, wie die Stadt heiße, und erfuhren, daß es eine indische Stadt sei, nicht weit von der Gegend, wohin ich zuerst hatte fahren wollen. Wir begaben uns in eine Karawanserei und erfrischten uns nach unserer abenteuerlichen Reise. Ich forschte dort auch nach einem weisen und verständigen Mann, indem ich dem Wirt zu verstehen gab, daß ich einen solchen haben möchte, der sich ein wenig auf Zauberei verstehe. Er führte mich in eine abgelegene Straße an ein unscheinbares Haus, pochte an, und man ließ mich eintreten mit der Weisung, ich solle nur nach Muley fragen.

In dem Haus kam mir ein altes Männlein mit grauem Bart und langer Nase entgegen und fragte nach meinem Begehr. Ich sagte ihm, ich suchte den weisen Muley, und er antwortete mir, er sei es selbst. Ich fragte ihn nun um Rat, was ich mit den Toten machen solle und wie ich es anfangen müsse, um sie aus dem Schiff zu bringen. Er antwortete mir, die Leute des Schiffes seien wahrscheinlich wegen irgendeines Frevels auf das Meer verzaubert; er glaube, der Zauber werde sich lösen, wenn man sie ans Land bringe; dies könne aber nur so geschehen, daß man die Bretter, auf denen sie lägen, losmache. Mir gehöre, von Gott und Rechts wegen, das Schiff samt allen Gütern, weil ich es gleichsam gefunden habe; doch solle ich alles sehr geheimhalten und ihm ein kleines Geschenk von meinem Überfluß machen, er wolle mir dafür mit seinen Sklaven behilflich sein, die Toten wegzuschaffen. Ich versprach, ihn reichlich zu belohnen, und wir machten uns mit fünf Sklaven, die mit Sägen und Beilen versehen waren, auf den Weg. Unterwegs konnte der Zauberer Muley unseren glücklichen Einfall, die Segel mit den Sprüchen des Korans zu umwinden, nicht genug loben. Er sagte, es sei das einzige Mittel gewesen, uns zu retten.

Es war noch ziemlich früh am Tage, als wir beim Schiff ankamen. Wir machten uns alle sogleich ans Werk, und in einer Stunde lagen schon vier in dem Nachen. Einige der Sklaven mußten sie ans Land rudern, um sie dort zu verscharren. Sie erzählten, als sie zurückkamen, die Toten hätten ihnen die Mühe des Begrabens erspart, indem sie, sowie man sie auf die Erde gelegt habe, in Staub zerfallen seien. Wir fuhren fort, die Toten abzusägen, und vor Abend waren alle ans Land gebracht. Es war endlich keiner mehr an Bord außer jenem, der am Mast angenagelt war. Umsonst suchten wir den Nagel aus dem Holz zu ziehen, keine Gewalt vermochte ihn auch nur um Haarbreite zu verrücken. Ich wußte nicht, was anzufangen war, man konnte doch nicht den Mastbaum abhauen, um ihn an Land zu führen. Doch aus dieser Verlegenheit half Muley. Er ließ schnell einen Sklaven ans Land rudern, um einen Topf mit Erde zu bringen. Als dieser herbeigeholt war, sprach der Zauberer geheimnisvolle Worte darüber aus und schüttete die Erde auf das Haupt des Toten. Sogleich schlug dieser die Augen auf, holte tief Atem, und die Wunde des Nagels in seiner Stirn fing an zu bluten. Wir zogen den Nagel jetzt leicht heraus, und der Verwundete fiel einem der Sklaven in die Arme.

»Wer hat mich hierhergeführt?« sprach er, nachdem er sich ein wenig erholt zu haben schien. Muley zeigte auf mich, und ich trat zu ihm. »Dank dir, unbekannter Fremdling, du hast mich von langen Qualen errettet. Seit fünfzig Jahren schifft mein Leib durch diese Wogen, und mein Geist war verdammt, jede Nacht in ihn zurückzukehren. Aber jetzt hat mein Haupt die Erde berührt, und ich kann versöhnt zu meinen Vätern gehen.« Ich bat ihn, uns doch zu sagen, wie er zu diesem schrecklichen Zustand gekommen sei, und er sprach:

»Vor fünfzig Jahren war ich ein mächtiger, angesehener Mann und wohnte in Algier; die Sucht nach Gewinn trieb mich, ein Schiff auszurüsten und Seeraub zu treiben. Ich hatte dieses Geschäft schon einige Zeit fortgeführt, da nahm ich einmal auf Zante einen Derwisch an Bord, der umsonst reisen wollte. Ich und meine Gesellen waren rohe Leute und achteten nicht auf die Heiligkeit des Mannes, vielmehr trieb ich mein Gespött mit ihm. Als er mir aber einmal in heiligem Eifer meinen sündigen Lebenswandel vorgehalten hatte, übermannte mich nachts in meiner Kajüte, als ich mit meinem Steuermann viel getrunken hatte, der Zorn. Wütend über das, was mir der Derwisch gesagt hatte und was ich mir von keinem Sultan hätte sagen lassen, stürzte ich aufs Deck und stieß ihm meinen Dolch in die Brust. Sterbend verwünschte er mich und meine Mannschaft, nicht sterben und nicht leben zu können, bis wir unser Haupt auf die Erde legten. Der Derwisch starb, und wir warfen ihn in die See und verlachten seine Drohungen; aber noch in derselben Nacht erfüllten sich seine Worte. Ein Teil meiner Mannschaft empörte sich gegen mich. Mit fürchterlicher Wut wurde gestritten, bis meine Anhänger unterlagen und ich an den Mast genagelt wurde. Aber auch die Empörer unterlagen ihren Wunden, und bald war mein Schiff nur ein großes Grab. Auch mir brachen die Augen, mein Atem hielt an, und ich meinte zu sterben. Aber es war nur eine Erstarrung, die mich gefesselt hielt; in der nächsten Nacht, zur gleichen Stunde, in der wir den Derwisch in die See geworfen hatten, erwachten ich und alle meine Genossen, das Leben war zurückgekehrt; aber wir konnten nur tun und sprechen, was wir in jener Nacht gesprochen und getan hatten. So segeln wir seit fünfzig Jahren, können nicht leben, nicht sterben; denn wie konnten wir das Land erreichen? Mit toller Freude segelten wir allemal mit vollen Segeln in den Sturm, weil wir hofften, endlich an einer Klippe zu zerschellen und das müde Haupt auf dem Grund des Meeres zur Ruhe zu legen. Es ist uns nicht gelungen. Jetzt aber werde ich sterben. Noch einmal meinen Dank, unbekannter Retter! Wenn Schätze dich lohnen können, so nimm mein Schiff als Zeichen meiner Dankbarkeit.«

Der Kapitano ließ sein Haupt sinken, als er so gesprochen hatte, und verschied. Sogleich zerfiel auch er wie seine Gefährten in Staub. Wir sammelten diesen in ein Kästchen und begruben ihn am Lande. Aus der Stadt nahm ich Arbeiter mit, die mir mein Schiff in guten Zustand setzten. Nachdem ich die Waren, die ich an Bord hatte, gegen andere mit großem Gewinn eingetauscht hatte, mietete ich Matrosen, beschenkte meinen Freund Muley reichlich und schiffte mich nach meinem Vaterland ein. Ich machte aber einen Umweg, indem ich an vielen Inseln und Ländern anlegte und meine Waren zu Markt brachte. Der Prophet segnete mein Unternehmen. Nach drei viertel Jahren lief ich, noch einmal so reich wie mich der sterbende Kapitän gemacht hatte, in Balsora ein. Meine Mitbürger waren erstaunt über meine Reichtümer und mein Glück und glaubten, ich habe das Diamantental des berühmten Reisenden Sindbad gefunden. Ich ließ sie in ihrem Glauben.

Von nun an aber mußten die jungen Leute von Balsora, wenn sie kaum achtzehn Jahre alt waren, in die Welt hinaus, um gleich mir ihr Glück zu machen.

Ich aber lebe ruhig und in Frieden, und alle fünf Jahre mache ich eine Reise nach Mekka, um dem Herrn an heiliger Stätte für seinen Segen zu danken und für den Kapitano und seine Leute zu bitten, daß er sie in sein Paradies aufnehme.

Jonas Lie

Das Seegespenst

Auf dem Kvalholm da unten auf Helgeland wohnte ein armer Fischer namens Elias mit seiner Frau Karen, die früher bei dem Pastor in Alstadhaug gedient hatte. Sie hatten sich dort eine Hütte gebaut, und der Mann machte nun gegen Tagelohn die Lofotenfischerei mit.

Auf dem einsamen Kvalholm war es nicht ganz geheuer. Wenn der Mann fort war, hörte die Frau mancherlei unheimliches Lärmen und Schreien, das von nichts Gutem herrühren konnte.

Eines Tages, als sie auf die Hochebene gestiegen war und Gras zum Winterfutter für ihre Schafe mähte, hörte sie es sogar vollkommen deutlich unter dem Berg am Strand sprechen, aber sie wagte nicht nachzusehen, was es war.

Jedes Jahr wurde bei ihnen ein Kind geboren, und sie waren beide arbeitsam und fleißig. Als sieben Jahre vergangen waren, befanden sich sechs Kinder in der Stube; aber um diese Zeit hatte sich der Mann auch so viel zusammengespart, daß er glaubte, er könne sich nun selbst ein Boot mit sechs Riemen kaufen, um dann auf eigene Rechnung zum Fischen auszusegeln.

Eines Tages, als er mit einer Flundernpike* in der Hand daherkam, stieß er hinter einem Felsenvorsprung am Strand unvermutet auf einen gewaltigen Seehund, der sich sonnte und Elias wohl ebensowenig erwartet hatte wie dieser ihn. Elias jedoch bedachte sich nicht lange: Er stieß ihm die lange schwere Pike dicht unter dem Genick in den Rücken.

Aber da gab es ein Wesen! Der Seehund richtete sich mit

* Lange Holzstange mit eiserner Spitze und Widerhaken.

einemmal auf dem Schwanz in die Höhe – so hoch wie ein Bootsmast, und sah Elias dabei mit blutunterlaufenen Augen so boshaft und giftig an, während er ihm dabei grinsend die Zähne zeigte, daß Elias vor Schreck beinahe den Verstand verlor. Dann fuhr der Seehund plötzlich ins Wasser, so daß der Schaum hinter ihm ganz rot von Blut war. Mehr sah Elias von dem Tier nicht, aber an der Landungsstelle in der Bucht, wo sein Haus stand, trieb an demselben Nachmittag die Flundernstange mit abgebrochener Eisenspitze ans Land.

Elias vergaß das alles. Er kaufte sich im Herbst ein sechsrudriges Boot, für das er bereits im Sommer einen kleinen Schuppen gebaut hatte.

Eines Nachts, als er noch wach lag und an seinen neuen Sechsruderer dachte, fiel es ihm ein, daß er, um das Boot ordentlich zu verwahren, vielleicht noch eine kleine Klammer zum Stützen an jeder Seite einsetzen sollte. Er war so unsinnig froh über das Boot, daß es ihm eine wahre Freude war, aufzustehen und es mit der Laterne in der Hand zu besichtigen.

Wie er nun dastand und das Boot beleuchtete, glaubte er plötzlich in einer Ecke auf dem Netzhaken ein Gesicht zu bemerken, das ganz dem des Seehundes glich. Es grinste ihn und die Laterne eine Weile boshaft an, der Rachen wurde gleichsam größer und immer größer, und schließlich fuhr ein großer Mann zur Tür hinaus, jedoch nicht so schnell, daß Elias bei dem Schein der Laterne nicht deutlich sah, wie ihm eine lange Eisenspitze aus dem Rücken herausragte. Nun fing er an, doch das eine und das andere zu begreifen. Aber noch jetzt war er mehr um das Boot als um sein Leben besorgt, und deswegen setzte er sich mit der Laterne in der Hand in das Boot und hielt Wache. Als seine Frau am folgenden Morgen in den Schuppen kam, fand sie ihn schlafend im Boot vor, die ausgebrannte Laterne neben sich.

Als er eines Morgens im Januar mit zwei Männern im Boote zum Fischfang auszog, hörte er in der Dunkelheit eine Stimme, die von einer der Schären, gerade an der Ausfahrt der Bucht, höhnisch lachend sagte: »Wenn du ein großes Boot bekommst, so nimm dich in acht, Elias!«

Es dauerte aber viele Jahre, bevor Elias es zu einem großen Boot brachte, und sein ältester Sohn, Bernt, war damals bereits siebzehn Jahre alt. In demselben Herbst reiste Elias mit seiner ganzen Familie im Boot nach Ranen, um den Sechsruderer gegen ein großes Boot zu vertauschen. Im Hause blieb nur ein eben konfirmiertes Lappenmädchen zurück, das Elias vor einigen Jahren zu sich genommen hatte.

In Ranen war wirklich ein Boot zu haben, ein kleineres Großboot, um das es ihm gerade zu tun war und das der beste Bootsbauer just in diesem Herbst fertiggestellt und geteert hatte. Elias wußte sehr wohl, wie ein Boot beschaffen sein mußte, und er glaubte niemals eines gesehen zu haben, das so vorzüglich unter der Wasserlinie gebaut war wie dieses. Über dem Wasser dagegen sah es – wenigstens für einen weniger Erfahrenen – etwas gedrungen und nicht besonders schön aus.

Der Baumeister sah das alles ebensogut wie Elias. Er sagte, nach seiner Ansicht würde es der schnellste Segler werden, der je in Ranen gebaut worden sei; aber Elias sollte es trotzdem billig haben, wenn er nur eines versprechen wolle, nämlich keine Änderung am Boot vorzunehmen, nicht einmal einen Nagel in die geteerten Steven zu schlagen. Erst als Elias ausdrücklich dieses Versprechen gegeben hatte, bekam er das Boot.

Aber der Mann, der den Baumeister diese Form unter der Wasserlinie zu bauen gelehrt hatte – über dem Wasser mußte er arbeiten, wie er es selbst konnte, und das wurde oft schlecht genug –, war wahrscheinlich dort gewesen und hatte ihm geraten, das Boot so billig zu verkaufen, daß Elias es erwerben könnte, und ihm zugleich eingeschärft, im voraus die Bedingung zu machen, daß es nicht gezeichnet werden dürfe. Auf diese Weise konnten nicht, wie es gebräuchlich war, am Vorder- und Hintersteven Kreuze angebracht werden.

Elias gedachte nun wieder nach Hause zu segeln, aber erst ging er nach dem Handelsplatz und versorgte sich und die Seinen mit Weihnachtsvorrat, darunter auch eine Branntweinkruke. Sehr froh und zufrieden über den Handel, nahmen sowohl er wie seine Frau an diesem Tag einen Schluck über den Durst, und auch Bernt, der Sohn, durfte ein wenig davon kosten.

Dann segelten sie in dem neuen Boot heimwärts. Anderer Ballast als Elias selbst, dessen Frau und Kinder sowie der Weihnachtsvorrat befand sich nicht im Boot. Bernt saß vorn, die Frau, unterstützt von dem zweitältesten Sohn, hielt die Segel, und Elias selbst saß am Ruder, während die beiden jüngeren, zwölf und vierzehn Jahre alten Brüder sich beim Wasserschöpfen ablösen sollten.

Sie hatten acht Seemeilen zu segeln, und als sie auf die See hinauskamen, zeigte es sich, daß das Boot gleich seine erste Probe würde bestehen müssen. Nach und nach steigerte sich der Wind zum Sturm, und die Schaumkämme der schweren Wogen begannen sich aneinander zu brechen.

Jetzt sah Elias, was für ein Boot er hatte; es durchschnitt die Wellen wie ein Seevogel, ohne auch nur einen Tropfen Wasser aufzunehmen, und er meinte, daß er nicht ein ganzes Reff beizusetzen brauchte, was auf einem gewöhnlichen Großboot bei solchem Wetter notwendig gewesen wäre.

Später bemerkte er nicht weit entfernt auf See ein anderes Großboot mit voller Besatzung und viermal gerefften Segeln. Es hatte denselben Kurs, und Elias fand es etwas seltsam, daß er es nicht früher gesehen hatte. Es schien, als wolle das andere Boot mit seinem um die Wette segeln, und als er das merkte, konnte er es nicht unterlassen, sein Segel zu setzen.

Jetzt ging es mit rasender Schnelligkeit an Landzungen, Werdern und Schären vorüber, so daß es Elias schien, als sei er noch nie zuvor auf einer so prächtigen Segelfahrt gewesen; und nun zeigte es sich auch, daß das Boot wirklich das beste in Nordland war.

Die See ging indes immer höher, und sie waren bereits von mehreren Sturzwellen übergossen worden. Sie brausten vorn am Bug, wo Bernt saß, herein und flossen am Heck wieder in die See.

Als es dunkel geworden war, kam das andere Boot ganz in ihre Nähe, so daß sie sich einander etwas hätten zuwerfen können.

So ging die Fahrt Seite an Seite auf der immer gefährlicher werdenden See in die Nacht hinein. Es hätte nun eigentlich wieder gerefft werden müssen, aber Elias wollte sich bei dem

Wettfahren nicht gern für besiegt erklären und gedachte damit so lange wie möglich zu warten – bis sie es in dem anderen Boot täten, wo es vielleicht ebenso notwendig war. Immer öfter ging nun die Branntweinkruke herum, da sie jetzt sowohl der Kälte wie der Nässe zu widerstehen hatten.

Das Meeresleuchten, das auf den schwarzen Wogen neben Elias' Boot spielte, strahlte eigentümlich stark auf dem Schaumrand um das andere Boot, das gleichsam durch feurige Sturzwellen dahinsegelte. Bei dem hellen Phosphorschein konnte er sogar die Taue am andern Boot unterscheiden. Er konnte auch deutlich die Leute an Bord mit ihren Südwestern auf dem Kopf erkennen, aber als ihre Luvseite zunächst lag, kehrten sie ihm alle den Rücken zu und wurden zudem fast ganz vom hohen Rand des sich aufbäumenden Bootes verdeckt.

Plötzlich schlug eine schreckliche Sturzwelle, deren weißen Kamm Elias schon von weitem durch die Dunkelheit erblickt hatte, ins Boot herein, wo Bernt saß. Sie hielt das ganze Boot einen Augenblick auf, die Planken bebten und zitterten unter ihrem Druck, und dann strömte sie hinten über die Leeseite wieder hinaus, als das halb gekenterte Boot sich wieder aufrichtete und von neuem dahinschoß. Während dies geschah, meinte Elias, vom andern Boot her schreckliche Schreie zu vernehmen. Aber als es vorüber war, rief die Frau, die hinten am Segel saß, mit einer Stimme, die ihm ins Herz schnitt: »Herrgott, Elias, die See hat Martha und Nils mitgenommen!« – Das waren ihre jüngsten Kinder, das erstere neun, das andere sieben Jahre alt. Sie hatten neben Bernt gesessen. Elias antwortete nur: »Laß das Segel nicht los, sonst wirst du noch mehr verlieren!«

Es galt nun, das vierte Mal zu reffen, und als das geschehen war, fand Elias, daß er sogar zum fünftenmal reffen müßte, denn der Sturm wurde immer ärger; aber um andererseits die immer schwereren Sturzwellen umsegeln zu können, durfte er das Segel nicht weiter einziehen, als unbedingt notwendig war. Es ging jedoch so, daß sie das Segel mehr und mehr einziehen mußten. Die See peitschte ihnen ins Gesicht, und Bernt und der nächstälteste Bruder, Anton, der bisher der Mutter am Segel geholfen hatte, mußten schließlich die Rahe halten – ein Ausweg, zu dem man seine Zuflucht nimmt, wenn das Boot nicht einmal das fünfmal gereffte Segel mehr verträgt.

Das benachbarte Boot, das eine Weile nicht sichtbar gewesen war, tauchte plötzlich neben Elias' Boot wieder auf, mit ganz derselben Takelage wie seines; aber die Mannschaft dort an Bord wollte ihm nicht recht gefallen. Die beiden, die die Rahe hielten und deren bleiche Gesichter er unter den Südwestern erblickte, glichen bei der seltsamen Beleuchtung der Schaumwoge mehr Gespenstern als Menschen; auch sprachen sie kein einziges Wort.

In einiger Entfernung erblickte Elias jetzt den hohen Kamm einer Sturzwelle, die sich durch die Finsternis näherte, und er bereitete sich darauf vor, sie zu empfangen. Er hielt direkt auf die Welle zu und führte das Segel so groß wie möglich, um Schnelligkeit genug zu gewinnen, die Welle zu durchschneiden und wieder aus ihr herauszusegeln. Herein brauste die Sturzwelle, tosend wie ein Wasserfall; wieder waren sie nahe am Kentern, aber als die Gefahr vorüber war, saß die Frau nicht mehr am Segel, und auch Anton stand nicht mehr an der Rahe – sie waren beide über Bord gegangen.

Auch diesmal schien es Elias, als vernehme er denselben unheimlichen Ruf in der Luft. Aber dazwischen hörte er deutlich seine Frau angstvoll seinen Namen rufen. Als er begriff, daß sie über Bord gespült war, sagte er nur: »In Jesu Namen!« und schwieg dann. Es war ihm so zumute, daß er ihr am liebsten gefolgt wäre, aber er fühlte zugleich, daß es nun galt, den Rest der Last zu bergen, die er noch an Bord hatte, nämlich Bernt und seine zwei anderen Söhne, der eine zwölf, der andere vierzehn Jahre alt, die nun hinter ihm Platz erhalten hatten.

Bernt mußte nun allein auf die Rahe achten, und er und der Vater mußten sich so gut helfen, als es gehen wollte. Das Ruder wagte Elias nicht loszulassen, und er hielt es mit eiserner Hand fest – sie war jedoch längst vor Anstrengung gefühllos geworden.

Eine Weile darauf tauchte das andere Boot wieder auf; es war, wie das erste Mal, eine Zeitlang nicht zu sehen gewesen. Nun sah Elias auch mehr von dem großen Mann, der auf dem gleichen Platz saß wie er. Aus seinem Rücken unterhalb des Südwesters ragte, als er sich umwandte, ganz richtig eine lange Eisenpike, die Elias wiederzuerkennen glaubte. Dadurch war ihm zweierlei klar: erstens, daß es niemand anders war als das Seegespenst selbst, das sein Halbboot dicht neben ihm lenkte und ihn ins Verderben geführt hatte, und zweitens, daß es so bestimmt war, daß er in dieser Nacht seine letzte Fahrt machte. Denn wer das Seegespenst auf dem Meer erblickt, ist verloren. Er sagte nichts zu seinen Söhnen, um ihnen nicht den Mut zu rauben, aber in der Stille empfahl er Gott seine Seele.

Seit einigen Stunden hatte der Sturm ihn zur Kursänderung gezwungen; zugleich setzte nun ein Schneegestöber ein, und so sah er, daß er auf die Landung warten müßte, bis der Tag graute. Die Fahrt ging indes fort wie bisher. Von Zeit zu Zeit klagten die Knaben über die klirrende Kälte, aber dagegen war ja bei der Nässe nichts zu machen, und Elias war zudem mit ganz anderen Gedanken beschäftigt. Es hatte ihn ein so starkes Verlangen ergriffen, sich zu rächen, und er würde es auch getan haben, wenn er nicht das Leben seiner drei übrigen Kinder zu verantworten gehabt hätte. Sonst würde er durch eine plötzliche Wendung versucht haben, das verfluchte Boot in den Grund zu segeln, das sich noch immer wie zum Hohn neben ihm hielt und dessen böse Absicht er nur allzu klar durchschaute. Konnte früher die Flundernpike das Gespenst treffen, so ließ sich auch wohl jetzt mit einem Messer oder einem eisernen Fischhaken das gleiche erreichen. Er würde gern sein Leben hingegeben haben, um den zu treffen, der ihm so unbarmherzig das Liebste auf Erden geraubt hatte und wohl noch mehr haben wollte.

Zwischen drei und vier Uhr nachts erblickte Elias in der Dunkelheit wieder eine Schaumwand von solcher Höhe, daß er anfangs glaubte, es sei eine Brandung in der Nähe des Landes. Er erkannte jedoch bald, was es war, nämlich eine ungeheure Woge. Da glaubte er deutlich zu hören, wie es in dem anderen Boot lachte, dann vernahm er die Worte: »Nun steuere dein Großboot, Elias!« Dieser, der das Unglück voraussah, sagte jetzt laut: »Nun, in Jesu Namen!« und bat dann seine Söhne, sich mit aller Macht an den Ruderpflöcken festzuhalten, wenn das Boot untertauche, und nicht eher loszulassen, als bis sie wieder über Wasser wären. Er ließ den älteren vorn zu Bernt gehen, er selbst behielt den jüngsten dicht neben sich, strich ihm heimlich mehrmals die Wange und vergewisserte sich, ob er sich recht festhielt. Das Boot wurde buchstäblich unter der Schaumwelle begraben, erhob sich jedoch nach und nach mit dem Vordersteven und ging dann unter. Als es kieloben wieder an die Oberfläche kam, lagen Elias, Bernt und der zwölfjährige Martin neben dem Boot und hielten sich fest, aber der dritte Bruder fehlte.

Nun galt es zunächst, die Wanten an der Seite zu durchschneiden, so daß der Mast an der anderen Seite neben dem Boot schwimmen konnte, statt gewaltsam darunter zu arbeiten, und dann auf den Kiel zu gelangen, um den Zapfen aus dem Schiffsboden zu entfernen und die Luft, die das Boot jetzt zu hoch über Wasser hielt, herauszulassen, damit es stilliegen konnte. Nach großen Anstrengungen glückte dies, und Elias, der zuerst auf den Kiel gelangte, half nun auch den beiden Söhnen hinauf.

Und dort saßen sie nun in der langen, finsteren Winternacht, mit Händen und Füßen sich krampfhaft an dem Boden des Bootes festklammernd, über das eine Welle nach der andern hinüberschlug.

Schon nach wenigen Stunden starb Martin, den der Vater die ganze Zeit über nach Möglichkeit gestützt hatte, vor Ermattung und glitt in die See hinein. Mehrmals hatten sie um Hilfe gerufen, gaben es aber wieder auf, weil sie einsahen, daß es nichts nützen würde.

Während die beiden nun allein auf dem umgeschlagenen Boot saßen, sagte Elias zu Bernt, er werde wohl bald der Mutter folgen, er habe jedoch die feste Hoffnung, Bernt würde gerettet werden, wenn er nur wie ein Mann aushalte. Dann erzählte er ihm von dem Seegespenst, dem er mit der Flundernpike in den Nacken gestoßen und wie dieses sich nun an ihm gerächt habe und wohl nicht nachgeben würde, bis sie quitt seien.

Gegen neun Uhr morgens, als der Tag zu grauen begann, reichte Elias dem neben ihm sitzenden Bernt seine silberne Uhr mit der Messingkette, die er entzweigerissen hatte, um unter der zugeknöpften Weste die Uhr hervorzuziehen. Er blieb noch eine Weile sitzen; aber als es heller wurde, sah Bernt, daß des Vaters Antlitz totenbleich war und das Haar sich an verschiedenen Stellen geteilt hatte, wie es wohl bei einem Sterbenden zu geschehen pflegt. Durch das Festhalten am Kiel war ihm die Haut von den Händen abgerieben. Der Sohn begriff jetzt, daß es mit dem Vater zu Ende ging, und wollte, wenn's ihm nur eben möglich war, zu ihm hinrücken, um ihn zu unterstützen; aber als Elias dies merkte, sagte er: »Halt dich nur unverzagt fest, Bernt! In Jesu Namen geh' ich nun zur Mutter!« Und damit warf er sich rücklings vom Boot ins Meer.

Als die See ihr Opfer erhalten hatte, wurde sie, wie jeder weiß, der auf einem solchen umgestürzten Boot gesessen, wenig später ruhiger. Es wurde jetzt Bernt leichter, sich festzuhalten; und mit dem heller werdenden Tag faßte er auch neue Hoffnung. Der Sturm legte sich, und als es ganz hell geworden, schien es ihm, als ob er die Gegend kenne und seiner Heimat, dem Kvalholm, zutreibe.

Er begann jetzt wieder um Hilfe zu rufen, setzte aber seine ganze Hoffnung auf eine Strömung, von der er wußte, daß sie an einer Stelle ans Land trug, wo ein Riff der Insel die Wogen brach, so daß das Wasser ruhig wurde. Es trieb auch richtig immer näher und kam schließlich einer Schäre so nahe, daß der Mast, der neben dem Boot schwamm, zugleich mit den Wellen an der schrägen Klippe auf- und niederwogte. So starr seine Glieder von dem Sitzen und Festhalten auch waren, gelang es ihm jetzt doch unter großer Anstrengung, sich auf die Felsenklippe zu retten, auf die er den Mast hinaufzog und wo er das Großboot vertäute.

Das Lappenmädchen, das allein zu Hause war, hatte seit ein paar Stunden Notrufe zu hören geglaubt, und als sie nicht aufhörten, stieg sie auf eine Anhöhe. Da gewahrte sie Bernt auf der Klippe und sah neben ihm das umgekehrte Großboot. Sie lief sofort hinunter, schob das alte Ruderboot ins Wasser und ruderte um die Insel herum zu ihm hinaus.

Bernt lag unter ihrer Pflege den ganzen Winter krank und ging in diesem Jahr nicht auf den Fischfang. Die Leute meinten auch, nach diesen Erlebnissen wäre er manchmal etwas wunderlicher Art.

Auf das Meer wollte er nicht wieder hinaus – er hatte den Seeschreck bekommen. Er heiratete das Lappenmädchen und zog hinauf nach Malangen, wo er sich ein Rodeland erwarb und wo er heute noch lebt und sich wohl befindet.

Guy de Maupassant

Auf dem Wasser

Im vergangenen Sommer hatte ich am Ufer der Seine, ein paar Wegstunden von Paris entfernt, ein kleines Landhaus gemietet. Jeden Abend begab ich mich dorthin und blieb über Nacht. So wurde ich bald mit einem meiner Nachbarn näher bekannt, einem Mann von dreißig bis vierzig Jahren, einem der merkwürdigsten Menschen, die mir in meinem Leben begegnet sind.

Er war ein alter, erfahrener Ruderer und auf dem Wasser zu Hause. Man traf ihn nur dicht am Wasser oder auf dem Wasser oder gar im Wasser. Es war, als sei er auf einem Boot zur Welt gekommen, und ich glaube, sein letztes Stündlein wird ihm auch einmal auf einer Kahnfahrt schlagen.

Eines Abends schlenderten wir an der Seine entlang, und ich sprach den Wunsch aus, einmal etwas Besonderes zu hören, was er auf seinen vielen Kahnfahrten erlebt habe. Da wurde er gesprächig, sein Gesicht nahm einen begeisterten Ausdruck an, seine Zunge wurde beredt, seine Sprache beinah dichterisch. Denn der Strom war seine einzige Leidenschaft, eine unwiderstehliche, verzehrende Leidenschaft!

»Ja«, sagte er, »unendlich viele Erinnerungen ruft der Strom in mir wach, der dort zu unseren Füßen hinfließt. Wer immer nur in den Straßen herumläuft, der weiß nicht, was das heißt: der Strom! Aber hören Sie nur einmal hin, wie ein Fischer das Wort ausspricht: ›Strom‹! Für ihn ist der Strom ein unerforschtes, unergründliches Geheimnis, ein Reich des Irrens und des Spuks. Da sieht man des Nachts Dinge, die unwirklich sind, hört Laute, für die es keine Erklärung gibt. Ein Schauer fährt einem durch die Glieder, man weiß nicht, warum. Es ist genau so, als wenn man über einen Friedhof geht. Und der Strom ist auch ein Friedhof, ein grausiger Friedhof, der keine Grabstätten hat.

Ein Stück Land kann der Fischer übersehen, er sieht feste Linien, feste Grenzen. Aber der dunkle Strom, wenn nicht das Licht des Mondes darauf ruht, erscheint ihm unermeßlich. So fühlt sich kein Schiffer auf hoher See der Gewalt der Unendlichkeit preisgegeben! Gewiß, das Meer ist wild und unbändig. Aber dann brüllt es und heult. Es zeigt sich offen und ehrlich. Der Strom gibt kaum einen Laut von sich, aber er ist voller Heimtücke. Man hört ihn nicht toben, ewig fließt er in seinem Bett dahin, fast lautlos. Doch dieses ewige Fluten des Stromes ist für mich unheimlicher als die hoch aufgewühlten Wogen des Ozeans.

Phantasten erzählen, das Meer habe in seiner Tiefe weite, bläulich schimmernde Landschaften. Die ertrunkenen Menschen geistern darin umher, zwischen großen Fischen, inmitten fremdartiger Wälder und kristallener Grotten. Im Strom ist nichts als dunkle Tiefe, alles versinkt im Schlamm. Und doch bleibt der Strom schön, wenn er in der Morgensonne glänzt und leise zwischen dem Schilf des Ufers dahinplätschert.

Vom Ozean sagt ein Dichter:

Ihr Fluten, was wißt ihr für Unheil zu verkünden!
Ihr, deren Brausen füllt mit Angst der Mütter Herz:
Ihr flüstert es euch zu im Wechsel der Gezeiten;
In eurem Tosen klingt Verzweiflung und klingt Schmerz,
Wenn ihr des Abends uns erreicht aus düstern Weiten.

Was uns mit dünnem, leisem Wispern das Schilf im Strom zuflüstert, kündet, glaube ich, viel schmerzlicheres Leid als die tragischen Schicksale, von denen die brausenden Wogen berichten.

Doch Sie wollten etwas hören, was ich selbst erlebt habe. Nun, da ist mir einmal etwas Merkwürdiges passiert, vor etwa zehn Jahren, und genau hier an dieser Stelle.

Ich wohnte schon damals im Haus der alten Mutter Lafon, da,

wo ich noch heute wohne. Einer meiner besten Kameraden, Louis Bernet, wohnte zwei Meilen stromabwärts im Dorf C.... Heute hat er längst das Rudern aufgegeben und das ganze ungebundene Leben, genau wie die zwanglose Kleidung; er ist Staatsrat geworden. Damals aßen wir alle Tage miteinander zu Mittag, bald bei ihm, bald bei mir.

So hatte ich ihn eines Abends besucht und kehrte ziemlich müde heim. Unter großer Anstrengung ruderte ich mein großes Boot stromaufwärts, einen Riesenkahn von zwölf Fuß Länge, den ich bei Nachtfahrten zu benutzen pflegte. Dort, wo das Röhricht in eine Spitze ausläuft, etwa zweihundert Meter vor der Eisenbahnbrücke, hielt ich ein paar Sekunden an, um Atem zu schöpfen. Das Wetter war prächtig; der Mond schien hell, schimmernd lag der Strom vor mir; die Luft war ruhig und mild. Die Stille war verlockend; ein Pfeifchen Tabak, dachte ich, würde mir guttun. Wie gedacht, so getan; ich warf meinen Anker aus.

Das Boot trieb mit der Strömung, die Ankerkette wickelte sich ab, und es stand still. Ich ging zum Steuersitz und machte mir's dort auf meinem Schaffell bequem. Ringsum war alles ruhig, nur zuweilen glaubte ich ein leises, kaum hörbares Plätschern vom Ufer her zu vernehmen. Über die Masse des Schilfes ragten einzelne Rohrbüschel in die Höhe. Sie nahmen seltsame Formen an und schienen sich zu bewegen.

Ganz ruhig floß der Strom dahin. Ich war ergriffen von der feierlichen Stille, die mich umgab. Alles Getier, Frösche und Kröten und die anderen nächtlichen Sänger im Sumpf waren verstummt. Da plötzlich quakte mir zur Rechten ganz laut ein Frosch – ich fuhr zusammen. Dann war wieder kein Laut zu hören. Ich setzte meine Pfeife in Brand, nur um überhaupt etwas zu tun. Mir geht normalerweise nichts über einen guten Tabak, aber nach dem zweiten Zug hatte ich genug und gab es auf. Ich begann halblaut vor mich hin zu singen. Der Klang meiner eigenen Stimme war mir unangenehm. Da streckte ich mich lang auf dem Boden des Bootes aus und sah in den Himmel. So fand ich für einige Zeit Beruhigung, dann schreckte mich das leichte Schwanken des Bootes wieder auf. Es war mir, als bewege es sich in weitem Zickzack hin und her und stieße bald an dieses, bald an jenes Ufer. Dann wieder glaubte ich, ein unsichtbares Wesen oder eine heimliche Gewalt zöge es langsam in die Tiefe, trüge es empor und ließe es wieder absinken. Ich fühlte mich hin- und hergeschüttelt wie von einem Sturm. Ringsumher hörte ich es rauschen. Mit einem Ruck richtete ich mich auf: Um mich herum schillerte das Wasser – alles war ruhig.

Meine Nerven waren überreizt, ich entschloß mich, weiterzufahren. Ich zog die Ankerkette ein, und das Boot folgte dem Zug, doch der Anker ließ sich nicht heben. Ich zog stärker, der Anker gab nicht nach. Er hatte sich auf dem Grund des Wassers festgehakt, es gelang mir nicht, ihn emporzuziehen. Ich versuchte es noch einmal – umsonst! Da wandte ich das Boot. Ich ruderte überstrom und zog am Anker nach der anderen Seite – alles vergebens. Er saß fest. Mich packte der Zorn. Wütend zerrte ich an der Kette – nichts rührte sich: Entmutigt setzte ich mich wieder auf meinen Platz und überlegte, was ich tun könnte. Es war unmöglich, die Kette zu sprengen oder sie vom Boot zu lösen; denn sie war sehr stark und saß im Vorderende des Fahrzeugs fest in einem Holz, das dicker war als mein Arm. Aber das Wetter blieb sehr schön, und so hoffte ich, daß bald ein Fischer auf seiner Fahrt vorbeikäme und mir helfen könne. Nun betrachtete ich mein Mißgeschick mit Ruhe und schmauchte endlich meine Pfeife. Ich hatte auch eine Flasche Rum bei mir, trank zwei, drei Glas daraus, und schließlich mußte ich selbst über meine Lage lachen. Es war sehr schwül, also mußte ich schlimmstenfalls einmal eine Nacht hier unter freiem Himmel zubringen.

Plötzlich war ein leichter Stoß gegen die Bootswand zu hören. Ich sprang auf, kalter Schweiß brach mir aus allen Poren. Zweifellos war das Geräusch durch nichts anderes verursacht worden als durch ein Stück Holz, das die Strömung an das Boot getrieben hatte; aber es genügte, mich wieder in eine unerklärliche, nervöse Erregung zu versetzen. Ich packte noch einmal die Kette und zog mit aller Kraft daran. Der Anker saß fest. Völlig erschöpft sank ich auf meinen Sitz.

Unterdessen hatte sich der Strom allmählich mit dichtem,

weißem Nebel bedeckt. Er lag unmittelbar auf dem Wasser. Wenn ich stand, sah ich weder das Wasser noch meine Füße noch das Boot. Ich erkannte nur noch die Spitzen des Röhrichts und weiterhin, im fahlen Licht des Mondes, die Uferebene mit großen, dunklen Flecken, die sich zum Himmel emporreckten, Gruppen hoher Pappeln. Bis zum Gürtel war ich wie in ein wollenes Tuch von unnatürlich weißer Farbe gehüllt. Wilde Hirngespinste wurden wach. Ich bildete mir ein, es versuche jemand, in das Boot zu steigen, das ich nicht mehr sehen konnte; der Strom, den mir der undurchsichtige Nebel verbarg, wimmelte von seltsamen Wesen, die darin umherschwammen. Ich empfand ein gräßliches Unbehagen, einen Druck auf die Schläfen; das Herz schlug mir bis zum Hals, und ich dachte schon daran, mich schwimmend zu retten. Aber sofort flößte mir dieser Gedanke auch wieder Entsetzen ein. Ich sah mich schon verloren, ins Ungewisse vorwärtsstreben in dem dichten Nebel, mitten in Gras und Schilf, dem ich nicht ausweichen konnte, sah mich, wie ich, keuchend vor Angst, das Ufer nicht erspähen und mein Boot nicht wiederfinden konnte. Mir war, als würde ich schon an den Füßen hinabgezogen in die dunkle Tiefe des Wassers.

Und da ich ganz gewiß wenigstens fünfhundert Meter gegen den Strom hätte schwimmen müssen, ehe ich eine von Binsen und Rohr freie Stelle gefunden hätte, an der ich hätte Fuß fassen können, so standen die Aussichten für mich neun gegen eins, daß ich im Nebel die Richtung verlieren und ertrinken könnte, auch wenn ich ein guter Schwimmer war.

Ich mußte mich zusammennehmen! Ich wollte einfach keine Furcht mehr empfinden! Aber so fest ich mir's auch vornahm, immer regte sich ein zweites Ich, und dieses zweite Ich – hatte Furcht. Ich fragte mich, was es eigentlich zu fürchten gäbe. Mein tapferes Ich spottete über das feige Ich. Nie habe ich so wie an diesem Tag den Gegensatz der beiden Wesen verspürt, die in uns wohnen. Das eine will, das andere will nicht, und abwechselnd haben sie die Oberhand.

Die törichte, unerklärliche Angst nahm zu und wurde unerträglich. Ich rührte mich nicht mehr, hielt die Augen offen, spitzte die Ohren und wartete. Worauf? Ich wußte es nicht, aber es mußte etwas Grausiges sein. Ich glaube, wenn in diesem Augenblick ein Fisch aus dem Wasser geschnellt wäre, wie es doch häufig geschieht, hätte das genügt, mich mit einem Schlag in Bewußtlosigkeit zu versenken.

Ich raffte allen Mut zusammen und gewann wieder die Herrschaft über meinen Verstand, die mir schon zu schwinden drohte. Ich griff wieder zur Rumflasche und trank in vollen Zügen. Da kam mir ein Gedanke. Ich wandte mich nach allen vier Himmelsrichtungen und rief, so laut ich konnte. Als ich mich heiser gerufen hatte, lauschte ich. Ein Hund heulte weit in der Ferne.

Nun trank ich noch einen Schluck und streckte mich wieder lang auf dem Boden meines Kahnes aus. So blieb ich liegen, ohne zu schlafen, vielleicht eine Stunde, vielleicht auch zwei Stunden, mit offenen Augen, von Schreckbildern gemartert. Ich wagte nicht, mich zu erheben, sosehr es mich auch danach verlangte. Ich schob es auf von Minute zu Minute. Ich sagte mir: ›Vorwärts, aufstehen!‹ Aber dann hatte ich Angst, mich zu rühren. Schließlich erhob ich mich doch, unendlich vorsichtig, als könnte das geringste Geräusch mein Leben gefährden, und schaute über Bord.

Da wurde ich geblendet von dem herrlichsten Anblick, den man wohl je genießen kann, einem jener Traumgebilde aus dem Feenland, von denen Reisende erzählen, wenn sie aus fernen Ländern heimkehren, und die wir nicht für möglich halten.

Der Nebel, der noch zwei Stunden zuvor auf dem Wasser lag, hatte sich verzogen. Ganz frei dehnte sich vor mir der Strom. Aber an jedem Ufer stand wie eine Hügelkette eine sechs bis sieben Meter hohe Nebelwand und leuchtete im Mondschein in schneeigem Glanz. Ich sah nichts als den flimmernden Strom zwischen den beiden weißen Gebirgszügen, und über meinem Kopf stand voll und groß ein freundlich herableuchtender Mond.

Alle Tiere am Wasser waren munter geworden. Laut quakten die Frösche, und von Zeit zu Zeit war bald rechts, bald links der kurze, wehmütige Ruf zu hören, den mit dunkler Stimme die Unke zu den Sternen emporschickt. Seltsam! Jetzt war alle Furcht von mir abgefallen, hier in dieser außergewöhnlichen

Landschaft hätten mich auch die absonderlichsten Dinge nicht mehr in Erstaunen versetzen können.

Wie lange das währte – ich weiß es nicht, denn schließlich bin ich eingeschlummert. Als ich die Augen wieder aufschlug, war der Mond untergegangen, und der Himmel hatte sich bezogen. Müde plätscherte das Wasser, der Wind blies; es war kühl geworden. Tiefes Dunkel lag über dem Strom.

Ich leerte aus, was noch vom Rum übrig war, dann hörte ich zähneklappernd auf das Rascheln im Schilf und auf das Rauschen des Stromes; es klang jetzt, als ob es Unheil verkünden wolle. Ich versuchte, meine Umgebung zu erkennen, aber in dem Dunkel konnte ich nicht mehr mein Boot, nicht einmal mehr die Hand vor Augen sehen.

Allmählich ließ die Dunkelheit nach. Da war mir plötzlich, als gleite ganz nahe ein Schatten vorüber. Ich stieß einen Schrei aus und erhielt Antwort, es war ein Fischer. Ich rief ihn heran, er kam näher, und ich erzählte ihm mein Mißgeschick. Er brachte sein Boot längsseits an das meine, und wir zogen beide an meiner Ankerkette. Der Anker rührte sich nicht. Der Tag brach an, düster, grau, regnerisch, kühl, so recht ein Tag, der Trauer und Unheil mit sich bringt. Da bemerkte ich ein zweites Boot, wir riefen es an. Der Mann, der es führte, half uns, und nun mühten wir uns zu dritt ab. Jetzt ließ der Widerstand allmählich nach; der Anker hob sich, aber langsam, ganz langsam; ein ganz beträchtliches Gewicht belastete ihn. Endlich erkannten wir eine dunkle Masse und zogen sie in mein Boot.

Es war der Leichnam einer alten Frau, an ihrem Halse hing ein großer, schwerer Stein.«

Johann Wolfgang von Goethe

Der Fischer

Das Wasser rauscht, das Wasser schwoll,
Ein Fischer saß daran,
Sah nach der Angel ruhevoll,
Kühl bis ans Herz hinan.
Und wie er sitzt und wie er lauscht,
Teilt sich die Flut empor;
Aus dem bewegten Wasser rauscht
Ein feuchtes Weib hervor.

Sie sang zu ihm, sie sprach zu ihm:
Was lockst du meine Brut
Mit Menschenwitz und Menschenlist
Hinauf in Todesglut?
Ach, wüßtest du, wie's Fischlein ist
So wohlig auf dem Grund,
Du stiegst herunter, wie du bist,
Und würdest erst gesund.

Labt sich die liebe Sonne nicht,
Der Mond sich nicht im Meer?
Kehrt wellenatmend ihr Gesicht
Nicht doppelt schöner her?
Lockt dich der tiefe Himmel nicht,
Das feucht verklärte Blau?
Lockt dich dein eigen Angesicht
Nicht her in ew'gen Tau?

Das Wasser rauscht, das Wasser schwoll,
Netzt ihm den nackten Fuß;
Sein Herz wuchs ihm so sehnsuchtsvoll
Wie bei der Liebsten Gruß.
Sie sprach zu ihm, sie sang zu ihm;
Da war's um ihn geschehn:
Halb zog sie ihn, halb sank er hin
Und ward nicht mehr gesehn.

Gebrüder Grimm

Der Geist im Glas

Es war einmal ein armer Holzhacker, der arbeitete vom Morgen bis in die späte Nacht. Als er sich endlich etwas Geld zusammengespart hatte, sprach er zu seinem Jungen: »Du bist mein einziges Kind, ich will das Geld, das ich mit saurem Schweiß erworben habe, zu deinem Unterricht verwenden; lernst du etwas Rechtschaffenes, so kannst du mich im Alter ernähren, wenn meine Glieder steif geworden sind und ich daheim sitzen muß.«

Da ging der Junge auf eine hohe Schule und lernte fleißig, so daß ihn seine Lehrer rühmten, und blieb eine Zeitlang dort. Als er ein paar Schulen durchgelernt hatte, aber noch nicht in allem vollkommen war, war das bißchen Reichtum, das der Vater erworben hatte, draufgegangen, und er mußte wieder zu ihm heimkehren.

»Ach«, sprach der Vater betrübt, »ich kann dir nichts mehr geben und kann in der teuren Zeit auch keinen Heller mehr verdienen als das tägliche Brot.« – »Lieber Vater«, antwortete der Sohn, »macht Euch darüber keine Gedanken, wenn's Gottes Wille also ist, so wird's zu meinem Besten ausschlagen; ich will mich schon drein schicken.«

Als der Vater hinaus in den Wald wollte, um etwas am Malterholz (am Zuhauen und Aufrichten) zu verdienen, sprach der Sohn: »Ich will mit Euch gehen und Euch helfen.« – »Ja, mein Sohn«, sagte der Vater, »du bist an harte Arbeit nicht gewöhnt, du hältst das nicht aus. Ich habe auch nur eine Axt und kein Geld übrig, um noch eine zu kaufen.« – »Geht nur zum Nachbarn«, antwortete der Sohn, »der leiht Euch seine Axt so lange, bis ich mir selbst eine verdient habe.«

Da borgte der Vater beim Nachbarn eine Axt, und am andern

Morgen, bei Anbruch des Tages, gingen sie zusammen hinaus in den Wald. Der Sohn half dem Vater und war ganz munter und frisch dabei. Als nun die Sonne über ihnen stand, sprach der Vater: »Wir wollen rasten und Mittag halten, hernach geht's noch einmal so gut.« Der Sohn nahm sein Brot in die Hand und sprach: »Ruht Euch nur aus, Vater, ich bin nicht müde, ich will in dem Wald ein wenig auf und ab gehen und Vogelnester suchen.« – »O du Geck«, sprach der Vater, »was willst du da herumlaufen, hernach bist du müde und kannst den Arm nicht mehr aufheben; bleib hier und setze dich zu mir.«

Der Sohn aber ging in den Wald, aß sein Brot, war ganz fröhlich und sah in die grünen Zweige hinein, ob er etwa ein Nest entdecke. So ging er hin und her, bis er endlich zu einer großen gefährlichen Eiche kam, die gewiß schon viele hundert Jahre alt war und die keine fünf Menschen umspannt hätten. Er blieb stehen und sah sie an und dachte: »Es muß doch mancher Vogel sein Nest hineingebaut haben.« Da deuchte ihn auf einmal, als höre er eine Stimme. Er horchte und vernahm, wie es mit so einem recht dumpfen Ton rief: »Laß mich heraus, laß mich heraus!« Er sah sich rings um, konnte aber nichts entdecken, doch es war ihm, als ob die Stimme unten aus der Erde hervorkäme. Da rief er: »Wo bist du?« Die Stimme antwortete: »Ich stecke da unten bei den Eichwurzeln. Laß mich heraus, laß mich heraus!« Der Schüler fing an, unter dem Baum wegzuräumen und bei den Wurzeln zu suchen, bis er endlich in einer kleinen Höhlung eine Glasflasche entdeckte. Er hob sie in die Höhe und hielt sie gegen das Licht, da sah er ein Ding, gleich einem Frosch gestaltet, das sprang darin auf und nieder. »Laß mich heraus, laß mich heraus«, rief's von neuem, und der Schüler, der an nichts Böses dachte, nahm den Pfropfen von der Flasche ab. Alsbald stieg ein Geist heraus und fing an zu wachsen und wuchs so schnell, daß er in wenigen Augenblicken als ein entsetzlicher Kerl, so groß wie der halbe Baum, vor dem Schüler stand. »Weißt du«, rief er mit einer fürchterlichen Stimme, »was dein Lohn dafür ist, daß du mich herausgelassen hast?« – »Nein«, antwortete der Schüler ohne Furcht, »wie soll ich das wissen?« – »So will ich dir's sagen«, rief der Geist, »den

Hals muß ich dir dafür brechen.« – »Das hättest du mir früher sagen sollen«, antwortete der Schüler, »so hätte ich dich stecken lassen; mein Kopf aber soll vor dir wohl feststehen, da müssen mehr Leute gefragt werden.« – »Mehr Leute hin, mehr Leute her«, rief der Geist, »deinen verdienten Lohn, den sollst du haben. Denkst du, ich wäre aus Gnade da so lange Zeit eingeschlossen worden, nein, es war zu meiner Strafe; ich bin der großmächtige Merkurius; wer mich losläßt, dem muß ich den Hals brechen.« – »Sachte«, antwortete der Schüler, »so geschwind geht das nicht, erst muß ich auch wissen, daß du wirklich in der kleinen Flasche gesessen hast und daß du der rechte Geist bist; kannst du auch wieder hinein, so will ich's glauben, und dann magst du mit mir anfangen, was du willst.« Der Geist sprach voll Hochmut: »Das ist eine geringe Kunst«, zog sich zusammen und machte sich so dünn und klein, wie er anfangs gewesen war, also daß er durch dieselbe Öffnung und durch den Hals der Flasche wieder hineinkroch. Kaum war er aber darin, so drückte der Schüler den abgezogenen Pfropfen wieder auf und warf die Flasche unter die Eichwurzeln an ihren alten Platz, und der Geist war betrogen.

Nun wollte der Schüler zu seinem Vater zurückgehen, aber der Geist rief ganz kläglich: »Ach, laß mich doch heraus, laß mich doch heraus!« – »Nein«, antwortete der Schüler, »zum zweitenmal nicht: Wer mir einmal nach dem Leben gestrebt hat, den laß ich nicht los, wenn ich ihn wieder eingefangen habe.« – »Wenn du mich freimachst«, rief der Geist, »so will ich dir so viel geben, daß du dein Lebtag genug hast.« – »Nein«, antwortete der Schüler, »du würdest mich betrügen wie das erste Mal.« – »Du verscherzt dir dein Glück«, sprach der Geist, »ich will dir nichts tun, sondern dich reichlich belohnen.« Der Schüler dachte: »Ich will's wagen, vielleicht hält er Wort, und anhaben soll er mir doch nichts.« Da nahm er den Pfropfen ab, und der Geist stieg wie das vorige Mal heraus, dehnte sich auseinander und wurde groß wie ein Riese. »Nun sollst du deinen Lohn haben«, sprach er und reichte dem Schüler einen kleinen Lappen, ganz wie ein Pflaster, und sagte: »Wenn du mit dem einen Ende eine Wunde bestreichst, so heilt sie; und wenn du mit dem andern Ende Stahl und Eisen bestreichst, so wird es in Silber verwandelt.« – »Das muß ich erst versuchen«, sprach der Schüler, ging an einen Baum, ritzte die Rinde mit seiner Axt und bestrich sie mit dem einen Ende des Pflasters: Alsbald schloß sie sich wieder zusammen und war geheilt. »Nun, es hat seine Richtigkeit«, sprach er zum Geist, »jetzt können wir uns trennen.« Der Geist dankte ihm für seine Erlösung, und der Schüler dankte dem Geist für sein Geschenk und ging zurück zu seinem Vater.

»Wo bist du herumgelaufen?« sprach der Vater. »Warum hast du die Arbeit vergessen? Ich habe es ja gleich gesagt, daß du nichts zustande bringen würdest.« – »Gebt Euch zufrieden, Vater, ich will's nachholen.« – »Ja, nachholen«, sprach der Vater zornig, »das hat keine Art.« – »Habt acht, Vater, den Baum da will ich gleich umhauen, daß er krachen soll.« Da nahm er sein Pflaster, bestrich die Axt damit und tat einen gewaltigen Hieb; aber weil das Eisen in Silber verwandelt war, so legte sich die Schneide um. »Ei, Vater, seht einmal, was habt Ihr mir für eine schlechte Axt gegeben, die ist ganz schief geworden.« Da erschrak der Vater und sprach: »Ach, was hast du gemacht! Nun muß ich die Axt bezahlen und weiß nicht, womit; das ist der Nutzen, den ich von deiner Arbeit habe.« – »Werdet nicht bös«, antwortete der Sohn, »die Axt will ich schon bezahlen.« – »O du Dummbart«, rief der Vater, »wovon willst du sie bezahlen? Du hast nichts, als was ich dir gebe; das sind Studentenkniffe, die dir im Kopf stecken, aber vom Holzhacken hast du keinen Verstand.«

Über ein Weilchen sprach der Schüler: »Vater, ich kann doch nichts mehr arbeiten, wir wollen lieber Feierabend machen.« – »Ei was«, antwortete er, »meinst du, ich wollte die Hände in den Schoß legen wie du? Ich muß noch schaffen, du kannst dich aber heimpacken.« – »Vater, ich bin zum erstenmal hier in dem Wald, ich weiß den Weg nicht allein, geht doch mit mir.« Weil sich der Zorn gelegt hatte, so ließ der Vater sich endlich bereden und ging mit ihm heim. Da sprach er zum Sohn: »Geh und verkauf die verschändete Axt und sieh zu, was du dafür kriegst; das übrige muß ich verdienen, um sie dem Nachbarn zu bezahlen.« Der Sohn nahm die Axt und trug sie in die Stadt zu einem Goldschmied, der probierte sie, legte sie auf die Waage und sprach: »Sie ist vierhundert Taler wert, so viel habe ich nicht in bar.« Der Schüler sprach: »Gebt mir, was Ihr habt, das übrige will ich Euch borgen.« Der Goldschmied gab ihm dreihundert Taler und blieb einhundert schuldig. Darauf ging der Schüler heim und sprach: »Vater, ich habe Geld, geht und fragt, was der Nachbar für die Axt haben will.« – »Das weiß ich schon«, antwortete der Alte, »einen Taler, sechs Groschen.« – »So gebt ihm zwei Taler, zwölf Groschen, das ist das Doppelte und ist genug; seht Ihr, ich habe Geld im Überfluß«, und er gab dem Vater einhundert Taler und sprach: »Es soll Euch niemals fehlen, lebt nach Eurer Bequemlichkeit.« – »Mein Gott«, sprach der Alte, »wie bist du zu dem Reichtum gekommen?« Da erzählte er ihm, wie alles zugegangen war und wie er im Vertrauen auf sein Glück einen so reichen Fang getan hatte. Mit dem übrigen Geld aber zog er wieder hin auf die hohe Schule und lernte weiter, und weil er mit seinem Pflaster alle Wunden heilen konnte, wurde er der berühmteste Doktor auf der ganzen Welt.

Heinrich Zschokke

Die Nacht in Brczwezmcisl

Fahrt nach Brczwezmcisl

Ich zweifle gar nicht, das Jahr 1796 mag wohl manche schreckliche Nacht gehabt haben, zumal für die Italiener und Deutschen. Es war das erste Siegesjahr Napoleon Bonapartes und die Zeit von Moreaus Rückzug. Damals hatte ich in meiner Vaterstadt auf der Universität die akademischen Studien beendigt, war Doktor beider Rechte und hätte mich wohl getraut, den Prozeß sämtlicher europäischer Kaiser und Könige mit der damaligen französischen Republik zu schlichten, wenn man mich nur zum Schiedsrichter verlangt hätte.

Ich war indessen bloß zum Justizkommissar einer kleinen Stadt des neuen Ostpreußens ausersehen. Viel Ehre für mich. Mit dem einen Fuß schon im Amt, mit dem anderen fast noch im akademischen Hörsaal, heißt seltenes Glück. Das dankte ich der Eroberung oder Schöpfung eines neuen Ostpreußens und dem Falle Kosciuszkos. Man macht es zwar dem hochseligen König – wir anderen Christen sterben nur schlechtweg selig und die Bettler vermutlich nur tiefselig; man sagt, im Tode sind wir einander alle gleich, ich beweise im Vorbeigehen das Gegenteil! – also man macht ihm zwar zum Vorwurf, an einer schreienden Ungerechtigkeit teilgenommen zu haben, da er ein selbständiges Volk verschlingen half; aber ohne diese kleine Ungerechtigkeit, ich möchte sie gar nicht schreiend nennen, wären tausend preußische Musensöhne ohne Anstellung geblieben. In der Natur wird des einen Tod das Leben des anderen; der Hering ist für den Magen des Walfisches und das gesamte Tier- und Pflanzenreich, auch das Steinreich, wenn es nicht zuweilen unverdaulich wäre, für den Magen des Menschen da. Übrigens läßt sich sehr gut beweisen, daß ein Mädchen, welches seine Ehre, und ein Volk, welches seine Selbständigkeit überlebt, an ihrem eigenen Unglück schuld sind. Denn wer sterben kann, ist unbezwingbar, und eben der Tod ist der feste Stützpunkt eines großen, ruhmreichen Lebens.

Meine Mutter gab mir ihren besten Segen nebst Wäsche und Reisegeld, und so reiste ich, meiner glänzenden Bestimmung nach, Neuostpreußen entgegen, von dem die heutigen Geographen nichts mehr wissen, obwohl es doch kein Zauber- und Feenland war, das auf den Wink eines Oberon entsteht und verschwindet. Ich will meine Leser mit keiner langen Reisebeschreibung ermüden. Flaches Land, flache Menschen, schlechte Postwagen, grobe Postbeamten, elende Straßen, elender Verkehr, und nebenbei jedermann auf seinen Misthaufen stolz wie ein Perser-Schah auf seinen Thron.

Also kurz und gut, ich kam eines Abends vor Sonnenuntergang nach, ich glaube, es hieß Brczwezmcisl, einem freundlichen Städtchen; freundlich, obgleich die Häuser rußig, schwarz, die Straßen ungepflastert, kotig, die Menschen nicht sauber waren. Aber ein Kohlenbrenner kann in seiner Art so freundlich aussehen wie eine Operntänzerin, deren Fußtriller von Kennern beklatscht werden.

Ich hatte mir das Brczwezmcisl, meinen Berufsort, viel schrecklicher vorgestellt; vermutlich fand ich's gerade deswegen freundlicher. Der Name des Ortes, als ich ihn zum ersten Male aussprechen wollte, hatte mir fast einen Kinnbackenkrampf zugezogen. Daher mochte meine heimliche Furcht vor der Stadt selbst stammen. Der Name hat immer bedeutenden Einfluß auf unsere Vorstellung von den Dingen. Und weil das Gute und Böse in der Welt weniger in den Dingen selbst als in unserer Vorstellung von ihnen liegt, ist Veredlung der Namen eine wahre Verschönerung des Lebens.

Zur Vergrößerung meiner Furcht vor der neuostpreußischen Bühne meiner Rechtskunst mochte auch nicht wenig der Umstand beigetragen haben, daß ich bisher im Leben noch nicht weiter von meinem Geburtsort weggekommen war, als man etwa dessen Turmspitze sehen konnte. Obgleich ich wohl aus den Lehrbüchern der Erdbeschreibung wußte, daß die Menschenfresser ziemlich entfernt wohnten, erregte es doch zuweilen mein billiges Erstaunen, daß man mich unterwegs nicht ein paarmal totschlug, wo Ort und Zeit dazu gelegen waren, und weder Hund noch Hahn um mein plötzliches Verschwinden vom Erdball gekräht haben würden. Wahrhaftig, man gewinnt erst Vertrauen in die Menschheit, wenn man sich ihr, als Fremdling und Gast, auf Gnade oder Ungnade überläßt. Menschenfeinde sind die vollendetsten, engherzigsten Selbstsüchtlinge; Selbstsucht ist eine Seelenkrankheit, die aus der Stetigkeit des Aufenthaltes entspringt. Wer Egoisten heilen will, muß sie auf Reisen schikken. Luftveränderung tut dem Gemüte so wohl wie auch dem Leib.

Als ich mein Brczwezmcisl vom Postwagen aus zum ersten Mal erblickte – es schien in der Ferne ein aus der Ebene steigender Kothaufen zu sein, aber Berlin und Paris stellen sich mit ihren Palästen dem, der in den Wolken schifft, wohl auch nicht prächtiger dar –, klopfte mir das Herz gewaltig. Dort also war das Ziel meiner Reise, der Anfang meiner öffentlichen Laufbahn, vielleicht auch das Ende derselben, wenn mich etwa die in Neuostpreußen verwandelten Polacken, als Söldner ihrer Unterdrücker, bei einem Aufruhr niederzumachen Lust bekommen haben würden. – Ich kannte dort keine Seele, wie einen ehemaligen Universitätsfreund namens Burkhardt, der zu Brczwezmcisl als Obersteuereinnehmer, aber auch erst seit kurzem, angestellt war. Er wußte von meiner Ankunft, er hatte mir vorläufig eine Wohnung gemietet und das Nötige zu meinem Empfang angeordnet, weil ich ihn darum gebeten hatte. Dieser Burkhardt, ein mir vorzeiten ganz gleichgültiger Mensch, mit dem ich auf der Universität wenig Umgang gehabt, den ich sogar auf Anraten meiner Mutter gemieden hatte, weil er unter den Studenten als Säufer, Spieler und Raufer berüchtigt war, stieg in meiner Hochachtung und Freundschaft, je näher ich an Brczwezmcisl kam. Ich schwor ihm unterwegs Liebe und Treue bis in den Tod. Er war ja der einzige von meinen Bekannten in der wildfremden polnischen Stadt, gleichsam der Mitschiffbrüchige, der sich aus der Koje und den Wellen an die wüste Insel gerettet hatte.

Ich bin eigentlich gar nicht abergläubisch, aber doch kann ich mich nicht enthalten, dann und wann auf Vorbedeutungen zu achten. Wenn keine erscheinen wollen, mache ich mir sie. Ich glaube, man tut dergleichen im Müßiggang des Geistes; es ist ein Spiel, das für den Augenblick unterhaltend sein kann. So nahm ich mir vor, auf die erste Person zu achten, die mir aus dem Stadttor entgegenkommen würde. Ich setzte fest, ein junges Mädchen sollte mir zum glücklichen, ein Mann zum üblen Vorzeichen dienen. Ich war noch nicht mit der Anordnung der verschiedenen möglichen Zeichen fertig, als ich schon das Tor vor mir sah, aus welchem eine, wie es schien, sehr wohlgebaute junge Brczwezmcislerin hervortrat. Vortrefflich! Ich hätte mit meinen von dem preußischen Postwagen pflichtmäßig zerstoßenen und zermalmten Gliedern hinabfliegen und die polnische Grazie anbeten mögen. Ich faßte sie scharf ins Auge, um mir ihre Züge tief einzuprägen, und wischte meine Lorgnette – denn ich bin etwas kurzsichtig – vom letzten Sonnenstäubchen rein.

Als wir aber einander näher waren, bemerkte ich bald, die Venus von Brczwezmcisl sei etwas häßlicher Natur, schlank wie eine Schwindsüchtige, dürr, eingebogen, mit platter Brust. Auch das Gesicht war platt, nämlich ohne Nase, die durch irgendeinen traurigen Unfall verlorengegangen sein mochte. Ich hätte geschworen, es wäre ein Totenkopf, wenn nicht seltsamerweise zwischen den Zähnen ein Stück Fleisch hervorgehangen hätte. Ich traute meinen Augen kaum. Als ich's jedoch näher durch die Brille betrachtete, merkte ich wohl, die patriotische Polin streckte vor mir zum Zeichen des Abscheus die Zunge heraus. Ich zog geschwind den Hut ab und dankte höflich für das Kompliment. Das meinige war der Polin vermutlich so unerwartet wie mir das ihrige. Sie nahm die Zunge zurück und lachte so unmäßig, daß sie fast am Husten erstickte.

Unter diesen schmerzhaften Umständen kam ich in die Stadt. Der Wagen hielt vor dem Posthaus. Der preußische Adler über der Tür, ganz neu gemalt, war, vermutlich von patriotischen Gassenbuben, mit frischen Kotflecken beworfen. Die Klauen des königlichen Vogels lagen ganz unter Unrat begraben, entweder weil das vielgepriesene Raubtier mit den Klauen und dem Schnabel zu sündigen pflegt oder weil die Polen zu verstehen geben wollten, Preußen habe am Nordostpreußischen so viel erwischt, wie der gemalte Adler zwischen den Pfoten trage.

Die alte Starostei

Ich fragte den Herrn Postmeister sehr höflich nach der Wohnung des Herrn Obersteuereinnehmers Burkhardt. Der Mann schien nicht gut zu hören, denn er gab keine Antwort. Da er sich aber bald darauf doch mit dem Briefträger unterhielt, so schloß ich aus seiner Stummheit, er wollte mich durch die weltbekannte Postgrobheit überzeugen, daß ich in der Tat nirgendwo anders als an einem der wohleingerichtetsten Postbüros sei. Nach der sechsten Anfrage fuhr er mich heftig an, was ich wolle. Ich fragte zum siebenten Male dasselbe, und zwar mit der verbindlichsten Berliner oder Leipziger Artigkeit.

»In der alten Starostei!« schnauzte er mich an.

»Um Vergebung, wenn ich fragen darf, wollen Sie mir nicht gefälligst sagen, wo ich die alte Starostei finde?«

»Ich habe keine Zeit. Peter, führe ihn hin!«

Peter führte mich. Der Postmeister, der zum Antworten keine Zeit hatte, sah, die Pfeife rauchend, zum Fenster hinaus, auf der Straße mir nach. Vermutlich Neugier. Bei aller mir angeborenen Höflichkeit war ich doch im Herzen ergrimmt über die unanständige Behandlung. Ich ballte in meiner Rocktasche drohend die Faust und dachte: »Nur Geduld, Herr Postmeister, fällt Er einmal der Justiz in die Klauen, deren wohlbestallter Königlicher Kommissar ich zu sein die Ehre habe, so werde ich Ihm seine Flegelhaftigkeit auf die allerzierlichste Weise einpfeffern! Der Herr Postmeister sollen zeitlebens meiner Rechtskniffe gedenken.«

Peter, der zerlumpte Pole, der mich führte, verstand und sprach das Deutsche nur sehr gebrochen. Mein Gespräch mit ihm war daher so verworren und schauderhaft, daß ich es in meinem Leben nicht vergessen werde.

»Lieber Freund«, sprach ich, während wir langsam im tiefen

Dreck wateten, »will Er mir doch wohl sagen, ob Er den Herrn Burkhardt kennt?«

»Die alte Starostei!« antwortete Peter.

»Ganz recht, bester Freund! Er weiß doch, daß ich zum Herrn Obereinnehmer will?«

»Die alte Starostei!«

»Gut! Was soll ich aber in Seiner alten Starostei?«

»Sterben!«

»Das hole der Teufel! Das kommt mir nicht in den Sinn.«

»Mausetot! – Sterben!«

»Warum? Was habe ich verbrochen?«

»Preuße! Kein Polack!«

»Ich bin ein Preuße!«

»Weiß gut!«

»Warum denn sterben? Wie meint Er's?«

»So und so und so!« Der Kerl stieß, als hätte er einen Dolch in der Faust. Dann zeigte er auf sein Herz, ächzte und verdrehte gräßlich die Augen. Mir wurde bei der Unterredung ganz übel. Denn verrückt konnte Peter nicht sein, er sah mir ziemlich verständig aus, und Wahnsinnige hat man doch nicht leicht zu Handlangern auf der Post.

»Wir verstehen uns vielleicht nicht vollkommen, charmanter Freund!« fing ich endlich wieder an. »Was will Er mit dem Sterben sagen?«

»Totmachen!« Dabei sah er mich wild von der Seite an.

»Was? Tot?«

»Wenn Nacht ist!«

»Nacht? Die nächste Nacht? Er ist wohl nicht bei Trost?«

»Gar wohl Polack, aber Preuße nicht!«

Ich schüttelte den Kopf und schwieg. Offenbar verstanden wir beide einander nicht! Und doch lag in den Reden des trotzigen Kerls etwas Fürchterliches. Denn der Haß der Polen gegen die Deutschen oder, was dasselbe sagen will, gegen die Preußen war mir bekannt. Es hatte schon hin und wieder ein Unglück gegeben. Wie, wenn der Kerl mich warnen wollte? Oder wenn der dumme Tölpel durch seinen Übermut eine allen Preußen bevorstehende Mordnacht verraten hätte? – Ich wurde nachdenklich und beschloß meinem Freund und Landsmann Burkhardt das Gespräch mitzuteilen, als wir vor der sogenannten Starostei ankamen. Es war ein altes, hohes, steinernes Haus in einer stillen, abgelegenen Straße. Schon ehe wir dahinkamen, bemerkte ich, daß die, welche an dem Haus vorübergingen, scheue, verstohlene Blicke auf das grauschwarze Gebäude warfen. Ebenso tat mein Führer. Der sagte nun kein Wort mehr, sondern zeigte mit dem Finger auf die Haustür und machte sich ohne Gruß und Lebewohl davon.

Allerdings waren mein Eintritt und Empfang in Brczwezmcisl nicht gerade anmutig und einladend gewesen. Die ersten Personen, welche mich hier begrüßten, die unhöfliche Dame unter dem Tor, der grobe, neuostpreußische Postmeister und der kauderwelsche, verpreußte Pole, hatten mir Lust und Liebe sowohl zu meinem neuen Aufenthaltsort als zu meinem Justizkommissariat verbittert. Ich pries mich glücklich, endlich zu einem Menschen zu gelangen, der wenigstens mit mir schon einmal dieselbe Luft geatmet hatte. Zwar hatte Herr Burkhardt bei uns zulande nicht den besten Ruf genossen; allein, was ändert sich nicht im Menschen mit dem Wechsel der Umstände? Ist die Gemütsart etwas anderes als das Werk der Umgebungen? Der Schwache wird in der Angst zum Riesen, der Feige in der Schlachtgefahr zum Helden, Herkules unter Weibern zum Flachsspinner. Und gesetzt der Fall, mein Obereinnehmer hätte bisher für seinen König alles eingenommen, für sich selbst aber keine besseren Grundsätze angenommen gehabt: immer noch besser ein gutmütiger Zecher als das schwindsüchtige, nasenlose Gerippe mit der Zunge; besser ein leichtsinniger Spieler als ein grober Postmeister; besser ein tapferer Raufer und Schläger als ein mißvergnügter Polacke. Burkhardts letztgenannte Untugend gereichte ihm vielmehr in meinen Augen zum größten Verdienst; denn – unter uns gesagt – mein sanfter, bescheidener, schüchterner Charakter, den Mama oft hochgepriesen, konnte mir unter den Polen beim ersten Aufstand zum Verderben gereichen. Es gibt Tugenden, die an ihrem Ort zur Sünde, und Sünden, die zur Tugend werden können. Es ist nicht alles zu allen Zeiten das gleiche.

Als ich durch die hohe Pforte in die sogenannte alte Starostei eintrat, geriet ich in Verlegenheit, wo mein alter, lieber Freund Burkhardt zu finden sei. Das Haus war groß. Das Kreischen der verrosteten Türangeln hallte im ganzen Gebäude wider, doch veranlaßte das niemanden, nachzusehen, wer da sei.

Ich stieg mutig die breiten Steintreppen hinauf. Weil ich links eine Stubentür bemerkte, pochte ich fein höflich an. Kein Mensch entgegnete mit freundlichem »Herein!«. Ich pochte stärker. Alles stumm. Mein Klopfen weckte den Widerhall im zweiten und dritten Stock des Hauses. Ich wurde ungeduldig. Ich sehnte mich, endlich dem lieben Seelenfreund Burkhardt ans Herz zu sinken, ihn in meine Arme zu schließen. Ich öffnete die Stubentür, trat hinein und sah mitten im Zimmer einen Sarg. Der Tote, der darin lag, konnte mir freilich kein freundliches Herein zurufen.

Ich bin von Natur gegen die Lebendigen sehr höflich, noch weit mehr gegen die Toten. So leise wie möglich wollte ich mich zurückziehen, als ich plötzlich bemerkte, der Schläfer im Sarg sei kein anderer denn der Obersteuereinnehmer Burkhardt, von welchem nun selbst der Tod die letzte Steuer eingezogen hatte. Da lag er, unbekümmert um Weinglas und Karten, so ernst und feierlich, daß ich mich kaum getraute, an seine Lieblingsfreuden zu denken. In seiner Miene lag etwas dem menschlichen Leben so Fremdes, als hätte er nie mit demselben zu schaffen gehabt. Ich glaube wohl, wenn eine unbekannte allmächtige Hand den Schleier des Jenseits hebt, das äußere Auge bricht und das innere hellsehend wird, da mag das irdische Leben winzig genug erscheinen und alle Aufmerksamkeit nur dorthin streben.

Betroffen schlich ich aus der Totenstube in den finsteren, einsamen Hausgang zurück. Jetzt erst überfiel mich ein solches Grausen vor dem Toten, daß ich kaum begreifen konnte, woher ich den Mut genommen hatte, dem Leichnam so lange ins Antlitz zu schauen. Zu gleicher Zeit erschrak ich vor meiner eigenen Verlassenheit, in der ich nun lebte. Denn da stand ich, hundert Meilen weit von meiner teuren Vaterstadt, vom mütterlichen Haus, in einer Stadt, deren Namen ich nie gehört hatte, bis ich ihr Justizkommissar werden sollte, um sie zu entpolacken.

Mein einziger Bekannter und kaum erst von mir adoptierter Herzensfreund hatte sich im vollen Sinne des Wortes aus dem Staube gemacht und mich ohne Rat und Trost mir selbst überlassen. Die Frage war: Wohin soll ich mein Haupt legen? Wo hat mir der Tote die Wohnung bestellt?

Indem kreischten die rostigen Türangeln der Hauspforte so durchdringend, daß mir der Klang fast alle Nerven zerriß. Ein windiger, flüchtiger Kerl in Bedientenlivree sprang die Treppe herauf, gaffte mich verwundert an und richtete endlich das Wort an mich. Mir zitterten die Knie. Ich ließ den Kerl nach Herzenslust reden, aber der Schreck hatte mir in den ersten Minuten zum Antworten die Sprache genommen. Ohnehin hatte ich auch schon vorher die Sprache nicht gekannt, die dieser Bursche redete, denn es war die polnische.

Als er mich ohne Zeichen der Erwiderung vor sich stehen sah und sich nun ins Deutsche übersetzte, welches er so geläufig wie ein Berliner sprach, gewann ich Kraft, nannte meinen Namen, Stand, Beruf und alle Abenteuer seit meinem Einzug in die verwünschte Stadt, an deren Namen ich noch immer erstickte. Plötzlich wurde er freundlich, zog den Hut ab und erzählte mir mit vielen Umständen, was hiernach in löblicher Kürze folgt:

Nämlich er, der Erzähler, heiße Lebrecht, sei des seligen Herrn Obersteuereinnehmers Dolmetscher und treuester Diener gewesen bis gestern nacht, da es dem Himmel gefallen, den vortrefflichen Herrn Obersteuereinnehmer aus dieser Zeitlichkeit in ein besseres Sein zu befördern. Die Beförderung wäre freilich ganz gegen die Neigung des Seligen gewesen, der lieber bei seinem Einnehmerposten geblieben wäre. Doch als er sich gestern mit einigen polnischen Edelleuten ins Spiel eingelassen hatte und beim Glas Wein in ihm der preußische Stolz und in den Polen der sarmatische Patriotismus wach geworden war, hätte es anfangs einen lebhaften Wort-, dann Ohrfeigenwechsel gesetzt, worauf einer der Sarmaten dem seligen Herrn drei bis vier Messerstiche ins Herz gegeben habe, obwohl schon einer davon tödlich gewesen wäre. Um allen Verdrießlichkeiten der neuostpreußischen Justiz auszuweichen, hätten sich die Sieger noch in derselben

Nacht, man wisse nicht wohin, entfernt. Der Selige habe noch kurz vor seinem Eintritt in die bessere Welt für den erwarteten Justizkommissar, nämlich für mich, einige Zimmer gemietet, eingerichtet, Hausrat aller Art gekauft, sogar eine wohlerfahrene deutsche Köchin eingestellt, die jeden Augenblick in den Dienst eintreten könne, so daß ich wohlversorgt sei. Beiläufig bemerkte der Erzähler Lebrecht, daß die Polen geschworene Feinde der Preußen wären und ich mich daher an Kleinigkeiten wie die stumme Beredsamkeit der Dame unterm Tor gewöhnen müsse. Er erklärte zwar den Peter für einen albernen Tropf, der mir ohne Zweifel nur den Tod des Herrn Obersteuereinnehmers habe anzeigen wollen, wofür ihm jedoch ein hinlänglicher Vorrat von Worten gefehlt habe, daher möge ein beiderseitiges Mißverständnis entstanden sein; doch wolle er, der Erzähler, mir nichtsdestoweniger geraten haben, vorsichtig zu sein, weil die Polen in einer wahrhaft stillen Wut wären. Er selber, der Lebrecht, sei fest entschlossen, sich sogleich nach Beerdigung seines unglücklichen Herrn aus der Stadt zu entfernen.

Nach diesem Bericht führte er mich die breite steinerne Treppe hinab, um mir meine neue Wohnung zu zeigen. Durch eine Reihe großer, hoher, öder Zimmer brachte er mich in einen geräumigen Saal; darin standen ein aufgeschlagenes Bett, von alten gelben Damastvorhängen beschattet, ein alter Tisch mit halbvergoldeten Füßen, ein halbes Dutzend staubiger Sessel. Ein ungeheurer, mit goldenem Schnörkelwerk umzogener, blinder Spiegel hing an der Wand, deren gewirkte, bunte Tapeten, auf welchen die schönsten Geschichten des Alten Testaments prangten, halbvermodert, an manchen Stellen nur noch in Fetzen herabhingen. König Salomo auf dem Thron hatte den Kopf verloren, und dem lüsternen Greis in Susannas Bad waren die verbrecherischen Hände abgefault.

Es schien mir in dieser Einöde durchaus nicht heimisch. Ich hätte lieber ein Wirtshaus zum Aufenthalt gewählt, und – hätte ich's nur getan! Aber teils aus Schüchternheit, teils um zu zeigen, daß ich mich vor der Nähe des Toten nicht fürchte, schwieg ich. Denn ich zweifelte nicht daran, daß Lebrecht und wahrscheinlich auch die wohlerfahrene Köchin mir in der Nacht Gesellschaft leisten würden.

Lebrecht zündete schnell zwei Kerzen an, die auf dem goldfüßigen Tisch standen; schon fing es an zu dunkeln. Dann empfahl er sich, um mir kalte Küche zum Nachtessen, Wein und andere Bedürfnisse herbeizuschaffen, meinen Koffer vom Posthaus holen zu lassen und die wohlerfahrene Köchin von meiner Ankunft und ihren Pflichten zu unterrichten. Der Koffer kam, das Nachtessen ebenfalls. Lebrecht aber, sobald er sein ausgelegtes Geld von mir empfangen hatte, wünschte mir gute Nacht und ging.

Ich verstand ihn erst, als er verschwunden war, so schnell machte sich der Kerl davon. Ich sprang erschrocken auf, ihm nachzugehen, ihn zu bitten, mich nicht zu verlassen. Aber Scham hielt mich wieder zurück. Sollte ich den elenden Menschen zum Zeugen meiner Furcht machen? Ich zweifelte nicht, daß er in irgendeinem Zimmer seines ermordeten Herrn übernachten werde. Aber da hörte ich die Angeln der Hauspforte kreischen. Es drang mir durch Mark und Bein. Ich eilte ans Fenster und sah den Burschen über die Gasse fliegen, als verfolge ihn der Tod. Bald war er im Finstern verschwunden, ich mit dem Leichnam in der alten Starostei allein.

Die Schildwache

Ich glaube an keine Gespenster, des Nachts aber fürchte ich sie. Sehr natürlich. Wer wollte auch alles mögliche glauben? Aber man hofft und fürchtet leicht alles mögliche.

Die Totenstille, die alten, zerlumpten Tapeten in dem großen Saal, das Unheimliche und Fremde, der Tote über meinem Haupt – der Nationalhaß der Polacken –, alles trug dazu bei, mich zu verstimmen. Ich mochte nicht essen, ungeachtet mich hungerte; ich mochte nicht schlafen, so ermüdet ich auch war. Ich ging ans Fenster, um zu versuchen, ob ich im Notfall auf diesem Weg die Straße erreichen könne, denn ich fürchtete, mich in dem gewaltigen Haus zu verirren, ehe ich den Hausflur erreichte. Doch starke Eisenstäbe verrammelten den Ausweg.

In dem Augenblick wurde es in der Starostei lebendig; ich hörte Türen auf- und zugehen, Tritte nah und fern schallen,

Stimmen dumpf ertönen. Ich begriff nicht, woher plötzlich dies rege Leben und Treiben kam. Aber eben das Unbegreifliche versteht man immer am schnellsten. Eine innere Stimme warnte mich und sprach: »Es gilt dir! Der dumme Peter hat die Mordanschläge der Polacken verraten – rette dich!« Ein kalter Fieberschauer überlief mich. Ich sah die Blutdürstigen, wie sie untereinander die Art meines Todes absprachen. Ich hörte sie näher und näher kommen. Ich hörte sie schon in den Vorzimmern, die zu meinem Saal führten. Ihre Stimmen flüsterten leiser. Ich sprang auf, verriegelte die Tür, und in demselben Augenblick versuchte man, die Tür von außen zu öffnen. Ich wagte kaum zu atmen, um mich nicht durch das Geräusch meines Atemzuges zu verraten. An der Sprache der Flüsternden vernahm ich, daß es Polen waren. Zum Unglück hatte ich gleich nach meiner Berufung zum Justizkommissariat so viel polnische Worte gelernt, daß ich ungefähr auch verstand, man spreche von Blut, Tod und Preußen. Meine Knie bebten, kalter Schweiß rann mir von der Stirn. Noch einmal wurde von außen der Versuch gemacht, die Tür meines Saales zu öffnen, aber es schien, als fürchte man, ein Geräusch zu machen. Ich hörte die Menschen sich wieder entfernen oder vielmehr davonschleichen.

Sei es, daß die Polacken es auf mein Leben oder nur auf mein Geld abgesehen hatten, sei es, daß sie ihre Anschläge ohne Lärmen ausführen wollten, ich beschloß sogleich, mein Licht auszulöschen, damit sie es nicht von der Straße erblicken und mich daran erkennen konnten. Wer garantierte mir, daß nicht einer der Kerle, wenn er mich wahrnahm, durchs Fenster schoß?

Die Nacht ist keines Menschen Freundin, darum ist der Mensch ein angeborener Feind der Finsternis, und selbst Kinder, die noch nie von Geistererscheinungen und Gespenstern gehört haben, scheuen sich im Dunkeln vor etwas, was sie nicht kennen. Kaum saß ich im Finstern da, die ferneren Schicksale dieser Nacht einsam erwartend, so stiegen vor meiner erschrockenen Phantasie die abscheulichsten Möglichkeiten auf. Ein Feind oder ein Unglück, das man sehen kann, sind nicht halb so entsetzlich wie solche, denen man sich blindlings überliefern muß, ohne sie zu kennen. Umsonst suchte ich mich zu zerstreuen; umsonst beschloß ich, mich auf das Bett zu werfen und den Schlaf zu suchen. Ich konnte es nirgends aushalten. Das Bett hatte den widerlichen Geruch von Leichenmoder, und saß ich im Zimmer, so schreckte mich von Zeit zu Zeit ein Knistern in meiner Nähe, wie von einem lebenden Wesen. Am meisten schwebte mir die Gestalt des ermordeten Obersteuereinnehmers vor. Seine kalten, steifen Gesichtszüge erschienen mir so grauenhaft beredt, daß ich schließlich alle meine beweglichen Güter darum gegeben hätte, wäre ich nur im Freien oder bei guten Leuten gewesen.

Die Geisterstunde schlug. Jeder Schlag der Turmuhr erschütterte mich bis ins Innerste. Zwar schalt ich mich selbst einen abergläubischen Narren, einen furchtsamen Hasen, aber mein Schelten besserte mich nicht. Endlich, sei es aus Verzweiflung oder aus Heldenmut, denn diesen qualvollen Zustand konnte ich nicht länger ertragen, sprang ich auf, tappte durch die Finsternis den Saal entlang zur Tür, riegelte sie auf und war entschlossen, sollte es auch mein Leben kosten, ins Freie zu gelangen.

Als die Tür aber aufging – Himmel, welch ein Anblick! Ich taumelte erschrocken zurück, denn solch eine Schildwache hatte ich da nicht erwartet.

Die Todesangst

Beim dunklen Schein einer alten Lampe, die seitwärts auf einem Tischchen stand, sah ich mitten im Vorzimmer den ermordeten Obersteuereinnehmer im Sarg, wie ich ihn den Abend vorher oben gesehen hatte, und diesmal noch dazu deutlich mit den Blutflecken im Hemd, die das erstemal von einem Leichentuch verdeckt gewesen waren. Ich suchte mich zu fassen, mir einzureden, diese Erscheinung sei Gaukelei meiner Phantasie; ich trat näher. Aber als mein Fuß an den Sarg am Boden stieß, daß es dumpf tönte und es schien, als rege sich die Leiche, als versuche sie, die Augen aufzuschlagen, da verlor ich fast das Bewußtsein. Ich floh mit Entsetzen in meinen Saal zurück und stürzte der Länge nach auf das Bett nieder.

Da tönte vom Sarg her ein lautes Gepolter. Ich mußte beinahe glauben, der Obersteuereinnehmer sei vom Tode erwacht, denn es war das Geräusch eines sich mühsam Erhebenden. Ich vernahm ein dumpfes Stöhnen. Ich sah bald darauf im Dunkeln die Gestalt des Ermordeten mitten in der Tür meines Saales stehen, sich an den Pfosten haltend, sah ihn langsam in den Saal hineinschwanken und -taumeln und im Dunkeln verschwinden. Während mein Unglaube noch einmal versuchte, alles zu leugnen, was ich gehört und gesehen hatte, widerlegte ihn das Gespenst oder der Tote oder lebendig Gewordene schauderhaft genug. Denn dieser, so lang, breit und schwer er war, legte sich auf mein Bett, und zwar über meinen Leib, mit seinem kalten Rücken über mein Gesicht, so daß mir kaum Luft genug zum Atmen blieb.

Ich begreife noch heute nicht, wie ich mit dem Leben davonkam, denn mein Schreck war wohl tödlich zu nennen. Auch muß ich in einer langen Ohnmacht gelegen haben, denn als ich unter meiner fürchterlichen Last wieder die Glocke schlagen hörte und meinte, es werde ein Uhr sein, das erwünschte Ende der Geisterstunde, der Augenblick meiner Erlösung – da war es zwei Uhr.

Jeder denke sich meine gräßliche Lage: rings um mich Moderduft, und der Leichnam auf mir atmend, erwärmt röchelnd, wie zu einem zweiten Sterben. Ich selbst war halb erstarrt, teils vor Schrecken und Entkräftung, teils unter der zentnerschweren Last. Alles Elend der Hölle ist eine Kleinigkeit gegen einen Zustand wie diesen. Ich hatte nicht die Kraft, mich unter dem Leichnam hervorzuarbeiten, der zum zweiten Mal auf mir sterben wollte; und hätte ich die Kraft gehabt, vielleicht hätte mir der Mut gefehlt, es zu tun, denn ich spürte deutlich, daß der Unglückliche, der nach der ersten Verblutung seiner Wunden vermutlich nur eine schwere Ohnmacht bekommen hatte, dann für tot gehalten und auf gut polnisch in einen Sarg geworfen worden war, erst jetzt mit dem wahren Tode rang. Er schien sich nicht ermannen, nicht leben und nicht sterben zu können. Und das mußte ich auf mir selbst geschehen lassen! Ich mußte das Sterbekissen des Steuereinnehmers sein!

Manchmal war ich geneigt, alles seit meiner Ankunft in

Brczwezmcisl Vorgefallene für einen Teufelstraum zu halten, wenn ich mir meiner Not nur nicht allzu deutlich bewußt gewesen wäre. Und doch würde ich mich zuletzt überredet haben, die ganze Schreckensnacht mit ihren Erscheinungen sei Traum und nichts als Traum gewesen, wenn nicht ein neues Ereignis, ein empfindlicheres als jedes der vorhergehenden, mich von der Wahrheit meines vollen Wachens überzeugt hätte.

Tageslicht

Es war nämlich schon Tag – ich konnte es zwar nicht sehen, denn der sterbende Freund drückte mir mit seinen Schulterblättern die Augen fest zu – aber ich konnte es am Geräusch der Gehenden und Fahrenden auf der Straße erraten – da hörte ich Menschentritte und Menschenstimmen in dem Zimmer. Ich verstand nicht, was man redete, denn es war Polnisch. Aber ich bemerkte wohl, daß man sich mit dem Sarg beschäftigte. »Ohne Zweifel«, dachte ich, »werden sie den Toten suchen und mich erlösen.« – So geschah es auch, aber auf eine Weise, die ich nicht vermuten konnte.

Einer der Suchenden schlug nämlich mit einem spanischen Rohr so unbarmherzig auf den Verstorbenen oder Sterbenden los, daß derselbe plötzlich aufsprang und auf geraden Beinen vor dem Bett stand. Auch auf meine Wenigkeit waren von dem spanischen Rohr so viel Hiebe abgefallen, daß ich laut aufschrie und mich schnurgerade hinter den Toten stellte. Diese altpolnische und neuostpreußische Methode, Leute vom Tode aufzuerwecken, war zwar bewährt – dagegen ließ sich nichts einwenden, denn die Erfahrung sprach laut dafür –, doch auch so derb, daß man fast das Sterben dem Leben vorgezogen hätte.

Als ich mich aber beim Tageslicht recht umsah, bemerkte ich, daß das Zimmer voll Menschen war, meistens Polen. Die Hiebe hatte ein Polizeikommissar ausgeteilt, der beauftragt war, die Leiche des Fremdlings beerdigen zu lassen. Der Steuereinnehmer lag noch immer tot im Sarg, und zwar im Vorzimmer, wohin ihn die betrunkenen Polacken gestellt hatten, weil es ihnen befohlen worden war, den Sarg in das ehemalige Pförtnerstübchen zu tragen. Sie hatten aber mein Vorzimmer statt des Pförtnerstübchens gewählt und einen ihrer betrunkenen Kameraden als Wache bei der Leiche gelassen, der vermutlich eingeschlafen, von meinem Geräusch in der Nacht geweckt, instinktmäßig zu meinem Bett gekommen war und da seinen Branntweinrausch ausgeschlafen hatte.

Mich hatte die gottlose Geschichte so arg mitgenommen, daß ich in ein hitziges Fieber verfiel, in welchem ich die Geschichte dieser schrecklichen Nacht sieben Wochen lang träumte. Noch jetzt – Dank sei der polnischen Volkserhebung! Ich bin nicht mehr Justizkommissar von Brczwezmcisl – kann ich an das neuostpreußische Abenteuer kaum ohne Schaudern denken. Doch erzähle ich's gern, teils mag es manchen vergnügen, teils manchen belehren. Es ist nicht gut, daß man das fürchtet, was man doch nicht glaubt.

Heinrich von Kleist

Das Bettelweib von Locarno

Am Fuße der Alpen, bei Locarno im oberen Italien, befand sich ein altes, einem Marchese gehörendes Schloß, das man jetzt, wenn man vom St. Gotthard kommt, in Schutt und Trümmern liegen sieht, ein Schloß mit hohen und weitläufigen Zimmern. In einem davon war einst eine alte kranke Frau, die sich bettelnd vor der Tür eingefunden hatte, von der Hausfrau aus Mitleid auf Stroh gebettet worden. Der Marchese, der bei der Rückkehr von der Jagd zufällig in das Zimmer trat, wo er seine Büchse abzusetzen pflegte, befahl der Frau unwillig, aus dem Winkel, in welchem sie lag, aufzustehen und sich hinter den Ofen zu verfügen. Die Frau, als sie sich erhob, glitschte mit der Krücke auf dem glatten Boden aus und verletzte sich auf so gefährliche Weise das Kreuz, daß sie zwar noch mit unsäglicher Mühe aufstand und quer, wie es ihr vorgeschrieben war, durch das Zimmer ging, hinter dem Ofen aber unter Stöhnen und Ächzen niedersank und verschied.

Mehrere Jahre danach, als der Marchese durch Krieg und Mißernten in bedenkliche Vermögensumstände geraten war, fand sich ein florentinischer Ritter bei ihm ein, der das Schloß seiner schönen Lage wegen von ihm kaufen wollte. Der Marchese, dem viel an dem Handel gelegen war, trug seiner Frau auf, den Fremden in dem obenerwähnten leerstehenden Zimmer, das sehr schön und prächtig eingerichtet war, unterzubringen. Aber wie betreten war das Ehepaar, als der Ritter mitten in der Nacht verstört und bleich zu ihnen herunterkam und hoch und teuer versicherte, daß es in dem Zimmer spuke. Etwas dem Blick Unsichtbares, so berichtete er, sei mit einem Geräusch, als ob es auf Stroh gelegen habe, im Zimmerwinkel aufgestanden, mit vernehmlichen Schritten langsam und gebrechlich quer durch das Zimmer gegangen und hinter dem Ofen unter Stöhnen und Ächzen niedergesunken.

Der Marchese, erschrocken, er wußte selbst nicht recht warum, lachte den Ritter mit erkünstelter Heiterkeit aus und sagte, er wolle sofort aufstehen und die Nacht zu seiner Beruhigung mit ihm zusammen in dem Zimmer zubringen. Doch der Ritter bat um die Gefälligkeit, auf einem Lehnstuhl in seinem Schlafzimmer übernachten zu dürfen, und als der Morgen kam, ließ er anspannen, empfahl sich und reiste ab.

Dieser Vorfall, der außerordentliches Aufsehen erregte, schreckte auf eine dem Marchese höchst unangenehme Weise mehrere Käufer ab. Als sich dann auch unter seinem eigenen Hausgesinde, befremdend und unbegreiflich, das Gerücht erhob, daß es in dem Zimmer zur Mitternachtsstunde umgehe, beschloß er, um es mit einem entscheidenden Verfahren niederzuschlagen, die Sache in der nächsten Nacht selbst zu untersuchen. So ließ er beim Einbruch der Dämmerung sein Bett in dem besagten Zimmer aufschlagen und wartete, ohne zu schlafen, auf die Mitternachtsstunde. Aber wie erschüttert war er, als er in der Tat mit dem Schlag der Geisterstunde das unbegreifliche Geräusch wahrnahm: Es war, als ob ein Mensch sich vom Stroh, das unter ihm knisterte, erhob, quer durch das Zimmer ging und hinter dem Ofen unter Geseufze und Geröchel niedersank. Die Marquise fragte ihn, als er am anderen Morgen herunterkam, wie die Untersuchung abgelaufen sei, und da er sich mit scheuen und ungewissen Blicken umsah und, nachdem er die Tür verriegelt hatte, versicherte, daß es mit dem Spuk seine Richtigkeit habe, da erschrak sie wie nie zuvor in ihrem Leben und bat ihn, bevor er die Sache verlauten ließe, sie noch einmal in ihrer Gesellschaft einer kaltblütigen Prüfung zu unterwerfen. Sie hörten aber samt einem treuen Bediensteten, den sie mitgenommen hatten, in der Tat in der nächsten Nacht dasselbe unbegreifliche, gespensterartige Geräusch, und nur der dringende Wunsch, das Schloß, koste es, was es wolle, loszuwerden, half ihnen, das Entsetzen, das sie ergriff, in Gegenwart ihres Dieners zu unterdrücken und dem Vorfall irgendeine gleichgültige und zufällige Ursache, die sich entdecken lassen müsse, unterzuschieben.

Am Abend des dritten Tages, da beide, um der Sache auf den Grund zu kommen, mit Herzklopfen wieder die Treppe zu dem Fremdenzimmer hinaufstiegen, fand sich zufällig der Haushund, den man von der Kette losgelassen hatte, vor der Tür des Zimmers ein. Die beiden Eheleute, ohne bestimmt zu wissen, weshalb, vielleicht aber in der unwillkürlichen Absicht, außer sich selbst noch etwas Drittes, Lebendiges, bei sich zu haben, nahmen den Hund mit sich in das Zimmer. Das Ehepaar, zwei Lichter auf dem Tisch, die Marquise unausgezogen, der Marchese Degen und Pistolen neben sich, setzte sich gegen elf Uhr jeder auf sein Bett; und während sie sich mit Gesprächen, so gut sie konnten, zu unterhalten versuchten, legte sich der Hund, Kopf und Beine zusammengekauert, in der Mitte des Zimmers nieder und schlief ein.

Genau um Mitternacht läßt sich das entsetzliche Geräusch wieder hören: Jemand, den kein Mensch mit Augen sehen kann, hebt sich auf Krücken im Zimmerwinkel empor; man hört das Stroh, das unter ihm raschelt, und mit dem ersten Schritt: tapp! tapp! erwacht der Hund, erhebt sich plötzlich, die Ohren spitzend, vom Boden, und knurrend und bellend, gerade als ob ein Mensch auf ihn zugeschritten käme, weicht er rückwärts gegen den Ofen aus. Bei diesem Anblick stürzt die Marquise mit gesträubten Haaren aus dem Zimmer, und während der Marchese, der den Degen ergriffen hatte, »Wer da?« ruft und nach allen Richtungen die Luft durchhaut, läßt sie anspannen, entschlossen, augenblicklich nach der Stadt abzufahren. Aber ehe sie noch, nach Zusammenraffung einiger Sachen, aus dem Tor herausgerasselt kommt, sieht sie schon das Schloß ringsum in Flammen aufgehen.

Der Marchese, von Entsetzen gepackt, hatte eine Kerze genommen und das Zimmer, das überall mit Holz getäfelt war, an den vier Ecken angesteckt. Vergebens schickte sie Leute hinein, den Unglücklichen zu retten, er war auf die elendiglichste Weise bereits umgekommen. Noch jetzt liegen seine weißen Gebeine in dem Winkel des Zimmers, von welchem er das Bettelweib von Locarno hatte aufstehen heißen.

Gebrüder Grimm

Das Gespenst als Eheweib

Zur Zeit Herzogs Johann Casimir von Coburg wohnte sein Stallmeister G. P. v. Z. zuerst in der Spitalgasse, dann in dem Hause, das nach ihm Dr. Frommann bezog; schließlich bewohnte er das große Haus bei der Vorstadt, die Rosenau genannt wurde, und endlich wohnte er im Schloß, in dem er Schloßhauptmann war. Zu diesem häufigen Wechsel zwang ihn ein Gespenst, das seiner noch lebenden Ehefrau völlig gleichsah, so daß er, wenn er in die neue Wohnung kam und am Tisch saß, bisweilen darüber in Zweifel geriet, welches seine rechte, leibhaftige Frau war; denn das Gespenst folgte ihm, wenngleich er immer wieder auszog, allenthalben nach.

Als ihm seine Frau vorschlug, in die Wohnung, die hernach der Doktor innehatte, zu ziehen, um dem Gespenst auszuweichen, hub es mit lauter Stimme zu reden an und sprach: »Wohin du auch ziehst, ich folge dir nach, und wäre es durch die ganze Welt.«

Und das waren keine bloßen Drohworte. Denn nachdem der Stallmeister ausgezogen war, ist die Tür des Hinterhauses wie mit übermäßiger Gewalt zugeschlagen worden, und von der Zeit an hat sich das Gespenst nie wieder in dem verlassenen Hause sehen lassen, sondern ist in dem neubezogenen wieder erschienen.

Die gleiche Kleidung, die die Edelfrau anlegte, trug auch das Gespenst, es mochte ein Festkleid oder ein alltägliches sein, in welcher Farbe auch immer. So war die Frau niemals allein in ihren Hausgeschäften, sondern stets in Begleitung.

Oft ist es in der Mittagszeit zwischen elf und zwölf Uhr erschienen. Wenn ein Geistlicher da war, so kam es nicht zum

Vorschein. Als einmal der Beichtvater Johann Prüscher eingeladen war und ihn beim Abschied der Edelmann mit seiner Frau und seiner Schwester an die Treppe geleitete, stieg es von unten die Treppe hinauf, faßte durch ein hölzernes Gitter die Schürze des Fräuleins und verschwand, als dieses zu schreien anfing.

Einmal ist es mit dem Arm auf der Küchenschwelle gelegen, und als die Köchin fragte: »Was willst du?«, hat es geantwortet: »Deine Frau will ich!« Sonst hat es der Edelfrau keinen Schaden zugefügt. Dem Fräulein aber, des Edelmannes Schwester, ist es gefährlich gewesen und hat ihm einmal einen solchen Streich ins Gesicht gegeben, daß die Backe davon angeschwollen ist und es in des Vaters Haus zurückkehren mußte.

Endlich hat sich das Gespenst verloren, und dann ist es im Hause ruhig geworden.

Ludwig Bechstein

Der schwarze Graf

Einst zog ein Ritter durch den Wald, sein Knappe folgte ihm; es wurde Nacht, doch der Ritter kannte keine Furcht. Verrufen war die Gegend, gemieden der Weg durch den wilden Wald, den der Ritter mit seinem Knappen ritt. Der Weg führte beide vorüber am Schlosse eines befreundeten Ritters, dessen Tochter gerade Hochzeit hielt, und er sprach als Gast dort eine kurze Zeit zu. Die Freunde wollten ihn länger halten, er sollte mit seinem Knappen im Hochzeitshause übernachten, aber den Ritter trieb Eile, er lehnte alle freundlichen Einladungen zum Bleiben ab. Man warnte ihn, man sagte ihm, im Walde, den er noch zu durchreiten habe, hause der »schwarze Graf«, ein gespenstiger Ritter, der allen, auf welche er stieße, namenlose Schrecknisse bereite. Selbst die Braut verschwendete ihre Bitten an den Freund ihres Vaters; sie führte ihm das Sprichwort zu Gemüte: »Die Nacht ist keines Menschen Freund.« Unaufschiebbares Geschäft schützte der Gast vor und ritt davon. Weg und Wald waren sehr finster. Der Ritter und der Knappe ritten schon drei Stunden lang, noch war ihnen nichts begegnet; der Ritter ritt im Panzer seines Mutes und guten Gewissens gegen den Angriff feindlicher unterirdischer Mächte, gegen Feindesangriff irdischer Art schirmten ihn die eiserne Rüstung, die starke Faust, das blanke Schwert.

Jetzt drängte plötzlich der Knappe sein Roß vor, neben das seines Herrn, und flüsterte ängstlich: »Herr! Es reitet einer hinter uns – hohl klingt der Hufschlag seines Rosses – und schaut Euch um, Herr – seht, wie Feuerschaum dem Rosse vom Gebisse tropft, seht, wie seine Nüstern Funken sprühen.«

Schnell war der schwarze Reiter, der ihnen folgte, neben den beiden. »Holla! Gesellschaft! Wackere Kumpane!« rief eine tiefe, hohle Stimme.

»Gott zum Gruß!« antwortete der Ritter, und der Rappe des Fremden stieg bäumend in die Höhe und schnaubte Ströme Feuers aus den Nüstern – von dessen Schein des schwarzen Ritters Eisenrüstung rot erglühte.

»Für solchen Gruß dank Euch der Teufel, nicht ich!« versetzte wild der riesige Nachtgesell und hieb wild auf den bäumenden Rappen. »Doch wißt, Ihr seid verirrt! Kommt mit mir auf mein Schloß, ganz nahe liegt's, dort seht Ihr schon die Fenster schimmern.«

»Ich danke, hab' nicht Zeit zur Einkehr!« antwortete der Ritter. Doch jener rief gebietend: »Zeit wird sich finden!« und lachte, daß es weit im Walde gellte.

Eine lange schwarze Mauer zog quer über den Weg, in der Mauer war ein halbverfallenes Tor – der Weg führte gerade hinein, und im Ring der Mauer lag das Schloß, ein gewaltiger vieltürmiger Bau. Droben im Gewirr der Türme und Türmchen kreischten Eulen. Am Tor des Hauses ringelten sich steinerne, dickleibige Drachen mit weit vorgestreckten dünnen Hälsen um die Säulen. Nur wenige Fenster waren erhellt, schwarz ragte der ganze übrige Bau empor zum dunklen Himmel.

Der schwarze Graf schwang sich vom Roß, und dieses sank hinter ihm in die Erde.

»Folgt mir hinein!« rief der schwarze Graf seinen gezwungenen Gästen zu.

»Nicht hinein! Um Himmels willen nicht hinein!« flüsterte der treue Knappe seinem Herrn ins Ohr.

»Schweige, Knecht!« schrie der schwarze Graf diesem gebieterisch zu. »Hier herrscht nicht des Himmels Wille, sondern mein Wille! Bleibe in Blendung!«

Da schwand vor des Knappen Augen das Schloß, er stand auf öder einsamer Heide, neben einem alten Gemäuer, drei Türme ragten daraus empor – das war nicht mehr des schwarzen Grafen Schloß, das war ein anderes Haus.

Der Ritter folgte seinem Führer voll Mut die Stufen einer Wendeltreppe hinan. Von Zeit zu Zeit streckte sich eine Greifenklaue aus der Wand, die hielt eine brennende Kerze, die Kerzen waren schwarz und weiß. Die Wände waren kohlschwarz. Des schwarzen Grafen Rüstung war auch ganz schwarz und ganz nach uralter Art, ein Kettenpanzer umkleidete ihn völlig, nur auf dem Haupt trug er einen Helm seltsamer Form: Der Kamm dieses Helmes war nicht gegossen oder geschmiedet, er war lebendig und wurde gebildet von einem kleinen salamandergleichen Drachen, der seine Klauen fest an den Helm geklemmt hielt, den Kopf bisweilen drehte und dessen schwarze Funkelaugen wie Diamantspitzen blitzten. Lang hing des Drachen Schwanz vom Helm abwärts bis in den Nacken und schlenkerte bald hinüber, bald herüber. Droben am Ende der Treppe blieb der schwarze Graf stehen und wandte sich seinem Gast zu. Bleich war sein Antlitz, bleich und abgezehrt, seine Augen lagen tief in ihren Höhlen und blickten Mord, sie waren ohne Wimpern, und über ihnen wölbten sich keine Brauen. Der schwarze Graf keuchte schwer, und sein Atem glühte wie der Hauch der afrikanischen Wüste, feuerheiß.

»Nun folge mir und schaue, was ich tat und wie ich leide!« sprach der schwarze Graf zu dem Ritter. »Einem jeden, der mitternachts meinen Weg reitet, muß ich meine Missetat zeigen. Brauchst nicht für mich zu beten, Mann! Meine Tat sühnen nicht Reue, nicht Fürbitte, nicht Gebet.«

Die Tür eines Saales, mit phantastischem Bildwerk verziert, sprang donnernd auf – kalter Eishauch, wie von einem Gletscher, wehte aus dem Saal entgegen. Der große weite Saal war auch ganz schwarz und ganz leer. Nur in der Mitte – da stand etwas, beleuchtet von einer matten, trüben Ampel, die darüber von der Decke niederhing. Und was dort stand, das war ein Sarg, und in dem Sarg lag eine Leiche, die Leiche einer alten kleinen Frau, ganz weiß gekleidet, die Hände aneinandergelegt wie zum Gebet – über den Händen aber, aus der Brust, ragte der schwarze Griff eines Dolches.

»Hier meine Mutter!« rief der schwarze Graf. »Hier ihr Mörder!« rief er noch einmal, daß es schaurig im Saale hallte, und brach am Sarg in die Knie. Da hob sich plötzlich die Leiche im Sarg empor und wuchs und wuchs, so riesengroß – so ungeheuer, ein grauser Spuk, und deckte sich über den schwarzen Grafen und füllte mehr und mehr den Raum, und der Ritter wich zurück, bis die Wand ihn hemmte. Immer grausiger wurde die entsetzliche Gestalt, immer höher – ihr weißes Antlitz war schon so groß wie der Vollmond im Aufgehen, und ihr Gewand wallte wie Nebel – ihre Hände aber gruben in der Brust des schwarzen Grafen und gruben ihm das Herz aus der Brust.

Dem Ritter flirrte es vor den Sinnen! Er zog sein Schwert und schrie: »Unholde! Weicht im Namen des Gekreuzigten!« Da gellte ein entsetzlicher Schrei, da krachte das Gebälk, wankte das Haus, sank Sarg und Wand, sank Graf und Gräfin, sank der Boden samt dem Ritter tief, tief hinab in undurchdringliche Nacht.

Aus einer Betäubung erwachte der Ritter. Sein treues Schwert hielt er noch in der Hand. Schwarze Nacht war rings um ihn her, sein Fuß trat auf Moorgrund, seine Hand ertappte Mauerwerk und feuchtes Gras, Nachtluft umwehte ihn kühl und schaudernd.

»Was war das? Und wo bin ich?« fragte sich der Ritter, und unruhevoll klopfte ihm sein sonst so mutiges Herz. Er rief laut den Namen seines Knappen. Horch! Ein Antwortruf, aber aus weiter Entfernung. Der Ritter rief wieder, der Knappe kam näher – er führte noch die beiden Rosse an den Zügeln.

»Herr, wo seid Ihr?« rief von weitem der sich nähernde Knappe.

»Hier! Hier im Moor und unter Trümmern«, rief der Ritter.

Mit Mühe half der Knappe durch Zusammenknüpfen von Riemen und Strängen seinem Herrn aus dem Sumpf. Darüber begann der Morgen zu dämmern, und nun sahen Herr und Diener allmählich, wo sie waren. Auf sumpfiger Heide, neben einem ganz verfallenen Bau am Ende eines Waldes, und eine Strecke davon jenes Gebäude, an dem der Knappe gerastet – ein Galgenrundbau; was die drei Türme geschienen, waren drei hohe Steinpfeiler, die verbindenden Balken waren längst verfault und herabgefallen.

Kühl wehte es vom Osten her – feucht schlug der Nebel sich nieder. Still ritten der Ritter und sein Knappe ihres Weges weiter. Nie vergaß der Ritter sein gespenstiges Abenteuer und das Schloß des schwarzen Grafen.

Edgar Allen Poe

Der Rote Tod

Lange schon wütete der Rote Tod im Land; nie war eine Pest verheerender, nie eine Krankheit gräßlicher gewesen. Blut war der Anfang, Blut das Ende – überall das Rot und der Schrecken des Blutes. Mit stechenden Schmerzen und Schwindelanfällen fing es an, dann quoll Blut aus allen Poren, und das war der Beginn der Auflösung. Die scharlachroten Tupfen am ganzen Körper der unglücklichen Opfer – und besonders im Gesicht – waren das Bannsiegel des Roten Todes, das die Gezeichneten von der Hilfe und der Teilnahme ihrer Mitmenschen ausschloß; und alles, vom ersten Anfall bis zum tödlichen Ende, war das Werk einer halben Stunde.

Prinz Prospero aber war fröhlich, unerschrocken und weise. Als sein Land schon zur Hälfte entvölkert war, wählte er sich unter den Rittern und Damen des Hofes eine Gesellschaft von tausend heiteren und leichtlebigen Kameraden aus und zog mit ihnen in die stille Abgeschiedenheit einer befestigten Abtei zurück. Es war dies ein ausgedehnter, prächtiger Bau, eine Schöpfung nach des Prinzen eigenem exzentrischen, aber vornehmen Geschmack. Das Ganze war von einer hohen, mächtigen Mauer mit eisernen Toren umschlossen. Nachdem die Höflingsschar dort eingezogen war, brachten die Ritter Schmelzöfen und schwere Hämmer herbei und schmiedeten die Riegel der Tore fest. Es sollte weder für die draußen wütende Verzweiflung noch für ein etwaiges törichtes Verlangen der Eingeschlossenen eine Tür offen sein. Da die Abtei mit Proviant reichlich versehen war und alle erdenklichen Vorsichtsmaßnahmen getroffen worden waren, glaubte die Gesellschaft, der Pestgefahr trotzen zu können. Die Welt da draußen mochte für sich selbst sorgen! Jedenfalls schien es unsinnig, sich vorläufig bangen Gedanken hinzugeben. Auch hatte der Prinz für allerlei Zerstreuungen gesorgt. Da waren Gaukler und Komödianten, Musikanten und Tänzer – da waren Schönheit und Wein. All dies, und dazu das Gefühl der Sicherheit, war drinnen in der Burg – draußen war der Rote Tod.

Im fünften oder sechsten Monat der fröhlichen Zurückgezogenheit versammelte Prinz Prospero – während draußen die Pest noch mit ungebrochener Gewalt raste – seine tausend Freunde auf einem Maskenball von unerhörter Pracht. Reichtum und zügellose Lust herrschten auf dem Fest. Doch will ich zunächst die Räumlichkeiten schildern, in denen das Fest abgehalten wurde.

Es waren sieben wahrhaft königliche Gemächer. Im allgemeinen bilden in den Palästen solche Festräume – da die Flügeltüren nach beiden Seiten bis an die Wand zurückgeschoben werden können – eine lange Zimmerflucht, die einen weiten Durchblick gewährt. Dies war hier jedoch nicht der Fall. Des Prinzen Vorliebe für alles Absonderliche hatte die Gemächer vielmehr so zusammengegliedert, daß man von jedem Standort immer nur einen Saal überschauen konnte. Nach Durchquerung jedes Einzelraumes gelangte man an eine Biegung, und jede dieser Wendungen brachte ein neues Bild. In der Mitte jeder Seitenwand befand sich ein hohes, schmales, gotisches Fenster, hinter dem eine schmale Galerie den Windungen der Zimmerreihe folgte. Die Fenster hatten Scheiben aus Glasmosaik, dessen Farben immer mit dem vorherrschenden Farbton des betreffenden Raumes übereinstimmten. Das am Ostende gelegene Zimmer zum Beispiel war in Blau gehalten, und so waren auch seine Fenster leuchtend blau. Das folgende Gemach war in Wandbekleidung und Ausstattung purpurn, und auch seine Fenster waren purpurn. Das dritte war ganz in Grün und hatte dementsprechend grüne Fensterscheiben. Das vierte war orangefarben eingerichtet und hatte orangefarbene Beleuchtung. Das fünfte war weiß, das sechste violett. Die Wände des siebten Zimmers aber waren dicht mit schwarzem Samt bezogen, der sich auch über die Deckenwölbung spannte und in schweren Falten auf einen Teppich von gleichem Stoff niederfiel. Und nur in diesem

Raum glich die Farbe der Fenster nicht derjenigen der Dekoration: Hier waren die Scheiben scharlachrot – wie Blut.

Nun waren sämtliche Gemächer zwar reich an goldenen Ziergegenständen, die an den Wänden entlang standen oder von der Decke herabhingen, kein einziges aber besaß einen Kandelaber oder Kronleuchter. In der ganzen Zimmerreihe gab es weder Lampen- noch Kerzenlicht. Statt dessen war draußen in den Galerien vor jedem Fenster ein schwerer Dreifuß aufgestellt, der ein kupfernes Feuerbecken trug, dessen Flamme ihren Schein durch das farbige Fenster hereinwarf und so den Raum schimmernd erhellte. Hierdurch wurden die phantastischsten Wirkungen erzielt. In dem westlichsten oder schwarzen Gemach aber war der Glanz der Flammenglut, der durch die blutroten Scheiben in die schwarzen Samtfalten fiel, so gespenstisch und gab den Gesichtern der hier Eintretenden ein derart erschreckendes Aussehen, daß nur wenige aus der Gesellschaft mutig genug waren, den Fuß über die Schwelle zu setzen.

In diesem Gemach befand sich an der westlichen Wand auch eine hohe Standuhr in einem riesenhaften Ebenholzkasten. Ihr Pendel schwang mit dumpfem, wuchtigem Schlag hin und her, und wenn der Minutenzeiger seinen Kreislauf über das Zifferblatt beendet hatte und die Stunde schlug, so kam aus den eisernen Lungen der Uhr ein voller, tiefer Ton, dessen Klang so sonderbar ernst und so feierlich war, daß bei jedem Stundenschlag die Musikanten des Orchesters, von einer unerklärlichen Gewalt gezwungen, ihr Spiel unterbrachen, um diesem Ton zu lauschen. So mußte der Tanz plötzlich aussetzen, und ein kurzes Unbehagen befiel die heitere Gesellschaft. Solange die Schläge der Uhr ertönten, sah man selbst die Fröhlichsten erbleichen, und die Älteren und Besonneneren strichen sich mit der Hand über die Stirn, als wollten sie wirre Traumbilder oder unliebsame Gedanken verscheuchen. Kaum aber war der letzte Nachhall verklungen, so durchlief ein lustiges Lachen die Versammlung. Die Musikanten blickten einander an und schämten sich lächelnd ihrer törichten Angst, und flüsternd vereinbarten sie, daß der nächste Stundenschlag sie nicht wieder derart aus der Fassung bringen solle. Doch wenn nach wiederum sechzig Minuten (dreitausendsechshundert Sekunden der flüchtigen Zeit) die Uhr von neuem anschlug, trat dasselbe allgemeine Unbehagen ein, dasselbe Bangen und Nachsinnen wie zuvor.

Doch wenn man hiervon absah, war es ein prächtiges Fest. Der Prinz hatte einen eigenartigen Geschmack bewiesen. Er hatte ein feines Empfinden für Farbenwirkung. Alles Herkömmliche und Modische war ihm zuwider, er hatte seine eigenen, kühnen Ideen, und seine Phantasie liebte seltsame, glühende Bilder. Es gab Leute, die ihn für wahnsinnig hielten. Sein Gefolge aber wußte, daß er es nicht war. Doch mußte man ihn sehen und kennen, um dessen gewiß zu sein.

Die Einrichtung und Ausschmückung der sieben Räume waren eigens für dieses Fest fast ganz nach den Angaben des Prinzen gemacht worden, und sein eigener, merkwürdiger Geschmack hatte auch den Charakter der Maskerade bestimmt. Gewiß, sie war grotesk genug. Da gab es viel Prunkendes und Glitzerndes, viel Phantastisches und Pikantes. Da gab es Masken mit seltsam verrenkten Gliedmaßen, die Arabesken vorstellen sollten, und andere, die man nur mit den Hirngespinsten eines Wahnsinnigen vergleichen konnte. Es gab viel Schönes und viel Üppiges, viel Übermütiges und viel Groteskes und auch manch Schauriges – aber nichts, was irgendwie widerwärtig gewirkt hätte. In der Tat, es schien, als wogte in den sieben Gemächern eine Unzahl von Träumen durcheinander. Und diese Träume wogten durch die Säle, wurden immer wieder mit einem anderen Licht umspielt, und die tollen Klänge des Orchesters schienen wie das Echo ihres Schreitens. Von Zeit zu Zeit aber rief die schwarze Riesenuhr in dem Samtsaal, und eine kurze Weile herrschte eisiges Schweigen – nur die Stimme der Uhr erdröhnte.

Die Träume erstarben. Doch das Geläut verhallte, und ein leichtes, halb unterdrücktes Lachen folgte. Die Musik rauschte wieder auf, die Träume belebten sich von neuem und wogten noch fröhlicher hin und her, farbig umglänzt durch das Strahlenlicht der Flammenbecken, das durch die vielen bunten Scheiben strömte. Aber in das westlichste der sieben Gemächer wagte sich jetzt niemand mehr hinein, denn die Nacht war schon weit vorgeschritten, und greller noch floß das Licht durch die blutroten Scheiben und überflämmte die Schwärze der düsteren Dekoration; wer den Fuß hier auf den dunklen Teppich setzte, dem dröhnte das dumpfe, schwere Atmen der nahen Riesenuhr warnender, schauerlicher ins Ohr als allen jenen, die sich in der Fröhlichkeit der anderen Räume tummelten.

Diese anderen Räume waren überfüllt, und in ihnen schlug fieberheiß das Herz des Lebens. Und der Trubel rauschte lärmend weiter, bis endlich die ferne Uhr Mitternacht erschallen ließ. Und die Musik verstummte, so wie früher, und der Tanz wurde jäh unterbrochen, und wie früher trat ein plötzlicher, unheimlicher Stillstand ein. Jetzt aber mußte der Schlag der Uhr zwölfmal ertönen, und daher kam es, daß jenen, die in diesem Kreis die Nachdenklichen waren, noch trübere Gedanken kamen und daß ihre Versonnenheit noch länger dauerte. Und daher kam es wohl auch, daß, bevor noch der letzte Nachhall des letzten Stundenschlages erstorben war, manch einer Zeit genug gefunden hatte, eine Maske zu bemerken, die bisher noch keinem aufgefallen war. Das Gerücht von dieser neuen Erscheinung sprach sich flüsternd herum, und es erhob sich in der ganzen Versammlung ein Summen und Murren des Unwillens und der Entrüstung – das schließlich zu Lauten des Schreckens, des Entsetzens und höchsten Abscheus anwuchs.

Man kann sich wohl denken, daß es keine gewöhnliche Erscheinung war, die den Unwillen einer so toleranten Gesellschaft erregen konnte. Man hatte in dieser Nacht der Maskenfreiheit zwar sehr weite Grenzen gezogen, doch die fragliche Gestalt war in der Tat zu weit gegangen – über des Prinzen weitgehende Toleranz hinaus. Auch in den Herzen der Übermütigsten gibt es Saiten, die nicht berührt werden dürfen, und selbst für die Verstocktesten, denen Leben und Tod nur Spiel sind, gibt es Dinge, mit denen sie keinen Scherz treiben lassen. Einmütig schien die Gesellschaft zu empfinden, daß in Aussehen und Benehmen der befremdenden Gestalt weder Witz noch Anstand seien. Lang und hager war die Erscheinung, von Kopf bis Fuß in Leichentücher gehüllt. Die Maske, die das Gesicht verbarg, war dem Antlitz eines Toten täuschend nachgebildet. Doch all dies hätten die tollen Gäste des tollen Gastgebers, wenn es ihnen auch nicht gefiel, hingehen lassen. Aber der Verwegene war so weit gegangen, die Gestalt des Roten Todes darzustellen. Sein Gewand war blutbesudelt, und seine breite Stirn, ja, das ganze Gesicht war mit dem scharlachroten Todessiegel gefleckt.

Als die Blicke des Prinzen Prospero diese Gespenstergestalt entdeckten, die, um ihre Rolle noch wirkungsvoller zu spielen, sich langsam und feierlich durch die Reihen der Tanzenden bewegte, sah man, wie er von einem Schauer des Entsetzens oder des Widerwillens geschüttelt wurde. Dabei rötete sich seine Stirn vor Zorn.

»Wer wagt es«, fragte er mit heiserer Stimme die Höflinge an seiner Seite, »wer wagt es, uns durch solch gotteslästerlichen Hohn zu empören? Ergreift und demaskiert ihn, damit wir wissen, wer es ist, der bei Sonnenaufgang an den Zinnen unseres Schlosses aufgeknüpft werden wird!«

Es war in dem östlichen, dem blauen Zimmer, wo Prinz Prospero diese Worte rief. Sie hallten laut und deutlich durch alle sieben Gemächer – denn der Prinz war ein kräftiger und kühner Mann, und die Musik war auf sein Zeichen hin verstummt.

Das blaue Zimmer war es, in dem der Prinz stand, umgeben von einer Gruppe bleicher Höflinge. Sein Befehl brachte Bewegung in die Höflingsschar, als wolle man den Eindringling ergreifen, der gerade jetzt in der Nähe war und sich mit würdevoll gemessenem Schritt dem Sprecher näherte. Doch das namenlose Grauen, das die wahnwitzige Vermessenheit des Vermummten allen eingeflößt hatte, war so stark, daß keiner die Hand ausstreckte, um ihn aufzuhalten. Ungehindert kam er bis dicht an den Prinzen heran – und während die ganze Gesellschaft, zu Tode erschrocken, zur Seite wich und sich in allen Gemächern bis an die Wand zurückdrängte, ging er unangefochten seines Weges, mit denselben, feierlichen und gemessenen Schritten wie zu Beginn. Und er schritt von dem blauen Zimmer in das purpurrote – von dem purpurroten in das grüne – von dem grünen in das orangefarbene – und aus diesem in das weiße – und weiter in das violette Zimmer, ehe eine entscheidende Bewegung gemacht wurde, um ihn aufzuhalten. Dann aber war es Prinz Prospero, der, rasend vor Zorn und Scham über seine eigene, unbegreifliche Feigheit, durch die sechs Zimmer eilte – er allein, denn von den anderen konnte ihm vor tödlichem Schrecken kein einziger folgen. Den Dolch in der erhobenen Hand, war er in wilder Wut der Gestalt bis auf drei oder vier Schritte nahe gekommen, als sie, die jetzt das Ende des Samtgemaches erreicht hatte, sich plötzlich umdrehte und dem Verfolger gegenüberstand. Man hörte einen durchdringenden Schrei, der Dolch fiel blitzend auf den schwarzen Teppich, und im nächsten Augenblick sank auch Prinz Prospero im Todeskampf zu Boden.

Nun stürzten mit dem Mut der Verzweiflung einige der Gäste in das schwarze Gemach und ergriffen den Vermummten, dessen hohe Gestalt aufrecht und regungslos im Schatten der schwarzen Uhr stand. Doch unbeschreiblich war das Grauen, das sie befiel, als sie in den Leichentüchern und hinter der Leichenmaske nichts Greifbares fanden – sie waren leer ...

Und nun erkannte man die Gegenwart des Roten Todes. Er war gekommen wie ein Dieb in der Nacht. Und einer nach dem anderen sanken die Festgenossen in den blutbetauten Hallen ihres Vergnügens zu Boden und starben. Und das Leben in der Ebenholzuhr erlosch mit dem Leben des letzten der Fröhlichen. Und das Feuer erlosch in den Kupferpfannen. Und unbeschränkt herrschte über alles mit Finsternis und Verwesung der Rote Tod.

Gebrüder Grimm

Doppelte Gestalt

Ein Landfahrer kam zu einem Edelmann, der mit einer schon lange anhaltenden Ohnmacht und Schwäche behaftet war, und sagte zu ihm: »Ihr seid verzaubert, soll ich Euch das Weib vor Augen bringen, das Euch das Übel angetan?«

Als der Edelmann einwilligte, sprach jener: »Das Weib, das morgen in Euer Haus kommt, sich an den Herd zum Feuer stellt, den Kesselhaken mit der Hand angreift und hält, die ist es, welche Euch das Leid zugefügt.«

Am andern Tag kam die Frau eines seiner Untertanen, der neben ihm wohnte, ein ehrliches und frommes Weib, und stellte sich dahin, genau auf die Weise, wie der Landfahrer vorhergesagt hatte. Der Edelmann verwunderte sich gar sehr, daß eine so ehrbare, gottesfürchtige Frau, der er nicht übelwollte, so böse Dinge treiben sollte, und fing an zu zweifeln, ob es auch recht zugehe. Er gab darum seinem Diener heimlichen Befehl, hinzulaufen und zu sehen, ob diese Nachbarin zu Hause sei oder nicht.

Als dieser hinkommt, sitzt die Frau über ihrer Arbeit und hechelt Flachs. Er heißt sie zum Herrn kommen, und sie spricht: »Es wird sich ja nicht schicken, daß ich so staubig und ungeputzt vor den Junker trete.« Der Diener aber sagt, es habe nichts zu bedeuten, sie solle nur eilig mit ihm gehen.

Sobald sie nun in des Herrn Tür trat, verschwand die andere als ein Gespenst aus dem Saal.

Der Herr dankte Gott, daß er ihm in den Sinn gegeben, den Diener hinzuschicken, sonst hätte er auf des Teufels Trug vertraut und die unschuldige Frau verbrennen lassen.

Wilhelm Busch

Der Geist

Es war ein Mägdlein froh und keck,
Stets lacht ihr Rosenmund,
Ihr schien die Liebe Lebenszweck
Und alles andre Schund.

Sie denkt an nichts als an Pläsier,
Seitdem die Mutter tot,
Sie lacht und liebt, obgleich es ihr
Der Vater oft verbot.

Einst hat sie frech und unbedacht
Den Schatz, der ihr gefällt,
Sich für die Zeit um Mitternacht
Zum Kirchhof hinbestellt.

Und als sie kam zum Stelldichein,
O hört, was sich begab,
Da stand ein Geist im Mondenschein
Auf ihrer Mutter Grab.

Er steht so starr, er steht so stumm,
Er blickt so kummervoll.
Das Mägdlein dreht sich schaudernd um
Und rennt nach Haus wie toll.

Es wird, wer einen Geist gesehn,
Nie mehr des Lebens froh,
Er fühlt, es ist um ihn geschehn,
Dem Mägdlein ging es so.

Sie welkt dahin, sie will und mag
Nicht mehr zu Spiel und Tanz.
Man flocht ihr um Johannistag
Bereits den Totenkranz.

Charles Dickens

Der Verwünschte

Der Empfang der Gabe

Jedermann sagte das.

Es sei mir fern zu behaupten, das, was jedermann sagt, müsse wahr sein. Jedermann hat meistens ebenso oft unrecht wie recht. Allgemeiner Erfahrung nach hat jedermann ziemlich oft unrecht gehabt, und es dauerte meistens entsetzlich lang, bevor man herausfand, wie sehr er unrecht gehabt hatte, daß seine Autorität zweifelhaft geworden ist. Jedermann mag manchmal recht haben, aber das ist nicht die Regel.

Jedermann sagte, er sehe aus wie ein Verwünschter. Für diesmal beanspruche ich für jedermann nur, daß er so weit recht hatte. Er sah wirklich so aus – wie ein Geist.

Wer seine hohlen Wangen sah, seine tiefliegenden, leuchtenden Augen, seine schwarzgekleidete Gestalt, die irgendwie einen abstoßenden Eindruck machte, obwohl sie kräftig und gut gebaut war, sein ergrauendes Haar, das ihm wie Seegras ums Gesicht hing, als wäre er sein ganzes Leben lang wie ein öder Fels umspült worden von den tosenden Wellen der Menschheit, mußte der nicht sagen: Er sieht aus wie ein Verwünschter?

Wer seine Art beobachtete, schweigsam, nachdenklich, düster, immer zurückhaltend und nie fröhlich, mit der zerstreuten Miene eines Mannes, der an Zeiten und Orte von ehedem denkt oder auf Klänge aus alten Zeiten in seinem Inneren lauscht, mußte der nicht sagen: Seine Art ist die eines Verwünschten?

Wer seine Stimme vernahm, langsam, tief und ernst, mit einer natürlichen Fülle und Melodie, die er beständig zu unterdrücken bemüht zu sein schien, mußte der nicht sagen: Das ist die Stimme eines Verwünschten?

Wer ihn sah in seinem Studierzimmer, halb Bibliothek und halb Laboratorium – denn er war ein Chemiker von Weltruf und als Lehrer ein Mann, an dessen Lippen täglich Hunderte von Wißbegierigen hingen – wer ihn dort sah in einer stillen Winternacht, umgeben von seinen Flaschen und Instrumenten und Büchern; der Schatten seiner beschirmten Lampe ein riesengroßer Käfer an der Wand, bewegungslos unter einer Menge gespenstischer Gestalten, die das Flackern des Feuers auf den seltsam geformten und fremdartig aussehenden Instrumenten um ihn hervorrief; einige dieser Phantome (Schatten von Gläsern mit Flüssigkeiten) im Herzen zitternd, wie Dinge, die seine Macht kannten, sie zu zersetzen und ihre Bestandteile dem Feuer und dem Rauch wiederzugeben; wer ihn dort sah nach getaner Arbeit, wie er nachdenklich dasaß vor dem flackernden Feuer, mußte der nicht sagen, daß der Mann aussehe wie verwünscht, und das Zimmer dazu?

Seine Wohnung war so einsam und gruftartig – der alte, abgelegene Teil eines ehemaligen Kollegs, einst ein schönes Gebäude auf einem freien Platz, jetzt aber die veraltete Grille vergessener Baumeister, von Alter, Rauch und Wetter gebräunt, auf allen Seiten eingeklemmt von der großen Stadt und wie ein alter Brunnen zugestopft mit Steinen und Ziegeln; seine kleinen Höfe in wahren Abgründen liegend zwischen den Straßen und Gebäuden, die im Laufe der Zeit die unförmigen Schornsteine des alten Gebäudes übertürmt hatten.

Seine Stube im innersten Herzen des Gebäudes war so düster und alt, so verfallen und doch so fest mit ihren wurmzerfressenen Holzbalken in der Decke und der derben Diele, die sich von der Tür abwärts senkte bis zu dem großen Kamin aus Eichenholz. Mitten in der Stadt und eingekreist von ihren andrängenden Gebäuden, und doch so veraltet in ihrem ganzen Aussehen; so still und doch so reich an hallenden Echos, wenn eine ferne Stimme erklang oder eine Tür zufiel – Echos, die sich nicht auf die vielen niedrigen Gänge und leeren Zimmer beschränkten, sondern fortrollten und murrten, bis sie in der schweren Luft der vergessenen Krypta erstickten, deren gotische Bogen halb in der Erde begraben waren.

Ihr hättet ihn sehen sollen in seiner Stube um die Dämmerstunde im tiefen Winter.

Wenn er so dasaß, in das Feuer starrend. Wenn mit seinem wechselnden Flackern die Schatten kamen und gingen. Wenn er sie nicht beachtete, sondern, sie mochten kommen oder gehen, starr ins Feuer sah.

Wenn die Töne, die sich zugleich mit den Schatten erhoben hatten und auf des Zwielichts Ruf aus ihren Verstecken hervorgekommen waren, alles ringsum nur noch stiller zu machen schienen. Wenn der Wind im Schornstein polterte und im Haus manchmal stöhnte und manchmal heulte.

Da klopfte aber jetzt jemand an seine Tür, und er wachte auf.

»Wer ist da?« sagte er. »Herein!«

Sicherlich hatte keine Gestalt hinter seinem Stuhl gestanden, kein Gesicht auf ihn herabgeschaut. Gewiß berührte kein gleitender Tritt den Fußboden, als er aufschreckend den Kopf hob und sprach. Und doch war kein Spiegel im Zimmer, auf den seine Gestalt nur einen Augenblick lang ihren Schatten hätte werfen können, und ein Etwas war vorübergedunkelt und verschwunden.

»Ich bitte ergebenst um Verzeihung, Sir«, sagte ein rotbäckiges, geschäftiges Männchen, das die Tür mit dem Fuß offenhielt, um sich und ein Servierbrett hereinzulassen, und sie sehr allmählich und vorsichtig wieder losließ, damit sie geräuschlos zufalle, »wenn es heute ein wenig spät geworden ist. Aber Mrs. William hat so viel mit dem Wind zu schaffen gehabt –«

»Mit dem Wind? Ja, ich habe ihn brausen hören.«

»Mit dem Wind, Sir – daß es ein wahres Glück ist, daß sie überhaupt noch nach Hause gekommen ist. Jawohl, jawohl. Mit dem Wind, Mr. Redlaw.«

Er hatte unterdessen das Servierbrett abgestellt und machte sich daran, die Lampe anzuzünden und den Tisch zu decken. Davon ließ er aber sogleich wieder ab und lief zum Feuer, um es zu schüren und nachzulegen. Dann nahm er seine vorige Beschäftigung wieder auf. Die angezündete Lampe und das aufflackernde Feuer gaben dem Zimmer so rasch ein anderes Aussehen, daß es den Eindruck machte, als ob das bloße

Erscheinen seines frischen roten Gesichts und seines rührigen Wesens die wohltuende Veränderung hervorgebracht hätte.

»Mrs. William ist natürlich zu jeder Zeit der Möglichkeit ausgesetzt, Sir, von den Elementen aus dem Gleichgewicht gebracht zu werden. Darüber kann sie nicht hinaus!«

»Nein«, entgegnete Mr. Redlaw freundlich, aber kurz.

»Nein, Sir. Mrs. William kann aus dem Gleichgewicht gebracht werden von der Erde, wie zum Beispiel am Sonntag vor acht Tagen ...«

Als er, eine Antwort erwartend, im Reden innehielt, ertönte ein »Ja« mit genau der gleichen Betonung wie vorhin.

»Ja, Sir. Ach Gott, ja!« sagte Mr. Swidger, immer noch beschäftigt, den Tisch zu decken.

Da Mr. William von dem in Gedanken versunkenen Mann, zu dem er sprach, keine Antwort erhielt, näherte er sich ihm und tat so, als ob er zufällig mit einer Karaffe auf den Tisch stoße, um ihn aus seinem Brüten zu wecken. Als ihm das gelungen war, fuhr er fort zu reden, wie mit eilfertiger Zustimmung.

»Ja, Sir! Das sage ich auch. Mrs. William und ich haben das oft gesagt. ›Swidgers sind genug da‹, sagen wir, ›ohne unsere freiwilligen Beiträge.‹ – Butter. – Wahrhaftig, Sir, mein Vater ist schon für sich eine Familie – Beilagen –, für die zu sorgen ist; und es ist im ganzen recht gut, daß wir selber keine Kinder haben, obgleich Mrs. William ein bißchen still dadurch geworden ist. Vollkommen bereit für das Huhn und die Kartoffeln, Sir? Mrs. William sagte, sie wollte in zehn Minuten auftragen, als ich heraufging.«

»Ich bin bereit«, sagte Mr. Redlaw, wie aus einem Traum erwachend und langsam auf und ab gehend.

»Mrs. William hat wieder etwas gemacht, Sir!« sagte der Aufwärter, während er einen Teller am Feuer wärmte und lächelnd sein Gesicht davon beschatten ließ. Mr. Redlaw blieb stehen, und in seinem Gesicht machte sich Interesse bemerkbar.

»Ich sage es immer, Sir. Sie muß es tun! Mrs. William hat ein Muttergefühl in ihrer Brust, das sich Luft machen will und muß.«

»Was hat sie getan?«

»Ja, Sir, nicht zufrieden, alle die jungen Gentlemen zu bemuttern, die aus allen Gegenden hierherkommen, um Ihre Vorlesungen im alten Stiftungs-Kolleg zu hören – es ist merkwürdig, wie bei diesem kalten Wetter Porzellan die Hitze annimmt, wahrhaftig!« Er wendete hier den Teller um und blies auf seine Finger.

»Nun?« sagte Mr. Redlaw.

»Das sage ich auch immer, Sir«, entgegnete Mr. William, wie in eilfertiger und freudiger Zustimmung über die Achseln sprechend. »Das ist's eben, Sir! Alle unsere Studenten, ohne Ausnahme, scheinen Mrs. William in diesem Licht zu betrachten. Jeden Tag, den ganzen Kurs hindurch, steckt einer nach dem andern den Kopf zur Tür herein, und alle haben ihr etwas zu sagen oder sie etwas zu fragen. ›Swidge‹ nennen sie im allgemeinen Mrs. William unter sich, wie ich höre. Aber das sage ich immer, Sir: Viel besser, sich seinen Namen verdrehen zu lassen, wenn es mit wirklicher Liebe geschieht, als wenn man wer weiß wieviel daraus macht und niemand sich um einen kümmert! Wozu ist ein Name da? Damit man jemand daran erkennt. Wenn Mrs. William an etwas Besserem als an ihrem Namen erkannt wird – ich spreche von Mrs. Williams Eigenschaften und Charakter –, so kommt's nicht auf ihren Namen an, wenn er auch von Rechts wegen Swidger ist. Mögen sie sie Swidge, Widge, Bridge oder weiß Gott sonstwie nennen!«

Mit dem Schluß dieser glänzenden Rede erreichten er und der Teller den Tisch, auf den er diesen dann mit einem lebhaften Gefühl, daß er durch und durch warm sei, halb legte und halb fallen ließ. Im selben Augenblick trat der Gegenstand seines Lobes, beschwert mit einem zweiten Tablett und einer Laterne und begleitet von einem ehrwürdigen Greis mit langem, grauem Haar, ins Zimmer.

Mrs. William war, wie Mr. William, eine einfache Person von harmlosem Aussehen, auf deren glatten Wangen sich das heitere Rot der Bedientenweste ihres Gatten angenehm wiederholte. Aber während Mr. Williams blondes Haar ihm auf dem ganzen Kopf zu Berge stand und seine Augen mit einem Übermaß von rühriger Bereitwilligkeit für alles mögliche emporzuziehen schien, war das dunkelbraune Haar der Mrs. William sorgsam glatt gestrichen. Während selbst Mr. Williams Hose sich an den Knöcheln emporkrempelte, als liege es nicht in ihrer stahlgrauen Art, sich ruhig zu verhalten, ohne sich umzuschauen, war Mrs. Williams niedlich geblümtes Kleid – rot und weiß, wie ihr eigenes hübsches Gesichtchen – so nett und ordentlich, als ob selbst der Wind, der draußen wehte, nicht eine einzige seiner Falten aus der Fassung bringen könnte.

»Pünktlich natürlich, Milly«, sagte ihr Mann, während er ihr das Tablett abnahm, »wie es von dir nicht anders zu erwarten ist. Hier ist Mrs. William, Sir! – Er sieht heute verlassener aus denn je«, flüsterte er seiner Frau zu, »und ganz geisterhaft!«

Ohne Eilfertigkeit oder Lärm, selbst ohne sich bemerkbar zu machen, so ruhig und still war sie, setzte Milly die mitgebrachten Gerichte auf den Tisch. Mr. William war nach vielem Herumklappern und Herumlaufen bloß in Besitz eines Schüsselchens mit Bratensauce gekommen, das er dienstbereit in der Hand hielt.

»Was trägt der Alte da im Arm?« fragte Mr. Redlaw, als er sich zu seinem einsamen Mahl hinsetzte.

»Stechpalmenzweige, Sir«, erwiderte Mrs. Williams ruhige Stimme.

»Das habe ich immer gesagt«, fiel Mr. William ein und reichte das Schüsselchen hin. »Beeren passen so gut für die Jahreszeit! – Braune Sauce!«

»Wieder ein Weihnachten da, wieder ein Jahr vorüber!« murmelte der Chemiker mit einem trüben Seufzer. »Immer mehr Ziffern in der stets länger werdenden Summe von Erinnerungen, die wir beständig zu unserer Qual nachrechnen, bis der Tod alles durcheinanderwirft und wegwischt. Philip!«

»Ihr gehorsamster Diener, Sir«, sagte der Alte. »Hätte früher gesprochen, Sir, aber kenne Ihre Art, Mr. Redlaw – bin stolz darauf – und warte, bis man mich anredet! ›Fröhliche Weihnachten‹, Sir, und ›Glückliches Neujahr‹, und noch viele davon. Habe selbst eine hübsche Anzahl davon erlebt – haha! – und darf mir die Freiheit nehmen, sie anderen zu wünschen. Bin siebenundachtzig!«

»Habt Ihr viele erlebt, die fröhlich und glücklich waren?« fragte Mr. Redlaw.

»Ja, Sir, sehr viele«, entgegnete der Alte.

»Hat sein Gedächtnis vom Alter gelitten? Es läßt sich erwarten«, sagte Mr. Redlaw leiser, zum Sohn gewendet.

»Nicht ein bißchen, Sir«, erwiderte Mr. William. »Das sage ich immer, Sir. Habe noch kein solches Gedächtnis gesehen, wie mein Vater hat. Er ist der wunderbarste Mann der Welt. Er weiß nicht, was Vergessen heißt. Das sage ich auch immer zu Mrs. William, Sir, Sie können mir's glauben.«

In seinem höflichen Verlangen, um keinen Preis zu widersprechen, sagte Mr. Swidger dies, als ob kein Buchstabe Widerspruch darin wäre und er alles in unbegrenzter und unbedingter Übereinstimmung mit dem Fragenden vorbrächte.

Der Chemiker schob den Teller von sich, stand vom Tisch auf und ging zur Tür, wo der Alte stand und ein kleines Stechpalmenzweiglein, das er in der Hand hielt, betrachtete.

»Es erinnert an die Zeit, wo viele dieser Jahre alt und neu waren!« sagte er, indem er ihn aufmerksam ansah und seine Schulter berührte. »Nicht wahr?«

»Oh, viele, viele!« sagte Philip, halb aus seinem Sinnen erwachend. »Ich bin siebenundachtzig.«

»Fröhlich und glücklich, nicht wahr?« fragte der Chemiker mit sanfter Stimme weiter. »Fröhlich und glücklich, Alter?«

»Vielleicht so groß, nicht größer«, sagte der Alte und bezeichnete mit der Hand die Höhe seines Knies, während er den Fragenden mit einem Gesicht anschaute, das in ferne Zeiten zu blicken schien, »war ich an dem ersten Christfest, dessen ich mich erinnere! Ein kalter, heller Tag war es draußen im Freien, als mir jemand – so gewiß Sie dort stehen, war's meine Mutter, obgleich ich mich nicht erinnern kann, wie ihr liebes Gesicht aussah, denn sie legte sich noch zu Weihnachten hin und starb – sagte, diese Beeren wären Futter für die Vögel. Der hübsche kleine Kerl – das bin ich, müssen Sie wissen – glaubte, daß die Vögel so glänzende Augen hatten, weil die Beeren, von denen sie im Winter lebten, so glänzend waren. Ich erinnere mich dessen noch, und ich bin siebenundachtzig!«

»Fröhlich und glücklich!« sagte der andere vor sich hin und

sah mitleidig lächelnd die alte, gebeugte Gestalt an. »Fröhlich und glücklich – und an alles sich erinnern?«

»Ja, ja, ja!« sagte der Alte, die letzten Worte vernehmend. »Ich kann mich noch recht gut auf die Feiertage besinnen aus meiner Schulzeit und das lustige Leben, das sie mit sich brachten. Ich war damals ein starker Bursche, Mr. Redlaw, und Sie können mir's glauben, ich hatte nicht meinesgleichen im Ballschlagen auf zehn Meilen in der Runde. Wo ist mein Sohn William? Hatte nicht meinesgleichen im Ballspiel, William, auf zehn Meilen in der Runde!«

»Das habe ich immer gesagt, Vater!« erwiderte der Sohn rasch und mit großer Ehrerbietung. »Ihr seid ein Swidger, wie es nur einen in der Familie gab!«

»Gott!« sagte der Alte und schüttelte den Kopf, während er auf die Stechpalmenzweige blickte. »Seine Mutter – mein Sohn William ist mein Jüngster – und ich, wir haben mitten unter ihnen gesessen, Knaben und Mädchen, groß und klein, manches Jahr, wenn die Beeren wie diese hier nicht halb so glänzten wie ihre schmucken Gesichter. Viele von ihnen sind hinüber, sie ist hinüber, und mein Sohn George (unser Ältester, auf den sie stolzer war als auf alle übrigen) tief, tief gesunken! Aber wenn ich das hier anblicke, kann ich sie alle sehen, wie sie in jenen Tagen waren, und auch ihn kann ich sehen in seiner Unschuld. Es ist ein großer Gottessegen für mich bei siebenundachtzig Jahren.«

Der scharfe Blick hatte allmählich den Boden gesucht.

»Und als sich meine Verhältnisse verschlechterten, weil man nicht ehrlich mit mir verfuhr, und ich zuerst hierherkam als Kastellan«, sagte der Alte, »das ist über fünfzig Jahre her – wo ist mein Sohn William? Über ein halbes Jahrhundert her, William!«

»Das sage ich auch, Vater«, entgegnete William so rasch und ehrerbietig wie vorhin. »Das ist ganz richtig so. Zwei mal null ist null und zwei mal fünf ist zehn, macht hundert.«

»Da war es eine rechte Freude, zu wissen, daß einer unserer Gründer oder, richtiger gesagt«, verbesserte sich der Alte mit einer wahren Freude an dem Gegenstand seiner Rede und seiner

Kenntnis, »einer der gelehrten Herren, die uns zu Königin Elizabeths Zeit beschenkten – denn wir waren schon viel früher gegründet –, in seinem Testament unter anderen Schenkungen eine Summe aussetzte, um alle Weihnachten Stechpalmenzweige zum Ausschmücken der Wände und Fenster zu kaufen. Darin lag etwas Freundliches und Gemütliches. Als wir damals noch ganz fremd zur Weihnachtszeit hierherkamen, faßten wir eine richtige Liebe zu seinem Bild, das in dem Saal hing, der früher, ehe die zehn armen Studenten anstatt des Tisches ein Geldstipendium bekamen, unser großer Speisesaal war. – Ein gesetzter Gentleman mit Spitzbart und Halskrause, und unter dem Bild steht in gotischen Buchstaben: ›Herr! Erhalte mein Gedächtnis frisch!‹ Sie wissen es ja, Mr. Redlaw.«

»Ich weiß, daß das Bild dort hängt, Philip.«

»Ja, es ist das zweite rechts über der Eichentäfelung. Ich wollte bloß sagen: Er hat mir das Gedächtnis frisch erhalten, denn wenn ich alljährlich so wie heute durch die alten Gemächer gehe und sie auffrische mit diesen Zweigen und Beeren, so frischt das auch mein Gedächtnis auf. Ein Jahr bringt das andere zurück, und das andere wieder andere, und diese anderen eine ganze Menge! Zuletzt wird es mir, als ob der Geburtstag unseres Herrn zugleich der Geburtstag von allem wäre, was ich geliebt, gekannt oder woran ich mich erfreut habe – und das ist ganz schön viel, denn ich bin siebenundachtzig!«

»Fröhlich und glücklich«, sagte Redlaw vor sich hin.

Ein seltsames Dunkel fing an, sich im Zimmer zu verbreiten.

»Sie sehen also, Sir«, fuhr der alte Philip fort, dessen gesunde Greisenwangen sich mehr röteten und dessen blaue Augen lebhafter zu leuchten anfingen, als er sprach: »Ich habe viel zu feiern, wenn ich dieses Fest feiere. Nun, wo ist mein stilles Mäuschen? Schwatzen ist die Erbsünde meiner Jahre, und die Hälfte der Zimmer ist noch zu schmücken, wenn die Kälte uns nicht zu schaffen macht, der Wind uns nicht wegbläst oder die Dunkelheit uns nicht verschlingt.«

Das stille Mäuschen stand neben ihm und nahm schweigend seinen Arm, ehe er ausgesprochen hatte.

»Komm, Liebe«, sagte der Alte. »Mr. Redlaw kommt sonst

nicht zum Essen. Sie werden mein Geplauder verzeihen, Sir, und ich wünsche Ihnen gute Nacht und noch einmal ein fröhliches –«

»Bleibt!« sagte Mr. Redlaw und nahm wieder am Tisch Platz, wie es schien, mehr um den alten Kastellan zu beruhigen, als weil ihn sein Appetit dazu mahnte. »Noch einen Augenblick, Philip! William, Ihr wolltet mir eben etwas sagen, was Eurer vortrefflichen Frau zur Ehre gereicht. Es wird ihr nicht unangenehm sein, wenn sie aus Eurem Munde ihr Lob hört. Was war es?«

»Ja, sehen Sie, Sir, das ist's eben«, entgegnete Mr. William Swidger und blickte in ziemlicher Befangenheit seine Frau an. »Mrs. William sieht mich so an.«

»Aber Ihr fürchtet Euch doch nicht vor Mrs. William?«

»Ach nein, Sir, das sage ich eben«, erwiderte Mr. Swidger. »Sie ist nicht so, daß man sich davor fürchten müßte. Aber ich möchte nicht gern – Milly! – der, du weißt schon – unten im Kolleg.«

Hinter dem Tisch stehend und sich sehr verlegen mit den Gegenständen darauf beschäftigend, warf Mr. William seiner Frau ausdrucksvolle Blicke zu und deutete verstohlen mit Kopf und Daumen auf Mr. Redlaw, als wollte er sie auffordern, sich ihm zu nähern.

»Nun, der unten, Liebe«, sagte Mr. William. »Unten im Kolleg. Erzähle es doch, Frau. Du bist im Vergleich mit mir wie Shakespeares Werke. Der unten im Kolleg – du weißt ja, Frau – Student.«

»Student?« wiederholte Mr. Redlaw und hob den Kopf.

»Das wollte ich sagen, Sir!« rief Mr. William, mit größter Lebhaftigkeit zustimmend. »Wenn's nicht der arme Student unten im Kolleg wäre, warum sollten Sie es dann aus Mrs. Williams Mund zu hören wünschen? Mrs. William, meine Liebe – Kolleg.«

»Ich wußte nicht«, sagte Milly mit einer ruhigen Offenheit, die ganz frei war von Hast oder Verwirrung, »daß William etwas davon gesagt hat, sonst wäre ich nicht gekommen. Ich bat ihn, es nicht zu tun. Er ist ein kranker junger Gentleman, Sir – und sehr arm, fürchte ich –, der zu krank ist, um zum Fest nach Hause zu reisen, und der ganz verlassen und in einem Zimmer, das für einen Gentleman schlecht genug ist, unten im Jerusalemkolleg wohnt. Weiter ist's nichts, Sir.«

»Warum habe ich nie etwas von ihm gehört?« fragte der Chemiker, rasch aufstehend. »Warum hat er mich nicht von seiner Lage unterrichtet? Krank! – Gebt mir Hut und Mantel her. Arm! -- In welchem Haus? – Welche Nummer?«

»Ach, Sie dürfen nicht hingehen, Sir«, sagte Milly und trat ihm mit ihrem ruhigen Antlitz entgegen.

»Nicht hingehen?«

»Ach Gott, nein!« sagte Milly und schüttelte den Kopf. »Daran ist gar nicht zu denken!«

»Was soll das heißen? Warum nicht?«

»Ja, sehen Sie, Sir«, sagte Mr. William Swidger beschwichtigend und zutraulich, »das sage ich eben. Verlassen Sie sich darauf, der junge Herr hätte seine Lage nie einem Menschen anvertraut. Mrs. William hat sich sein Vertrauen erworben, aber das ist etwas anderes. Sie haben alle Vertrauen zu Mrs. William, gegen sie sind sie alle offen. Ein Mann, Sir, hätte kein Sterbenswörtchen aus ihm herausgekriegt, aber eine Frau, Sir, und noch dazu Mrs. William –!«

»Es liegt Wahrheit und Zartgefühl in dem, was Ihr sagt, William«, gab Mr. Redlaw zur Antwort, indem er auf das sanfte und stille Gesicht neben sich blickte. Und den Finger auf den Mund legend, drückte er ihr heimlich seine Börse in die Hand.

»Ach Gott, nein, Sir!« sagte Milly und gab sie wieder zurück. »Schlimmer und schlimmer! Kein Gedanke!«

Sie war eine so besonnene, praktische Hausfrau, und die rasche Zurückweisung des Anerbietens hatte sie so wenig aus der Ruhe gebracht, daß sie gleich darauf wieder ein paar Blätter vom Boden auflas, die zwischen der Schere und der Schürze durchgeschlüpft waren.

Als sie, wieder aufstehend, sah, daß Mr. Redlaw sie immer noch zweifelnd und erstaunt betrachtete, wiederholte sie ruhig, während sie sich umsah, ob vielleicht noch ein paar Blättchen ihrer Aufmerksamkeit entgangen wären: »Ach Gott, nein, Sir. Er sagte, von allen in der Welt wolle er nicht Ihnen bekannt sein oder eine Unterstützung von Ihnen empfangen – obgleich er ein Student Ihres Lehrgangs ist. Ich habe nichts verheimlicht, aber ich verlasse mich ganz auf Ihre Ehre.«

»Warum sagte er das?«

»Das weiß ich wirklich nicht, Sir«, sagte Milly, »dazu bin ich nicht gelehrt genug, wissen Sie, und ich wollte mich ihm bloß nützlich machen und alles um ihn sauber und hübsch halten und habe das bis jetzt getan. Aber ich weiß, daß er arm und verlassen ist und daß sich niemand um ihn kümmert. – Wie finster es ist!«

Das Zimmer wurde dunkler und dunkler. Ein schwerer, trüber Schatten sammelte sich hinter dem Stuhl des Chemikers.

»Was wissen Sie weiter von ihm?« fragte er.

»Er ist verlobt und will heiraten, wenn er die Mittel dazu hat«, sagte Milly. »Er studiert, glaube ich, um sich später seinen Lebensunterhalt damit verdienen zu können. Ich habe lange, lange Zeit zugesehen, daß er angestrengt studiert und sich viel versagt hat. – Wie dunkel es ist!«

»Es wird auch kälter«, sagte der Alte, sich die Hände reibend. »Es ist so schaurig und unheimlich im Zimmer. Wo ist mein Sohn William? William, mein Sohn, drehe den Docht der Lampe in die Höhe und schüre das Feuer!«

Millys Stimme ertönte von neuem wie sanfte, leise Musik: »Er sprach gestern im unruhigen Schlummer, nachdem er mich genannt« (das sagte sie zu sich selbst), »von jemand, der gestorben, und einem großen, nie zu vergebenden Unrecht, das geschehen sei; aber ob es ihm oder einem andern widerfahren ist, das weiß ich nicht. Er hat es jedenfalls nicht getan, das weiß ich.«

»Kurz, Mrs. William, sehen Sie – was sie selbst nie sagen würde, Mr. Redlaw, und wenn sie das ganze nächste Jahr hierbleiben sollte –« flüsterte William ihm ins Ohr, »hat ihm unzählige gute Dienste geleistet. Wahrhaftig, unzählige gute Dienste! Zu Hause immer noch die alte – meinem Vater es noch immer so bequem gemacht wie früher – kein Stäubchen im Haus zu finden, und wenn sie fünfzig Pfund dafür geben wollten – Mrs. William immer da, wenn sie gebraucht wurde – und Mrs. William immer hin und her, hin und her, auf und ab, auf und ab, eine wahre Mutter für ihn.«

Das Zimmer wurde dunkler und schauriger und der Schatten hinter dem Stuhl dichter und schwerer.

»Noch nicht zufrieden damit, geht Mrs. William heute abend aus und findet, als sie nach Hause kommt (es ist noch nicht ein paar Stunden her), ein Geschöpf, mehr ein junges Tier als ein kleines Kind, frierend vor der Tür stehen. Was sollte Mrs. William anders tun, als es mit nach Hause nehmen, damit es sich wärme, satt esse und dableibe, bis am Weihnachtsmorgen das gewöhnliche Geschenk an Essen und Flanell ausgeteilt wird? Wenn es nie Feuer gefühlt hat, so geschieht es heute, denn es sitzt an dem alten Kamin und starrt das Feuer an, als ob es die gierigen Augen nie wieder zumachen wollte. Es sitzt wenigstens dort«, sagte Mr. William halblaut, nach einigem Nachdenken sich selbst verbessernd, »wenn es nicht fortgelaufen ist!«

»Möge der Himmel ihr immer Glück schenken«, sagte der Chemiker laut, »und auch Euch, Philip, und Euch, William! Ich muß überlegen, was jetzt zu tun ist. Ich werde diesen Studenten vielleicht besuchen, aber ich will Euch jetzt nicht länger aufhalten. Gute Nacht!«

»Danke Ihnen, Sir«, sagte der Alte, »in Mäuschens Namen, in meines Sohnes William und in meinem eigenen Namen. Wo ist mein Sohn William? William, nimm die Laterne und geh voraus durch die langen dunklen Gänge, wie du es voriges Jahr tatest und das Jahr davor. Uaha! Ich erinnere mich dessen – bin ich auch siebenundachtzig! ›Herr, erhalte mein Gedächtnis frisch!‹ Ein hübscher Spruch des gelehrten Herrn mit dem Spitzbart in der Halskrause unten im Speisesaal. ›Herr, erhalte mein Gedächtnis frisch!‹ Ein schöner und frommer Spruch, Sir. Amen! Amen!«

Als sie hinausgingen und die schwere Tür zumachten, die, so vorsichtig sie sie auch schlossen, eine lange Reihe donnernder Echos wachrief, wurde das Zimmer noch dunkler.

Während er auf seinem Stuhl in tiefes Brüten versank, schrumpfte die frische Stechpalme an der Wand allmählich zusammen und fiel schließlich als welkes Gezweig herab.

Finsternis und Dunkel verdichteten sich mehr und mehr, und in geisterhafter Verwandlung, der kein Menschenauge folgen konnte, löste sich daraus ein schauerliches Abbild seiner selbst.

Leichenhaft und kalt, farblos und mit fahlem Gesicht, aber mit *seinen* Zügen, *seinen* Augen und *seinem* ergrauenden Haar und angetan mit *seinem* dunklen Schattenkleid, trat es in schreckliches Leben, bewegungslos und ohne einen Laut.

Wie er seinen Arm auf die Stuhllehne legte und grübelnd vor dem Feuer saß, so lehnte sich das Phantom auf die Rücklehne und sah mit dem schauerlichen Abbild seines Gesichts dahin, wohin er schaute, und trug auf seinem Gesicht denselben Ausdruck wie er.

Das war also das Etwas, das da gewesen und gegangen war. Das war der grausige Gefährte des Verwünschten!

Einige Augenblicke lang schien es ihn nicht mehr zu beachten als er die Erscheinung.

Die Weihnachtsmusikanten spielten in der Ferne, und er schien der Musik zu lauschen. Auch das Gespenst schien zu lauschen.

Endlich sprach er, ohne sich zu bewegen oder aufzublicken.

»Wieder da?«

»Wieder da!« erwiderte es.

»Ich sehe dich in der Flamme«, sagte der Verwünschte, »ich höre dich in der Musik, im Wind, in der Totenstille der Nacht.«

Die Erscheinung bewegte zustimmend das Haupt.

»Warum kommst du? Warum verfolgst du mich?«

»Ich komme, wenn ich gerufen werde«, entgegnete der Geist.

»Nein, ungerufen!« rief der Chemiker.

»Ja! – Auch ungerufen!« sagte das Gespenst. »Jedenfalls bin ich jetzt da.«

Bis jetzt hatte der Schein der Flamme die beiden Gesichter, die ihm zugewandt waren, beleuchtet, und keines hatte das andere angeblickt. Aber jetzt drehte sich der Verwünschte plötzlich um und starrte das Gespenst an. Ebenso rasch erschien das Gespenst vor dem Stuhl und starrte ihn an.

So sahen sich der Lebende und das Gespenst in die Augen.

»Sieh mich an!« sagte das Gespenst. »Ich bin der, der in der Jugend strebte und duldete und immerfort strebte und duldete, bis ich die Wissenschaft aus der Tiefe holte, in der sie begraben lag, und rauhe Stufen daraus machte, damit meine wunden Füße darauf ruhen und emporsteigen könnten.«

»Ich bin der«, erwiderte der Chemiker.

»Keine Mutterliebe«, fuhr der Geist fort, »keines Vaters Ratschläge halfen mir. Ein Fremder trat an meines Vaters Stelle, als ich noch ein Kind war, und ich wurde leicht meiner Mutter Herzen entfremdet. Meine Eltern gehörten im besten Falle zu denen, deren Sorge bald aufhört und deren Pflicht bald getan ist; die ihre Sprößlinge bald hinausstoßen wie die Vögel, und die, wenn ihre Kinder guttun, das Verdienst davon, und wenn sie mißraten, das Mitleid dafür beanspruchen.«

Er schwieg und schien ihn reizen zu wollen mit seinem Blick und mit dem Ton seiner Rede und mit seinem Lächeln.

»Ich bin der«, fuhr der Geist fort, »der während des heißen Mühens emporzukommen einen Freund fand. Ich fand ihn, gewann ihn, fesselte ihn an mich; wir arbeiteten an einem Tisch. Alle Zuneigung und alles Vertrauen, die in meiner früheren Jugendzeit niemand gehabt hatten, gegen den sie sich hätten äußern können, übertrug ich auf ihn.«

»Nicht alles«, sagte Redlaw mit heiserer Stimme.

»Nein, nicht alles«, entgegnete der Geist. »Ich hatte eine Schwester.«

Der Verwünschte, das Gesicht auf die Hand gestützt, antwortete: »Ja!«

Mit tückischem Lächeln trat der Geist noch näher an den Stuhl, stützte das Kinn auf und blickte mit forschenden Augen, die von Feuer erfüllt zu sein schienen, auf ihn hinab.

»Was ich jemals an Familienleben gefühlt«, fuhr er fort, »das danke ich ihr. Wie jugendlich war sie, wie schön, wie liebreich! Ich nahm sie mit an den ersten armen Herd, dessen Herr ich wurde, und sie machte ihn reich! Sie trat in das Dunkel meines Lebens und machte es hell. – Sie steht jetzt vor mir!«

»Ich sah sie eben jetzt erst in der Flamme. Ich höre sie in der Musik, im Wind, in der Stille der Nacht«, erwiderte der Verwünschte.

»Hat er sie geliebt?« fragte der Geist in dem gleichen nachdenklichen Ton. »Ich glaube, er tat es früher. Ich bin überzeugt, er tat es. Besser wäre es gewesen, sie hätte ihn weniger geliebt, weniger heimlich, weniger heiß und mehr aus der seichten Tiefe eines halben Herzens!«

»Laß mich vergessen!« sagte der Chemiker mit einer abwehrenden Bewegung der Hand.

Ohne sich zu regen und die grausamen Augen starr auf sein Gesicht geheftet, fuhr das Gespenst fort: »Ein Traum gleich dem ihrigen überkam auch mich!«

»Ja«, sagte Redlaw.

»Eine Liebe, der ihrigen so gleich, als es meiner gröberen Natur möglich war«, sprach das Gespenst weiter, »erblühte in meinem Herzen. Ich war zu arm damals, um durch Versprechen oder Bitten ihren Gegenstand an mein Schicksal zu fesseln. Ich liebte sie viel zu sehr, als daß ich das hätte versuchen sollen. Aber mehr als je in meinem Leben mühte ich mich ab, um emporzukommen. Nur ein einziger gewonnener Zoll brachte mich schon dem Gipfel näher. Ich mühte mich weiter. In meinen späten Mußestunden damals – meine Schwester, die liebliche Gefährtin, saß stets mit mir am kalt gewordenen Kamin – wenn der Tag graute, welche Zukunftsbilder sah ich dann!«

»Ich sah sie erst jetzt in der Flamme«, sagte er halblaut vor sich hin. »Sie kommen zu mir in der Stille der Nacht, im Wechsel der Jahre.«

»Bilder meines eigenen Familienlebens in späterer Zeit mit ihr, die mich zu meiner Arbeit begeisterte. Bilder von meiner Schwester als Gattin meines teuren Freundes. Bilder unseres späteren ruhigeren Alters und stillen Glücks«, sagte das Gespenst.

»Bilder«, sagte der Verwünschte, »die Täuschungen waren. Warum muß ich mich so deutlich erinnern?«

»Täuschungen«, wiederholte das Gespenst mit seiner eintönigen Stimme und starrte ihn an. »Denn mein Freund, vor dem ich kein Geheimnis hatte, trat zwischen mich und den Mittelpunkt meiner Hoffnungen und Mühen, gewann sie für sich und zertrümmerte meine schwache Welt. Meine Schwester, doppelt geliebt, doppelt hingebend und doppelt liebevoll unter meinem Dach, erlebte es noch, daß ich berühmt und mein alter Ehrgeiz belohnt wurde, als das, was ihn angespornt hatte, schon nicht mehr vorhanden war, und dann –«

»Dann starb sie«, fiel er ein. »Sie starb so sanft glücklich und mit keiner Sorge, außer für ihren Bruder. Still!«

Das Gespenst beobachtete ihn stillschweigend.

»In Erinnerung behalten«, sagte der Verwünschte nach einer Pause. »Ja. So gut in Erinnerung behalten, daß selbst jetzt, wo Jahre darüber hinausgegangen sind und mir nichts wichtiger und törichter vorkommt als diese Liebe meiner Knabenzeit, ich noch immer mit Teilnahme an sie denke, als ob es die Liebe eines jüngeren Bruders oder Sohns wäre. Manchmal frage ich mich verwundert, wann ihr Herz sich ihm zuerst zugeneigt und wie es einst mir gesinnt war. Nicht teilnahmslos, glaube ich. – Aber das ist nichts. Eine unglückliche Jugend, eine Wunde von eines geliebten Freundes Hand und ein Verlust, den nichts ersetzen kann, dauern länger als solche Erinnerungen.«

»So trage ich einen Kummer und eine Kränkung in mir«, sagte der Geist. »So zehre ich an mir selbst. So ist die Erinnerung mein Fluch, und wenn ich meinen Kummer und meine Kränkung vergessen könnte, so würde ich es tun!«

»Spötter!« sagte der Chemiker, indem er aufsprang und mit zorniger Gebärde sein anderes Ich an der Kehle packen wollte. »Warum tönt mir immer dieser Spott in den Ohren?«

»Zurück!« rief das Gespenst mit ernster Stimme. »Wage Hand an mich zu legen, und du stirbst!«

Er blieb, wie vom Blitz gerührt, stehen und starrte es an. Es war weiter in den Hintergrund geglitten; es hatte den Arm warnend erhoben, und ein Lächeln flog über sein geisterhaftes Gesicht, als es seine dunkle Gestalt aufrichtete.

»Könnte ich meinen Kummer und meine Kränkung vergessen, ich täte es«, wiederholte der Geist.

»Böser Geist meines Ichs«, erwiderte der Verwünschte mit leiser, zitternder Stimme, »mein Leben wird verdüstert durch diese unaufhörliche Mahnung.«

»Sie ist nur ein Widerhall«, sagte das Gespenst.

»Wenn es nur ein Widerhall meiner Gedanken ist, wie ich jetzt einsehe«, entgegnete der Verwünschte, »warum werde ich deswegen so gepeinigt? Es ist kein selbstsüchtiger Gedanke. Ich will die Wohltat auch andern zukommen lassen. Jedes Menschenwesen hat seinen Kummer, viele haben Kränkungen zu erdulden gehabt; Undankbarkeit, kleinlicher Neid und Eigennutz verbittern das Leben bei hoch und niedrig. Wer möchte nicht seinen Kummer und seine Kränkungen vergessen?«

»Sehr wahr«, sagte das Gespenst, »wer möchte das nicht und würde dann besser und glücklicher dadurch sein!«

»Woran erinnern diese Jahreswechsel, die wir feiern?« fuhr Redlaw fort. »Gibt es denn Menschen, die sich nicht an Kummer und Sorgen zu erinnern brauchen? Was ist die Erinnerung des Alten, der vorhin hier war? Ein Gewebe von Kummer und Sorgen.«

»Aber gewöhnliche Naturen«, sagte das Gespenst mit seinem früheren tückischen Lächeln, »Ungebildete und Alltagsmenschen fühlen oder denken über diese Dinge nicht so wie Männer von höherer Bildung und tieferem Denken.«

»Versucher«, entgegnete Redlaw, »dessen hohles Auge und tiefe Stimme ich mehr fürchte, als Worte sagen können, und bei dessen Anblick mich die dunkle Ahnung einer noch größeren Furcht beschleicht, ich höre abermals ein Echo.«

»Nimm es hin als einen Beweis meiner Macht«, gab das Gespenst zur Antwort. »Vernimm, was ich dir biete! Vergiß den Kummer, die Kränkung und die Sorgen, die du gekannt hast!«

»Sie vergessen?« wiederholte er.

»Ich besitze die Macht, die Erinnerungen an sie zu verwischen, so daß nur noch eine sehr schwache, dunkle Spur zurückbleibt, die bald ganz verschwindet«, sagte das Gespenst. »Soll ich es tun?«

»Halt!« rief der Verwünschte mit einer erschreckten Bewegung. »Mißtrauen und Zweifel lassen mich bei deinem Anblick erbeben, und die ahnungsvolle Furcht, die ich dir gegenüber empfinde, wird zu einem namenlosen Schrecken, den ich kaum ertragen kann. Ich möchte bei unserem Handel nicht um eine einzige freundliche Erinnerung kommen, um kein Mitgefühl, das mir oder andern Gutes bringt. Was verliere ich, wenn ich einwillige? Was würde außerdem meiner Erinnerung entschwinden?«

»Kein Wissen, kein Ergebnis des Forschens, nichts als die eng ineinander verwobene Kette von Gefühlen und Gedanken, die alle von den vergessenen Erinnerungen genährt werden. Diese werden verschwinden.«

»Sind das so viele?« sagte der Verwünschte unruhig.

»Sie zeigten sich in der Flamme, in der Musik, im Wind, in der Stille der Nacht, im Wechsel der Jahre«, erwiderte das Gespenst höhnisch.

»In weiter nichts?«

Das Gespenst schwieg.

Aber nachdem es eine Weile schweigend vor ihm gestanden hatte, bewegte es sich zum Feuer hin und blieb wieder stehen.

»Entschließe dich«, sprach es, »oder die Gelegenheit schwindet.«

»Einen Augenblick! Ich rufe den Himmel zum Zeugen an«, sagte der andere aufgeregt, »daß ich nie meinesgleichen gehaßt habe, daß ich nie gegen jemanden in meiner Umgebung mürrisch, gleichgültig oder hart gewesen bin. Wenn ich hier in meiner Einsamkeit zuviel auf das gegeben habe, was war und was hätte sein können, und zuwenig auf das, was ist, so habe ich bloß mir geschadet, glaube ich, und nicht andern. Aber wenn Gift in meinem Körper wäre, sollte ich dann nicht, wenn ich Gegengift und die Kenntnis, es zu verwenden, besitze, davon Gebrauch machen? Wenn Gift in meiner Seele ist und ich kann es durch diesen schrecklichen Schatten heraustreiben, soll ich es dann nicht austreiben?«

»Sprich«, sagte das Gespenst. »Soll es geschehen?«

»Noch einen Augenblick«, erwiderte er. *»Ich möchte vergessen, wenn ich könnte!* Habe ich allein das gedacht, oder haben es schon Tausende und Abertausende, Geschlecht nach Geschlecht, getan? Die Erinnerung jedes Menschen ist belastet mit Kummer und Sorge. Mein Gedächtnis ist wie das Gedächtnis anderer Menschen, aber andere hatten diese Wahl nicht. Ja, ich bin bereit! Ja, ich will meinen Kummer und meine Sorgen vergessen.«

»Sprich«, sagte das Gespenst. »Ist es geschehen?«

»Ja!«

»Es ist geschehen. Und jetzt, Mann, von dem ich mich hiermit lossage, nimm das mit dir. Die Gabe, die ich dir verliehen habe, sollst du weitergeben, überall, wo du hinkommst. Ohne die Fähigkeit wiederzugewinnen, die du aufgegeben hast, sollst du

sie hinfort bei allen vernichten, denen du nahst. Deine Weisheit hat entdeckt, daß die Erinnerung an Kummer und Sorgen das Los aller Menschen ist und daß die Menschheit glücklicher sein würde ohne diese Erinnerungen. Geh, sei der Wohltäter der Menschheit! Befreit von dieser Erinnerung, sollst du den Segen dieser Befreiung auf andere übertragen. Seine Verbreitung ist unzertrennlich von dir. Geh! Sei glücklich in dem Guten, das du gewonnen hast, und in dem Guten, das du tust!«

Das Gespenst, das seine blutleere Hand über seinem Kopf gehalten wie zu einem unheiligen Zauber und das seine Augen denen des Chemikers so sehr genähert hatte, daß er sehen konnte, wie sie nicht teilnahmen an dem gräßlichen Lächeln auf seinem Gesicht, sondern ein starres, unwandelbares Entsetzen waren, zerging vor ihm in Luft und war verschwunden.

Als er noch, von Zagen und Staunen gefesselt, dastand und in klagenden Echos, die immer schwächer und schwächer verhallten, die Worte zu vernehmen glaubte: »Vernichte sie bei allen, denen du nah bist«, traf ein gellender Schrei sein Ohr. Er kam nicht aus dem Gang, auf den die Tür ging, sondern aus einem andern Teil des Gebäudes und klang wie der Ruf eines Menschen, der im Dunklen den Weg verloren hat.

Er blickte verwirrt an sich hinab, als wollte er sich erst versichern, daß er es sei, und antwortete dann mit einem lauten, verstörten Ruf; denn ihn hielt ein dumpfes Bangen umstrickt, als ob er sich ebenfalls verirrt habe.

Da jetzt der Ruf aus nächster Nähe ertönte, ergriff er die Lampe und schob einen schweren Vorhang an der Wand zurück. Hinter ihm war der Zugang zu seinem Hörsaal, der sich neben seinem Zimmer befand. Sonst von Jugend und Leben und einer dichtgedrängten Reihe von Gesichtern erfüllt, auf denen sein Erscheinen im Augenblick lernbegieriges Interesse hervorrief, war es ein unheimlicher Ort, wenn alles leer war.

»Holla!« rief er. »Holla! Hier zum Licht!« Da, als er den Vorhang mit der einen Hand beiseite schob und mit der andern die Lampe hob und das den Saal erfüllende Dunkel zu durchdringen versuchte, schoß etwas an ihm vorüber, wie eine wilde Katze, und krümmte sich in einer Ecke zusammen.

»Wer ist das?« sagte er hastig.

Er hätte auch fragen können: »Was ist das?«, wenn er es hätte besser sehen können, wie es gleich darauf der Fall war.

Ein Bündel Lumpen, zusammengehalten von einer Hand – nach Gestalt und Form die eines Kindes, aber in ihrem gierigen, krampfhaften Zugreifen die eines bösen alten Mannes. Ein Gesicht, von einem halben Dutzend Jahren gerundet und geglättet, aber zusammengekniffen und verzerrt durch die Erfahrungen eines langen Lebens. Die Augen glänzend, aber nicht jugendlich. Nackte Füße, schön in ihrer kindlichen Zartheit – häßlich durch das Blut und den Schmutz, die sie befleckten. Ein kleiner Wilder, ein junges Ungeheuer, ein Kind, das nie ein Kind gewesen, ein Geschöpf, das später die äußere Gestalt eines Menschen annehmen konnte, aber innerlich nur als Tier leben und sterben mußte.

Schon gewohnt, wie ein Tier gequält und gehetzt zu werden, duckte sich der Junge, als ihn der Chemiker ansah, gab den Blick zurück und hielt den Arm vor, wie um den erwarteten Schlag abzuwehren.

»Ich beiße, wenn du mich schlägst«, sagte er.

Es gab eine Zeit, und noch vor wenigen Minuten gab es sie, wo dem Chemiker bei einem solchen Anblick das Herz geblutet hätte. Jetzt sah er teilnahmslos zu und fragte den Jungen mit angestrengtem Bemühen, sich an etwas zu erinnern – er wußte nicht recht was –, was er hier wolle und woher er komme.

»Wo ist die Frau?« antwortete er. »Ich will zu der Frau.«

»Zu welcher Frau?«

»Zu der Frau, die mich hergebracht und an das große Feuer gesetzt hat. Sie war so lange fort, daß ich sie aufsuchen wollte und mich verirrt habe. Ich will nicht zu dir, ich will zu der Frau.«

Der Junge sprang so rasch auf, daß der gedämpfte Schall seiner nackten Füße schon neben dem Vorhang ertönte, als Redlaw ihn noch bei den Lumpen packen konnte.

»Willst du mich gehen lassen?« murrte der Junge. »Ich habe dir nichts getan. Laß mich gehen! Ich will zu der Frau!«

»Das ist nicht der rechte Weg. Hier ist's näher«, sagte Redlaw und hielt ihn zurück, mit dem vergeblichen Versuch, sich auf einen Gedanken, den dieses entsetzliche Geschöpf eigentlich erregen sollte, zu erinnern. »Wie heißt du?«

»Gar nicht.«

»Wo wohnst du?«

»Wohnen! Was ist das?«

Der Junge schüttelte sich das Haar aus den Augen, um einen raschen Blick auf ihn zu werfen. Dann umklammerte er seine Beine und versuchte sich loszureißen, während er wiederholte: »Laß mich doch gehen! Ich will zu der Frau.«

Der Chemiker führte ihn zur Tür. »Hier hinaus«, sagte er und sah ihn immer noch verwirrt, aber mit kaltem Widerwillen an. »Ich will dich zu ihr führen.«

Die Falkenaugen des Jungen richteten sich plötzlich auf den Tisch, wo die Überreste der Mahlzeit standen.

»Gib mir was davon«, sagte er hungrig.

»Hat sie dir noch nichts zu essen gegeben?«

»Morgen bin ich doch wieder hungrig. Hungere ich nicht jeden Tag?«

Der Chemiker ließ ihn los, und der Junge sprang wie ein kleines Raubtier zum Tisch, drückte Brot und Fleisch und seine eigenen Lumpen in einem Bündel an die Brust und rief dann: »So! Jetzt bring mich zu der Frau.«

Als der Chemiker mit einem plötzlichen Widerwillen, den Jungen zu berühren, ihm mit strenger Miene zu folgen winkte und über die Schwelle schritt, befiel ihn ein Zittern, und er blieb stehen.

»Die Gabe, die ich dir verliehen habe, sollst du weitergeben, überall, wo du hinkommst!«

Die Worte des Gespenstes rauschten im Wind, und der Wind wehte ihn kalt an.

»Ich will heute abend nicht hingehen«, sagte er leise vor sich hin. »Ich will heute abend nirgends hingehen. Junge! Diesen langen gewölbten Gang hinab und an der großen dunklen Tür vorbei in den Hof – dann siehst du das Feuer im Fenster schimmern.«

»Das Feuer der Frau?« fragte der Junge.

Er nickte, und die bloßen Füße sprangen fort. Dann trat er mit der Lampe wieder ins Zimmer, verschloß die Tür hastig hinter sich, setzte sich in seinen Stuhl und schlug die Hände vor seinem Gesicht zusammen wie einer, der sich vor sich selbst fürchtet.

Denn jetzt war er wirklich allein! Allein! Allein!

Die Verbreitung der Gabe

Ein kleiner Mann saß in einem kleinen Zimmerchen, das durch einen kleinen, über und über mit kleinen Zeitungsausschnitten beklebten Schirm von einem kleinen Laden abgeteilt war. Außer dem kleinen Mann befand sich noch eine Menge kleiner Kinder in dem Zimmer, und in dem sehr beschränkten Raum machten sie durch ihre Anzahl einen so imponierenden Eindruck, daß es schien, als wären sie nicht zu zählen.

Zwei von dieser kleinen Schar waren durch irgendeine überlegene Kraft in ein in der Ecke stehendes Bett gebracht worden. Dort hätten sie ruhig den Schlummer der Unschuld schlafen können, wenn sie nicht eine angeborene Neigung, wach zu bleiben und sich aus dem Bett und wieder hinein zu wälzen, davon abgehalten hätte. Die unmittelbare Veranlassung dieser Einbrüche in die noch wache Welt war eine Mauer aus Muschelschalen, an deren Aufbau zwei andere Jünglinge von zartem Alter in einer Ecke emsig arbeiteten. Auf diese Befestigung machten die beiden im Bett beständig Angriffe und zogen sich dann auf ihr eigenes Gebiet zurück.

Neben der Aufregung, die diese Überfälle und die Vergeltungsmaßnahmen der Angegriffenen verursachten, die hitzig verfolgten und sich auf die Bettücher stürzten, unter die sich die Räuber flüchteten, trug noch ein anderer kleiner Junge, in einem zweiten kleinen Bett, ebenfalls sein Scherflein Verwirrung zu dem Familienvorrat bei. Er warf seine Schuhe und andere harte Gegenstände nach den Störern seiner Ruhe, die nicht faul waren, diese zurückzuwerfen.

Außer diesen wankte noch ein anderer kleiner Junge – der größte unter allen, aber immer noch klein – hin und her. Er beugte sich stark auf eine Seite, und seine Knie knickten nicht wenig ein unter der Last eines großen Wickelkindes.

Es war ein wahrer Moloch von Wickelkind, auf dessen unersättlichem Altar das ganze Dasein dieses jungen Bruders täglich zum Opfer gebracht wurde. Sein hauptsächlicher Charakterzug war, nie an einem Ort fünf Minuten hintereinander ruhig zu bleiben und nie einzuschlafen, wenn es gewünscht wurde. »Tetterbys Wickelkind« war bei der Nachbarschaft so bekannt wie der Briefträger. Von Montag früh bis Sonnabend abend streifte es auf dem Arm des kleinen Johnny Tetterby von Tür zu Tür, schloß als schwerfälliger Nachzügler den Zug der Straßenjugend, die dem Taschenspieler oder dem Affen folgte, und kam, stets auf eine Seite gelehnt, immer ein klein wenig zu spät, um noch etwas zu sehen. Wo sich die Jugend zum Spielen sammelte und Johnny gern geblieben wäre, da war der kleine Moloch widerspenstig und wollte fort. Wenn Johnny auf die Straße wollte, da schlief Moloch, und es mußte gewartet werden.

Der kleine Mann in dem kleinen Zimmer, der vergeblich Versuche machte, inmitten dieses Tumults ruhig seine Zeitung zu lesen, war der Vater der Familie und der Chef der Firma: »A. Tetterby und Co., Zeitschriftenhandlung«. Genaugenommen war er allein unter dieser Firma zu verstehen, denn Co. war eine bloße poetische Fiktion, hinter der keinerlei Wirklichkeit und keine Persönlichkeit standen.

Tetterbys Laden befand sich an der Ecke des Jerusalemkollegs. Ein reicher Vorrat an Literatur war im Fenster ausgestellt, meistens alte illustrierte Zeitungen und Geschichten von Seeräubern und Wegelagerern in Heften. Spazierstöcke und Murmeln gehörten gleichfalls zu den Handelsartikeln. Früher hatte sich das Geschäft auch auf kleines Zuckerzeug erstreckt; aber wie es schien, bestand in der Nachbarschaft des Jerusalemkollegs keine Nachfrage nach diesen Genüssen. Denn im Fenster war keine Spur von derartigen Waren zu sehen außer einer kleinen Glaslaterne voll Bonbons, die so lange im Sommer geschmolzen und im Winter wieder zusammengefroren waren, bis alle Hoffnung dahin war, sie herauszubekommen oder zu essen, ohne die Laterne mit zu verzehren. Tetterby hatte es mit vielerlei Dingen versucht. Er hatte es ein wenig mit Spielsachen probiert, denn in einer zweiten Laterne befand sich noch ein Haufen kleiner Wachspüppchen, die in der greulichsten Verwirrung aneinanderklebten, und auf dem Boden der Laterne sah man einen Niederschlag von zerbrochenen Armen und Beinen. Er hatte auch einen Versuch mit Modeartikeln gemacht, wovon ein paar alte verschossene Sommerhüte in einer Ecke des Fensters Zeugnis ablegten. Er hatte ebenfalls geglaubt, es lasse sich etwas im Tabakhandel verdienen. Aber er schien sich nichts damit erworben zu haben als Fliegen. Zu einer anderen Zeit hatte er seine letzte Hoffnung dann wieder auf imitierte Schmucksachen gesetzt, denn hinter einer Glasscheibe sah man eine Karte mit billigen Petschaften, eine andere mit Bleistiften und ein geheimnisvolles schwarzes Amulett von unerklärlicher Bestimmung, das mit neun Pence ausgezeichnet war. Aber bis zu dieser Stunde hatte keiner aus dem Jerusalemkolleg davon gekauft. Kurz, Tetterby hatte sich solche Mühen gegeben, auf diese oder jene Weise im Kolleg seinen Lebensunterhalt zu verdienen, und es war ihm sowenig gelungen, daß sich von der ganzen Firma »Co.« am besten stand.

Tetterby selbst aber saß, wie schon berichtet, in seinem kleinen Zimmer, und die jugendlichen Mitglieder seiner Familie machten ihr Vorhandensein in einer Weise bemerkbar, die zu laut war, um nicht beachtet zu werden oder sich mit der ruhigen Lektüre einer Zeitung zu vertragen. Er legte deshalb das Blatt hin und ging in seiner Ratlosigkeit ein paarmal im Zimmer herum. Darauf unternahm er einen vergeblichen Angriff auf ein oder zwei kleine Gestalten in Nachtjäckchen, die an ihm vorüberschossen, und stürzte sich zuletzt auf das einzige Mitglied der Familie, das nicht gesündigt hatte, indem er dem Wärter des kleinen Moloch eins hinter die Ohren gab.

»Du böser Junge«, sagte Mr. Tetterby, »hast du gar kein Gefühl für deinen armen Vater nach den Mühen und Sorgen eines kalten Wintertags seit fünf Uhr morgens, daß du mir mit deinen dummen Streichen meine Ruhe störst und meine Zeitungslektüre verdirbst? Ist es noch nicht genug, daß dein Bruder Dolphus sich herumplagt in Nebel und Kälte, während du im

Überfluß schwimmst, mit einem Wickelkind und allem, was du wünschen kannst«, sagte Mr. Tetterby, indem er das als einen Gipfelpunkt aller Segnungen anführte, »sondern mußt du auch aus dem Vaterhaus eine Wildnis und aus deinen Eltern Wahnsinnige machen? Mußt du das, Johnny? Na?«

Bei jeder Frage tat Mr. Tetterby, als wollte er ihm wieder eins hinter die Ohren geben, aber er besann sich anders und hielt seine Hand zurück.

»Ach Vater«, sagte Johnny mit weinerlicher Stimme, »ich habe doch gar nichts getan, wirklich nichts, sondern habe bloß Sally in den Schlaf gewiegt. Ach Vater!«

»Ich wollte, mein kleines Frauchen käme nach Hause!« sagte Mr. Tetterby, in eine milde, reuevolle Stimmung übergehend. »Ich wollte, mein kleines Frauchen käme nach Hause! Ich kann mit den Kindern nicht fertig werden.«

Und er wurde immer gerührter, je mehr sich seine und seines beleidigten Sohnes zarte Gefühle Luft machten, umarmte ihn zuletzt und machte sich auf den Weg, um einen der wirklichen Delinquenten einzufangen. Nach einer kurzen, aber heißen Jagd in schwierigem Terrain über und unter den Bettgestellen und durch das Labyrinth der Stühle hindurch gelang es ihm, das Kind einzuholen, das er darauf zu Bett trug. Alsbald fand sich Mr. Tetterby, als er stehenblieb, um Atem zu schöpfen, ganz unerwartet in einer vollkommenen ruhigen Umgebung.

»Selbst mein kleines Frauchen hätte es nicht besser machen können«, sagte Mr. Tetterby. »Ich wollte nur, mein kleines Frauchen hätte es zu machen gehabt, wahrhaftig!«

Er setzte sich wieder auf seinen Stuhl neben dem Feuer, legte die Beine übereinander und nahm abermals die Zeitung vor.

»Es soll mir nur einer wagen, wieder aus dem Bett zu kommen«, machte Mr. Tetterby als allgemeine Proklamation in sehr weichherzigem Ton bekannt, »und Erstaunen soll das Los dieses geachteten Zeitgenossen sein!«

Mrs. Tetterby, die einkaufen gewesen war und einen großen Korb trug, legte Hut und Tuch ab, setzte sich ermüdet hin und befahl Johnny, seine süße Last sogleich zu ihr zum Küssen zu bringen. Nachdem Johnny gehorcht hatte und wieder zu seinem

Stühlchen zurückgekehrt war, erbat sich Master Adolphus Tetterby, der unterdessen seinen Torso aus einem allem Anschein nach endlosen, regenbogenfarbenen Schal herausgewickelt hatte, dieselbe Gunst. Johnny war wieder zu seinem Stühlchen zurückgekehrt, als Mr. Tetterby, von einem plötzlichen Gedanken erfaßt, als Vater denselben Anspruch erhob. Die Befriedigung dieses dritten Verlangens hatte die Erschöpfung des Opfers zur Folge, das kaum Atem genug fand, um wieder zu seinem Stühlchen zurückzukehren und seine Angehörigen anzukeuchen.

»Was du immer tun magst, Johnny«, sagte Mrs. Tetterby, »gib auf sie acht oder komm mir nie wieder vor Augen.«

»Und auch deinem Bruder nicht«, sagte Adolphus.

»Und auch deinem Vater nicht, Johnny«, fügte Mr. Tetterby hinzu.

Johnny, sehr betrübt über diese bedingungsweise ausgesprochene Lossagung, guckte Moloch in die Augen, um zu sehen, ob alles in Ordnung sei, klopfte das Kind auf den Rücken und schaukelte es.

»Bist du naß, Dolphus, mein Junge?« fragte der Vater. »Komm, setz dich auf meinen Stuhl und trockne dich.«

»Nein, Vater, danke«, sagte Adolphus, mit den Händen über das Gesicht fahrend. »Ich bin nicht sehr naß, glaube ich. Glänzt mein Gesicht sehr, Vater?«

»Nun, es glänzt ein bißchen, mein Sohn«, erwiderte Mr. Tetterby.

»Das ist das Wetter, Vater«, sagte Adolphus, sich die Wangen mit dem abgetragenen Rockärmel reibend. »Durch den Regen und den Wind und den Schnee und den Nebel wird mein Gesicht manchmal ganz rot und glänzt dann – ah!«

Master Adolphus war auch in der Zeitungsbranche – er verkaufte am Bahnhof Zeitungen. Seine pausbäckige kleine Person, die einem schäbig maskierten Amor glich, und seine gellende Kinderstimme (er war nicht älter als zehn) waren dort ebenso bekannt wie das heisere Fauchen der ein- und auslaufenden Lokomotiven.

Mrs. Tetterby, seine Mutter, die bis jetzt auf dem Stuhl gesessen und nachdenklich den Trauring am Finger gedreht hatte, stand auf, legte ihre Überkleider vollends ab und fing an, den Tisch zu decken.

»Ach Gott! Ach Gott! Ach Gott!« sagte Mrs. Tetterby. »Wie es in der Welt zugeht!«

»Wie geht es in der Welt zu, liebe Frau?« fragte Mr. Tetterby, über die Achsel blickend.

»Ach nichts!« sagte Mrs. Tetterby.

Mr. Tetterby zog die Brauen in die Höhe, legte seine Zeitung von neuem zusammen und ließ seinen Blick die Spalten auf und ab laufen. Er war aber zerstreut und konnte nicht lesen.

Mr. Tetterby sah sein Ehegespons an und sagte mit mildem Erstaunen: »Mein kleines Frauchen, was fehlt dir?«

»Ich weiß es nicht«, erwiderte sie. »Frag mich nicht! Wer hat gesagt, daß mir etwas fehlt? Ich gewiß nicht!«

Mr. Tetterby gab die Lektüre seiner Zeitung endgültig auf, ging langsam einmal die Stube auf und ab, die Hände auf dem Rücken und die Schultern emporgezogen – sein Gang entsprach vollkommen seiner resignierten Weise –, und sprach zu seinen beiden ältesten Söhnen: »Dein Abendessen wird in einer Minute fertig sein, Dolphus. Deine Mutter ist in dem schlechten Wetter zur Garküche gelaufen, um es zu holen. Das war sehr nett von deiner Mutter. Auch du wirst bald dein Abendbrot bekommen, Johnny, sehr bald! Deine Mutter ist zufrieden mit dir, weil du auf dein liebes Schwesterchen so gut achtgibst.«

Ohne etwas zu sagen, vollendete Mrs. Tetterby ihre Vorbereitungen und holte aus ihrem großen Korb ein großes Stück warmen Erbsenpudding hervor, das in Papier eingeschlagen war, außerdem eine mit einem Teller zugedeckte Schüssel, aus der nach der Entfernung des Tellers ein so angenehmer Duft emporstieg, daß die drei Paar Augen in den Betten sich weit auftaten und auf das festliche Mahl starrten.

Ohne die stumme Einladung, Platz zu nehmen, zu beachten, blieb Mr. Tetterby stehen und wiederholte langsam: »Ja, ja, dein Abendessen wird gleich fertig sein, Dolphus. Deine Mutter ist in dem schlechten Wetter zur Garküche gelaufen, um es zu holen. Das war sehr lieb von deiner Mutter –«, bis Mrs. Tetterby, die hinter seinem Rücken verschiedene Anzeichen der Zerknirschung von sich gegeben hatte, ihm plötzlich um den Hals fiel und weinte.

»Ach, Dolphus«, sagte Mrs. Tetterby, »wie habe ich nur so sein können!«

Diese Aussöhnung rührte Adolphus, den Jüngeren, und Johnny dermaßen, daß beide wie auf ein Zeichen ein lautes Klagegeschrei anstimmten. Die Folge davon war, daß die runden Augen in den Betten sich im Augenblick schlossen und die beiden andern kleinen Tetterbys, die eben aus der anstoßenden Kammer hereinschlichen, um zu sehen, was mit Essen los sei, eiligst den Rückzug antraten.

»Wahrhaftig, Dolphus«, schluchzte Mrs. Tetterby, »als ich nach Hause kam, dachte ich ebensowenig daran wie das Wickelkind –«. Mrs. Tetterby hielt inne. – »Johnny, sieh nicht nach mir, sondern nach dem Kind, sonst rutscht es dir aus dem Schoß. – Ich dachte ebensowenig daran wie unser kleiner Liebling, schlechter Laune zu sein, als ich nach Hause kam, aber ich weiß nicht, Dolphus –« Mrs. Tetterby stockte und drehte wieder den Trauring an ihrem Finger.

»Ich verstehe, ich verstehe«, sagte Mr. Tetterby. »Meinem Frauchen war etwas in die Quere gekommen. Schlimme Zeiten und schlimmes Wetter und schlimme Arbeit machen das Leben manchmal schwer genug. Ich verstehe! Dolf«, fuhr Mr. Tetterby fort und fischte mit der Gabel in der Schüssel, »da hat deine Mutter in der Garküche außer dem Erbsenpudding ein ganzes Schinkenbein gekauft mit einem tüchtigen Stück übriggebliebener brauner Kruste darauf und Soße und Senf dazu in unerschöpflicher Menge. – Gib den Teller her, Junge, und iß, solange es noch warm ist.«

Ohne sich zum zweitenmal auffordern zu lassen, nahm Master Adolphus mit Augen, die vor Appetit ganz feucht waren, seinen Teil in Empfang und zog sich dann auf seinen Stuhl zurück, wo er sich mit großem Eifer über sein Essen hermachte. Johnny wurde nicht vergessen, sondern erhielt seinen Teil aufs Brot, damit er nichts auf das Wickelkind tropfe.

Mrs. Tetterby schmeckte das Essen nicht, es schien ihr etwas auf dem Herzen zu liegen. Erst lachte sie und dann weinte sie, und dann lachte sie und weinte sie zugleich auf eine so sonderbare Weise, daß ihr Mann nicht wußte, was er davon halten sollte.

»Frauchen«, sagte Mr. Tetterby, »wenn es in der Welt so zugeht, so geht es nicht mit rechten Dingen zu.«

»Gib mir ein Glas Wasser«, sagte Mrs. Tetterby, indem sie sich zu beherrschen suchte, »und sprich jetzt nicht mit mir.«

Nachdem Mr. Tetterby ihr das Wasser gereicht hatte, wandte er sich plötzlich zu dem unglücklichen Johnny, der vor Teilnahme überfloß, und fragte ihn, warum er auf seinem Stuhl in Faulheit schwelge, anstatt mit dem Wickelkind vorzutreten, damit sein Anblick das Herz seiner Mutter erfreue. Johnny gehorchte sofort, fast niedergedrückt von der Last; aber da Mrs. Tetterby ihre Hand abwehrend ausstreckte zum Zeichen, daß sie nicht imstande sei, ihr Gefühl auf diese harte Probe stellen zu lassen, so verbot ihm der Vater, nur einen Zoll weiterzugehen, bei Strafe ewigen Hasses von allen seinen teuren Angehörigen; und so zog er sich mit seiner Last wieder zu seinem Stühlchen zurück.

Nach einer Pause sagte Mrs. Tetterby, es sei ihr jetzt besser, und fing an zu lachen.

»Mein Frauchen«, sagte ihr Mann kopfschüttelnd, »weißt du auch ganz gewiß, daß dir besser ist? Oder soll's vielleicht anders wieder losgehen, Sophia?«

»Nein, Dolphus, nein«, erwiderte seine Frau. »Es ist mir jetzt wieder ganz gut.«

Damit strich sie sich das Haar glatt, drückte die Hände vor die Augen und fing abermals an zu lachen.

»Was ich für eine böse Närrin war, nur einen Augenblick auf solche Gedanken zu kommen!« sagte Mrs. Tetterby. »Rücke näher, Dolphus, ich muß dir mein Herz ausschütten und erzählen, was ich gedacht habe. Ich will dir alles sagen.«

Mr. Tetterby rückte seinen Stuhl näher heran, Mrs. Tetterby lachte wieder, gab ihm einen Kuß und wischte sich die Augen.

»Du weißt, Männchen«, sagte Mrs. Tetterby, »als ich noch ledig war, hätte ich verschiedene Männer heiraten können. Zu einer Zeit hatte ich vier Bewerber auf einmal, darunter waren die beiden Sergeanten – weißt du?«

»Ja, ja«, sagte Mr. Tetterby.

»Nun sieh, Dolphus, ich denke jetzt gewiß nicht an solche Dinge, um mein Los hier zu beklagen, und ich weiß, daß ich einen so guten Ehemann bekommen habe und so viel tun würde, um zu beweisen, daß ich ihn liebhabe, wie –«

»Wie jedes kleine Frauchen auf der Welt«, sagte Mr. Tetterby. »Sehr gut, sehr gut.«

Wenn Mr. Tetterby zehn Fuß groß gewesen wäre, so hätte er keine zartere Rücksichtnahme auf Mrs. Tetterbys Elfengestalt an den Tag legen können; und wäre Mrs. Tetterby zwei Fuß groß gewesen, so hätte sie ihren Dank dafür nicht mehr zeigen können.

»Aber siehst du«, sagte Mrs. Tetterby, »da jetzt Weihnachten ist, wo alle, die es tun können, feiern und alle, die Geld haben, etwas ausgeben, wurde ich, ich weiß nicht wie, ein bißchen übellaunig. Auf der Straße draußen gab es so viel zu kaufen, so schöne Sachen zum Essen, so köstliche Dinge zu schauen und so herrliche Sachen zu haben – und ich hatte so viel zu rechnen und zu rechnen, ehe ich nur ein Sixpencestück für die allergewöhnlichste Sache ausgeben durfte; und der Korb war so groß, und es war so viel Platz darin, und mein Geldvorrat war so klein und reichte für so wenig – du findest das abscheulich, Dolphus, nicht?«

»Noch nicht«, sagte Mr. Tetterby.

»Nun, ich will dir alles sagen«, fuhr seine Frau reumütig fort, »und dann gibst du es vielleicht zu. So sehr fühlte ich das, als ich draußen in der Kälte herumlief und eine Menge anderer berechnender Gesichter mit großen Körben herumlaufen sah, daß ich anfing zu denken, ob ich nicht besser getan hätte und glücklicher gewesen wäre, wenn – wenn –«, der Trauring wurde wieder um den Finger gedreht, und Mrs. Tetterby schüttelte dabei das gesenkte Haupt.

»Ich verstehe«, sagte ihr Mann ruhig, »wenn du gar nicht oder einen andern geheiratet hättest!«

»Ja«, schluchzte Mrs. Tetterby. »Das habe ich wirklich gedacht. Ist das nicht abscheulich, Dolphus?«

»Hm – nein, ich finde das noch nicht«, sagte Mr. Tetterby.

Mrs. Tetterby gab ihm einen dankbaren Kuß und sprach weiter: »Ich hoffe jetzt fast, du wirst es auch hernach nicht sagen, Dolphus, obwohl ich fürchte, ich habe das Schlimmste noch nicht erzählt. Ich weiß nicht, was auf einmal über mich kam. Ich weiß nicht, ob ich krank war oder verrückt oder sonstwas; aber ich konnte mich an nichts erinnern, was uns aneinanderknüpfte oder was mich mit meinem Schicksal aussöhnen konnte. Alle Freuden und Genüsse, die wir je gehabt, erschienen mir so armselig und unbedeutend, daß ich sie ordentlich haßte. Ich konnte an weiter nichts denken als an unsere Armut und die vielen Mäuler, die zu Hause auf mich warten.«

»Das ist freilich wahr«, sagte Mr. Tetterby und drückte ihr ermutigend die Hand. »Wir sind arm und haben viele Mäuler im Haus zu stopfen.«

»Ach, aber Dolf, Dolf«, rief die Frau, »mein lieber, guter, geduldiger Mann, als ich nur ein paar Minuten zu Hause war – wie anders! Ach, lieber Dolf, wie anders war es da! Es war mir, als ob ein ganzer Strom von Erinnerungen über mich käme, der mein hartes Herz erweichte und es zum Überfließen anfüllte. Alle unsere Mühen ums liebe Brot, alle unsere Sorgen und Entbehrungen, seitdem wir verheiratet sind, alle Tage der Krankheit, alle die Stunden, die wir beieinander oder bei den Kindern durchwacht, schienen zu mir zu reden und zu sagen, daß ich nie etwas anderes hätte sein können und wollen als die Ehefrau und die Mutter, die ich jetzt bin. Und da wurden die kleinen Freuden, die ich vorhin sosehr verachtet hatte, mir so kostbar, daß ich den Gedanken nicht ertragen konnte, wie ich sie verschmäht hatte; und ich sagte und sage es noch hundertmal: Wie konnte ich nur so sein, Dolphus, wie konnte ich das Herz dazu haben?«

Die gute Frau, ganz außer sich vor aufrichtiger Liebe und Reue, ließ ihren Tränen freien Lauf, als sie plötzlich mit einem Schrei aufsprang und hinter ihrem Gatten Schutz suchte. So angstvoll war der Schrei, daß die Kinder aus ihrem Schlummer emporfuhren, aus den Betten stürzten und sich an sie klammerten. Auch entsprach ihr Aussehen ihrer Stimme, als sie auf einen blassen Mann in schwarzem Mantel deutete, der ins Zimmer getreten war.

»Sieh diesen Mann da! Schau doch! Was will er?«

»Liebe Frau«, erwiderte ihr Gatte, »ich will ihn fragen, wenn du mich losläßt. Was gibt's? Wie du zitterst!«

»Ich begegnete ihm auf der Straße, als ich zur Garküche ging. Er sah mich an und stand neben mir. Ich fürchte mich vor ihm.«

»Du fürchtest dich vor ihm? Warum?«

Ihr Mann, der anfangs von ihrem Schrecken nicht ganz unberührt geblieben war und auf den die seltsame Art, wie sie sich jetzt benahm, nicht gerade beruhigend wirken konnte, redete den bleichen Gast im schwarzen Mantel, der an der Tür stehengeblieben war, an.

»Was wünschen Sie, Sir?« fragte er.

»Ich fürchte, mein unbemerktes Hereintreten hat Sie erschreckt«, erwiderte jener, »aber Sie sprachen miteinander und hörten mich nicht.«

»Mein kleines Frauchen sagte – Sie haben es vielleicht gehört«, sagte Mr. Tetterby –, »daß dies heute abend nicht das erste Mal ist, daß sie von Ihnen erschreckt wird.«

»Das tut mir leid. Ich entsinne mich, daß ich sie auf der Straße sah. Ich hatte nicht die Absicht, sie zu erschrecken.«

Während er beim Sprechen aufblickte, erhob sie ihre Augen. Merkwürdig war die Angst, die sie vor ihm hatte, und die Angst, mit der er das beobachtete – gespannt und forschend beobachtete.

»Ich heiße Redlaw«, sagte er. »Ich wohne in dem alten Kolleg nebenan. Ein junger Gentleman, der dort studiert, wohnt bei Ihnen, nicht wahr?«

»Mr. Denham?« sagte Tetterby.

»Ja.«

Es war eine ganz natürliche Gebärde und so unauffällig, daß sie kaum bemerkt wurde; aber ehe er wieder antwortete, strich sich der kleine Mann mit der Hand über die Stirn und ließ rasch seinen Blick durch das Zimmer schweifen, als ob sich ihm eine Veränderung in seiner Atmosphäre bemerkbar mache. Der Chemiker sah ihn mit demselben angsterfüllten Blick an wie vorher seine Frau und trat zurück, während sich die Blässe auf seinem Gesicht vertiefte.

»Der Gentleman wohnt eine Treppe höher«, sagte Tetterby. »Seine Wohnung hat einen separaten Eingang, aber da Sie schon einmal hier in der Stube sind, so brauchen Sie nicht erst wieder in die Kälte hinauszugehen, wenn Sie hier die paar Stufen hinaufsteigen wollen«, und er zeigte ihm eine Treppe, die unmittelbar in das obere Zimmer führte.

»Ja, ich will hinauf zu ihm«, sagte der Chemiker. »Können Sie eine Kerze entbehren?«

Die unruhige Spannung, die sich in seinen düsteren Augen ausdrückte, und das unerklärliche Mißtrauen, das darin lauerte, schienen Mr. Tetterby zu beunruhigen. Er schwieg und blieb wie gebannt ein oder zwei Minuten lang auf einem Fleck stehen, die Augen starr auf den Fremden gerichtet.

Endlich sagte er: »Ich will Ihnen leuchten, Sir, wenn Sie mir folgen wollen.«

»Nein«, entgegnete der Chemiker, »ich wünsche nicht, daß man mich begleitet oder mich bei ihm anmeldet. Er erwartet mich nicht. Ich will lieber allein gehen. Bitte, geben Sie mir eine Kerze, wenn Sie sie entbehren können.«

Indem er dem Zeitungsverkäufer das Licht aus der Hand nahm, berührte er des Mannes Brust. Rasch zog er die Hand zurück, als ob er ihn durch Zufall verletzt hätte (denn er wußte nicht, welcher Teil seines Körpers die neue Kraft besaß oder wie sie sich mitteilte), wandte sich ab und stieg die Treppe hinauf.

Als er die oberste Stufe erreichte, blieb er stehen und sah hinab. Die Frau stand noch auf derselben Stelle und drehte den Trauring um ihren Finger. Der Mann hatte den Kopf auf die Brust sinken lassen und brütete mürrisch vor sich hin. Die Kinder, sich immer noch an ihre Mutter klammernd, blickten schüchtern zu dem Fremden hinauf und drängten sich dichter aneinander, als sie ihn herabschauen sahen.

»Fort!« sagte der Vater barsch. »Ich habe es jetzt satt. Macht, daß ihr zu Bett kommt!«

»Die Stube ist eng genug ohne euch«, setzte die Mutter hinzu. »Macht, daß ihr zu Bett kommt!«

Verschüchtert und betrübt zog die ganze Schar davon.

Bleicher noch als vorhin schlich der Chemiker die Treppe

hinauf wie ein Dieb, sah hinab auf die plötzlich veränderte Szene und schien sich ebensosehr vor dem Weitergehen wie vor dem Umkehren zu scheuen.

»Was habe ich getan?« sprach er verwirrt vor sich hin. »Was werde ich noch anrichten?«

»Der Wohltäter der Menschheit sein«, schien ihm eine Stimme zu erwidern.

Er sah sich um, aber es war nichts da; und da jetzt ein Korridor die kleine Stube unten seinem Blick entzog, setzte er seinen Weg fort, ohne sich weiter umzuschauen.

»Ich bin bloß seit gestern abend in meinem Zimmer geblieben«, sprach er vor sich hin, »und doch kommt mir alles so fremd vor. Ich komme mir selbst fremd vor. Mir ist, als ob ich in einem Traum hierhergekommen wäre. Welches Interesse fühle ich für diesen Ort oder für jeden andern, den ich mir ins Gedächtnis zurückrufen kann? Mein Geist ist blind geworden!«

Er stand vor einer Tür, klopfte an und trat auf ein »Herein« ins Zimmer.

»Ist es meine freundliche Wärterin?« sagte die Stimme. »Aber ich brauche nicht erst zu fragen, es kommt niemand sonst her.«

Die Stimme klang heiter, obgleich schwach, und lenkte seine Aufmerksamkeit auf einen jungen Mann auf einem Sofa, das, mit der Rückenlehne gegen die Tür gekehrt, vor dem Kamin stand. In einem jämmerlichen kleinen Öfchen, das in den Kamin eingebaut war und zur Erwärmung des Zimmers bei weitem nicht ausreichte, brannte das Feuer, dem er das Gesicht zuwandte.

Der Chemiker sah sich im Zimmer um. Er betrachtete die Bücher des Studenten auf einem Tisch in der Ecke, wo sie und die ausgelöschte Studierlampe, die jetzt beiseite gestellt war, Zeugnis ablegten von den fleißigen Stunden, die seiner Krankheit vorhergegangen waren und sie vielleicht ausgelöst hatten. Er sah auch die Anzeichen früherer Gesundheit und Freiheit, wie die für die Straße bestimmte Kleidung, die an der Wand hing. Die kleinen Miniaturen über dem Kamin und die Abbildung des Vaterhauses weckten die Erinnerung an eine andere und weniger einsame Umgebung, während als Zeichen seines ehrgeizigen

Strebens und vielleicht auch seiner persönlichen Zuneigung sein (des Beschauers) eingerahmtes Bild an der Wand hing. Es hatte eine Zeit gegeben – gestern noch –, wo nicht ein einziger dieser Gegenstände ohne Eindruck auf Redlaw geblieben wäre. Jetzt waren sie ihm bloß Sachen, oder wenn noch eine schwache Erinnerung an frühere Empfindungen in ihm auflebte, so trug sie nur dazu bei, ihn zu verwirren, während er dastand und mit stumpfer Verwunderung um sich blickte.

Der Student zog die schmale Hand, die so lange unberührt blieb, zurück, erhob das Haupt und sah sich um.

»Mr. Redlaw!« rief er aus und fuhr empor.

Redlaw streckte den Arm aus und sagte: »Kommen Sie nicht näher. Ich will hier Platz nehmen. Bleiben Sie, wo Sie sind!«

Er setzte sich auf einen Stuhl an der Tür, und nachdem er einen Blick auf den Jüngling geworfen hatte, der, die Hand auf die Sofalehne gestützt, dastand, sprach er mit zu Boden gesenkten Augen weiter.

»Ich hörte durch Zufall, durch welchen ist gleichgültig, daß ein Student krank und hilflos sei. Ich erfuhr weiter nichts über ihn, als daß er in dieser Straße wohne. Ich begann meine Erkundigungen in dem ersten Haus der Straße und fand Sie.«

»Ich bin krank gewesen, Sir«, erwiderte der Student, nicht bloß mit bescheidener Zurückhaltung, sondern mit einer Art ehrfürchtiger Scheu vor ihm, »habe mich aber schon sehr erholt. Ein Fieberanfall hatte mich sehr geschwächt, aber es geht mir schon bedeutend besser. Ich kann nicht sagen, ich wäre ohne Hilfe gewesen in meiner Krankheit, sonst vergäße ich die freundliche Hand, die mich niemals verlassen hat.«

»Sie sprechen von der Frau des Kastellans«, sagte Redlaw.

»Ja!«

Der Student neigte den Kopf, als ob er ihr eine stille Huldigung darbringe.

Der Chemiker war von einer kalten, eintönigen Apathie beherrscht, die ihn mehr dem Marmorbild auf dem Grab des Mannes, der gestern bei der ersten Erwähnung von des Studenten Krankheit aufgesprungen war, als diesem Manne selbst ähnlich machte. Er sah wieder den Studenten an, der mit der

Hand auf der Sofalehne dastand, blickte dann auf den Fußboden und in die Luft, und es war, als ob er Erleuchtung suche für seinen erblindeten Geist.

»Ich erinnere mich an Ihren Namen«, sagte er, »als er mir soeben in der Stube unten genannt wurde, und ich besinne mich auf Ihr Gesicht. Wir sind nur wenig in persönliche Berührung miteinander gekommen?«

»Sehr wenig.«

»Ich glaube, Sie haben sich mehr als die anderen von mir ferngehalten.«

Der Student verbeugte sich zustimmend.

»Und warum?« sagte der Chemiker, ohne im mindesten Teilnahme zu zeigen, sondern bloß mit einer mürrischen Neugier. »Warum? Wie kommt es, daß Sie mir absichtlich verhehlt haben, daß Sie in dieser Zeit des Jahres, wo alle übrigen verreist sind, hiergeblieben und krank geworden sind? Ich frage, warum das?«

Der Jüngling, der ihn mit wachsender Erregung angehört hatte, erhob jetzt die zu Boden gesenkten Augen, schlug die Hände zusammen und rief mit bebenden Lippen: »Mr. Redlaw! Sie haben mich durchschaut. Sie kennen mein Geheimnis!«

»Ihr Geheimnis?« sagte der Chemiker barsch.

»Ja! Ihre von dem Interesse und der Teilnahme, die Sie so vielen Herzen teuer machen, so verschiedene Weise, Ihre veränderte Stimme, das Gezwungene in Ihren Worten und in Ihren Blicken sagen mir, daß Sie mich kennen«, entgegnete der Student. »Daß Sie mir es jetzt noch verhehlen wollen, ist mir nur ein neuer Beweis (Gott weiß es, daß ich keinen brauche!) von Ihrer angeborenen Herzensgüte und der Kluft, die zwischen uns ist.«

Ein verächtliches Lachen war seine einzige Antwort.

»Aber, Mr. Redlaw«, sagte der Student, »als ein gerechter und guter Mann bedenken Sie, wie wenig teil ich habe, außer im Namen und in der Abkunft, an dem Unrecht, das Ihnen zugefügt worden ist, oder an dem Schmerz, den Sie getragen.«

»Schmerz!« sagte Redlaw lachend. »Unrecht! Was sind sie mir?«

»Um Himmels willen«, bat der Student schüchtern, »lassen Sie sich von ein paar Worten, die Sie mit mir wechseln, nicht noch mehr verändern, Sir! Lassen Sie mich wieder verschwinden aus Ihrem Gedächtnis. Lassen Sie mich meinen alten entfernten Platz unter denen, die Sie unterrichten, wieder einnehmen. Kennen Sie mich wieder bloß unter dem Namen, den ich annahm, und nicht als Longford –«

»Longford!« rief der andere aus.

Er fuhr sich mit beiden Händen an die Stirn und wandte dem Jüngling sein altes, geistvolles und nachdenkliches Gesicht zu. Aber das Licht verschwand wie ein flüchtiger Sonnenstrahl, und das Gesicht umwölkte sich wieder wie früher.

»Der Name, den meine Mutter führt, Sir!« sagte der Jüngling mit stockender Stimme. »Der Name, den sie wählte, als sie vielleicht einen geehrteren hätte erhalten können. Mr. Redlaw«, fuhr er zögernd fort, »ich glaube, ich kenne diese Vorfälle. Wo mein Wissen nicht ausreicht, werden die Lücken durch meine Vermutungen ergänzt, die der Wahrheit wohl ziemlich nahekommen. Ich bin das Kind einer Ehe, die sich als nicht glücklich erwies. Von Kindheit auf hörte ich von Ihnen sprechen mit hoher Achtung – fast mit Ehrfurcht. Von solcher Hingebung, von solcher Standhaftigkeit und Herzensgüte, von solchem Ankämpfen gegen Hindernisse, die den Menschen niederzuschmettern drohen, habe ich gehört, daß meine Phantasie, seitdem ich meine Lektion von meiner Mutter lernte, Ihren Namen mit Glanz umwob. Und endlich, von wem konnte ich, selbst ein armer Student, besser lernen als von Ihnen?«

Unbewegt und unverändert und ihn bloß mit einem inhaltsleeren Blick anstarrend, antwortete Redlaw weder mit Worten noch durch Gebärden.

»Ich würde mich vergeblich darum bemühen, einen Ausdruck dafür zu finden«, fuhr der andere fort, »wie sehr es mich gerührt hat, als ich die schönen Spuren der Vergangenheit wiederfand in der Macht, sich Dankbarkeit und Vertrauen zu erwerben, die sich bei uns Studenten an Mr. Redlaws Namen knüpft. Wir sind an Alter und Stellung so verschieden, Sir, und ich bin es gewohnt, Sie nur aus der Ferne zu betrachten, daß ich mich über meine eigene Keckheit wundere, wenn ich, obgleich nur leise, diesen Gegenstand berühre. Aber einem Mann, der, ich darf es wohl sagen, einst für meine Mutter eine nicht gewöhnliche Teilnahme empfand, ist es vielleicht nicht ganz gleichgültig, jetzt, wo alles vorüber ist, zu vernehmen, mit welch unbeschreiblicher Liebe ich ihn aus meinem Dunkel betrachtet habe, mit welchem Schmerz ich mich von ihm fernhielt, wenn ein Wort von ihm mich reich gemacht hätte, und wie sehr ich doch fühlte, daß ich recht tat, auf dieser Bahn zu bleiben, zufrieden, ihn zu kennen und selbst ungekannt zu bleiben. Mr. Redlaw«, sagte der Student schüchtern, »was ich gesagt habe, habe ich nicht glücklich ausgedrückt, denn ich kenne meine Kraft noch nicht; aber wenn etwas Unwürdiges in der Täuschung ist, die ich mir habe zuschulden kommen lassen, so verzeihen Sie mir, und in allem übrigen vergessen Sie mich!«

Der inhaltsleere und doch grollende Ausdruck schwand nicht aus Redlaws Gesicht und veränderte sich erst, als sich der Student mit diesen Worten näherte und seine Hand ergreifen wollte. Da trat er zurück und rief ihm zu: »Kommen Sie mir nicht zu nahe!«

Der Jüngling blieb stehen, abgeschreckt von dieser Zurückweisung, und fuhr sich mit der Hand über die Stirn.

»Vergangen ist vergangen«, sagte der Chemiker. »Das Einst stirbt wie das unvernünftige Tier. Wer redet mir von seinen Spuren in meinem Leben? Er faselt oder lügt! Was gehen mich Ihre kranken Träume an? Wenn Sie Geld brauchen, hier ist welches. Ich kam her, um es Ihnen zu bringen; das war der einzige Zweck meines Kommens. Weiter kann ich hier nichts gewollt haben«, murmelte er vor sich hin und legte die Hände wieder an die Stirn. »Weiter kann ich nichts gewollt haben, und doch –«

Er hatte seine Börse auf den Tisch geworfen. Als er jetzt in Nachsinnen versank, nahm sie der Student und hielt sie ihm entgegen.

»Nehmen Sie sie wieder, Sir«, sagte er stolz, obgleich nicht erzürnt. »Ich wünschte, Sie könnten mit ihr zugleich die Erinnerung an Ihre Worte und Ihr Anerbieten zurücknehmen.«

»Wünschen Sie das?« erwiderte jener mit einem seltsamen Flackern in seinen Augen. »Wünschen Sie es?«

»Ich wünsche es!«

Der Chemiker trat jetzt zum erstenmal dicht an ihn heran, nahm die Börse, ergriff seinen Arm und sah ihm ins Gesicht.

»Die Krankheit bringt Schmerz und Sorge, nicht wahr?« sagte er mit einem Lachen.

Der Student erwiderte verwundert: »Ja.«

»Die Ruhelosigkeit, die Angst, die Ungewißheit und das ganze Gefolge an Leiden des Körpers und des Geistes, das sie mit sich bringt«, sagte der Chemiker mit einem seltsamen Frohlocken, »ist es nicht am besten, man vergißt sie?«

Der Student antwortete nicht, sondern fuhr sich wieder wie verwirrt mit der Hand über die Stirn. Redlaw hielt ihn immer noch am Arm gefaßt, als man draußen Millys Stimme vernahm.

»Ich kann jetzt schon sehen«, sagte sie, »ich danke, Dolf. Weine nicht, Kind, Vater und Mutter werden morgen wieder gut sein, und dann ist es auch wieder hübsch zu Hause. Ein Herr ist bei ihm, so!«

Redlaw ließ den Studenten los und horchte.

»Ich habe mich vom ersten Augenblick an gescheut, ihr zu begegnen«, sagte er vor sich hin. »Es lebt eine standhafte Güte in ihr, die ich zu verderben fürchte. Ich kann das töten, was das Schönste und Beste in ihrem Herzen ist.«

Sie klopfte draußen.

»Soll ich es als eine nichtige Ahnung mißachten oder sie weiter meiden?« murmelte er vor sich hin und sah sich unruhig um.

Sie klopfte wieder.

»Von allen, die hierherkommen können«, sagte er mit heiserer, erregter Stimme, »möchte ich diese am wenigsten hier sehen. Verstecken Sie mich!«

Der Student öffnete eine Brettertür in der Wand, die in ein kleines Dachstübchen führte. Redlaw trat rasch hinein und schloß die Tür hinter sich.

Dann nahm der Student seinen Platz auf dem Sofa wieder ein und rief: »Herein!«

»Lieber Mr. Edmund«, sagte Milly, sich umsehend, »sie sagten mir, es wäre ein Herr hier.«

»Es ist kein anderer hier als ich.«

»Es ist aber jemand hier gewesen?«

»Ja, es war jemand hier.«

Sie setzte ihr Körbchen auf den Tisch und näherte sich dem Sofa, wie um die ausgestreckte Hand zu ergreifen – aber sie war nicht da. Ein wenig überrascht beugte sie sich über ihn und berührte leicht seine Stirn.

»Sind Sie ganz wohl heute abend? Ihre Stirn ist heißer als heute nachmittag.«

»Ach was!« sagte der Student übellaunig. »Es fehlt mir nichts.«

Etwas mehr Erstaunen, aber kein Vorwurf sprach sich in ihrem Gesicht aus, als sie zur anderen Seite des Tisches ging und aus ihrem Korb Nähzeug hervorholte. Aber sie besann sich, legte es wieder hin und machte sich geräuschlos im Zimmer zu schaffen. Sie setzte jeden Gegenstand an seine Stelle und in die beste Ordnung und legte selbst die Kissen des Sofas zurecht, die sie mit so leichter Hand berührte, daß er es kaum zu merken schien, während er dalag und in das Feuer blickte. Als sie damit fertig war und auch den Herd gefegt hatte, setzte sie sich zu ihrer Arbeit nieder, und bald waren ihre Finger in geräuschloser Tätigkeit begriffen.

»Es ist der neue Musselinvorhang für das Fenster, Mr. Edmund«, sagte Milly, ohne ihr Nähen zu unterbrechen. »Er wird ganz hübsch aussehen und wird auch Ihre Augen vor dem Licht schützen. Mein William sagt, das Zimmer dürfe jetzt, wo Ihre Erholung so gute Fortschritte macht, nicht zu hell sein, sonst könnte das blendende Licht Ihnen schaden.«

Er sagte nichts, aber es war etwas so Verdrießliches und Ungeduldiges in der Art, wie er seine Lage veränderte, daß sie ihn besorgt ansah.

»Die Kissen liegen nicht bequem«, sagte sie und stand auf. »Ich will sie gleich zurechtlegen.«

»Sie sind ganz gut«, gab er zur Antwort. »Bitte, lassen Sie sie. Sie machen so viel Aufhebens um jede Kleinigkeit.«

Als er das sagte, erhob er den Kopf und sah sie mit so dankesleerem Blick an, daß sie, als er sich wieder hingelegt hatte, immer noch dastand, ungewiß, was sie tun sollte. Aber sie nahm schließlich wieder Platz und nähte geschäftig weiter, ohne auch nur einen vorwurfsvollen Blick auf ihn zu werfen.

»Ich dachte eben, Mr. Edmund, Sie müssen manchmal, wenn ich hier saß, gedacht haben, daß das Unglück ein guter Lehrmeister ist. Sie werden nach dieser Krankheit die Gesundheit mehr schätzen als früher, und in vielen, vielen Jahren, wenn diese Zeit des Jahres wiederkehrt und Sie sich der Tage erinnern, wo Sie hier krank zurückgeblieben, ganz allein, damit die Nachricht von Ihrer Krankheit die Ihrigen nicht betrüben möge, da wird Ihnen der heimische Herd doppelt teuer sein. Ist das nicht ein hübscher Gedanke?«

Sie war zu sehr mit ihrer Arbeit beschäftigt und meinte das, was sie sagte, zu aufrichtig und war überhaupt zu gefaßt und zu ruhig, um auf einen Blick zu warten, mit dem er ihr etwas antworten möchte; so prallte der Pfeil seines undankbaren Blikkes von ihr ab und verletzte sie nicht.

»Ach«, sagte Milly, das hübsche Köpfchen nachdenklich auf eine Seite neigend, während sie mit den Augen ihren geschäftigen Fingern folgte, »selbst auf mich – und ich bin ganz anders als Sie, Mr. Edmund, denn ich bin nicht gelehrt – hat diese Betrachtungsweise solcher Dinge einen großen Eindruck gemacht, seit Sie krank waren. Als ich Sie von der Freundlichkeit und Aufmerksamkeit der armen Leute unten so gerührt sah, da merkte ich, wie auch Sie fühlten, daß selbst diese Erfahrung einiges Entgelt sei für den Verlust der Gesundheit, und ich las in Ihrem Gesicht so deutlich wie in einem Buch, daß wir ohne ein wenig Sorge und Schmerz niemals die Hälfte des Guten, das uns umgibt, erkennen würden.«

Sein Aufstehen unterbrach sie, sonst hätte sie noch weitergesprochen.

»Wir brauchen nicht so viel Aufhebens davon zu machen, Mrs. William«, erwiderte er leichthin. »Die Leute da unten werden zu gebührender Zeit bezahlt werden für die kleinen Extradienste, die sie mir geleistet haben, und erwarten es wohl auch nicht anders. Auch Ihnen bin ich sehr verbunden.«

Sie hörte auf zu nähen und sah ihn an.

»Ich fühle meine Schuld gegen Sie nicht mehr, wenn Sie die Sache übertreiben«, fuhr er fort. »Ich fühle, daß Sie sich sehr um mich gekümmert haben, und ich sage Ihnen, daß ich Ihnen sehr verpflichtet bin. Was können Sie mehr verlangen?«

Sie ließ ihre Arbeit in den Schoß sinken und sah ihn schweigend an, wie er mit verdrießlicher Miene im Zimmer auf und ab ging und hin und wieder stehenblieb.

»Ich sage nochmals, ich bin Ihnen sehr verpflichtet. Warum wollen Sie dadurch, daß Sie ungeheure Ansprüche machen, mein Gefühl von dem, was ich Ihnen wirklich schulde, schwächen? Sorge, Schmerz, Unglück! Man sollte fast meinen, ich wäre zwanzigmal hier gestorben!«

»Meinen Sie, Mr. Edmund«, fragte sie, wobei sie aufstand und näher an ihn herantrat, »daß ich die armen Leute hier im Haus erwähnte mit irgendwelchem Bezug auf mich? Auf mich?«

Sie legte dabei mit einem einfachen und unschuldigen Lächeln des Erstaunens die Hand auf ihre Brust.

»Oh! Ich denke nicht daran, gute Frau«, sagte er. »Mich hat eine Unpäßlichkeit befallen, von der Ihre Teilnahme – merken Sie wohl, ich sage Ihre Teilnahme! – viel mehr Aufhebens macht, als es der Mühe lohnt, und es ist vorbei, und wir können sie nicht verewigen.«

Damit nahm er gleichgültig ein Buch zur Hand und setzte sich an den Tisch.

Sie beobachtete ihn ein Weilchen, bis ihr Lächeln ganz verschwunden war, und sagte dann mit sanfter Stimme: »Mr. Edmund, möchten Sie lieber allein sein?«

»Ich sehe keinen Grund, warum ich Sie hier festhalten sollte«, entgegnete er.

»Außer –«, sagte Milly zögernd und zeigte ihm ihre Arbeit.

»Ach, der Vorhang!« gab er mit geringschätzigem Lächeln zur Antwort. »Der ist des Bleibens nicht wert.«

Sie packte ihre Arbeit wieder zusammen und legte sie in das Körbchen. Dann blieb sie vor ihm stehen, mit einem solchen Ausdruck geduldigen Flehens, daß er nicht umhinkonnte, sie anzusehen, und sprach: »Wenn Sie mich brauchen sollten, werde ich gern wiederkommen. Als Sie mich brauchten, hat es mir Freude gemacht, hier zu sein; es war kein Verdienst dabei. Ich glaube, Sie fürchten, ich könnte Ihnen jetzt, wo Sie sich erholen, lästig werden, aber das wäre nicht geschehen. Ich wäre bloß so lange gekommen, wie Sie das Bett hüten mußten. Sie schulden mir nichts; aber ich kann verlangen, daß Sie mich so gerecht behandeln, als wenn ich eine Dame wäre – sogar die Dame, die Sie lieben. Und wenn Sie glauben, ich überschätze in eigennütziger Selbstüberhebung meine geringen Bemühungen, Ihnen Ihre Krankheit leichter zu machen, so fügen Sie sich mehr Unrecht zu, als Sie jemals mir zufügen können. Das ist es, was mich schmerzt.«

Wäre sie leidenschaftlich gewesen anstatt ruhig, entrüstet anstatt gleichmütig, laut anstatt leise und klar, so hätte er ihr Verschwinden viel weniger gefühlt als jetzt, wo er sich so plötzlich allein fand.

Er starrte noch auf die Stelle, wo sie eben gestanden hatte, und fuhr sich wieder mit der Hand über die Stirn, als Redlaw aus seinem Versteck hervortrat.

»Wenn Krankheit Sie wieder befällt«, sagte er und sah ihn wild an, »– möge es bald geschehen! –, so mögen Sie hier sterben und verfaulen!«

»Was haben Sie getan?« rief der andere und faßte ihn am Mantel. »Welche Veränderung haben Sie in mir hervorgebracht? Welchen Fluch haben Sie über mich verhängt? Geben Sie mir mein Selbst zurück!«

»Geben Sie mir *mein* Selbst zurück!« rief Redlaw wie ein Wahnsinniger. »Ich bin angesteckt! Ich bin ansteckend! Ich bin mit Gift gefüllt für mein eigenes Gemüt und für die Gemüter aller Menschen. Wo ich Teilnahme und Mitleid empfand, da werde ich zu Stein. Selbstflucht und Undankbarkeit keimen auf, wo ich meinen Fuß hinsetze. Nur das eine erhebt mich noch über die Elenden, die ich so umwandle, daß ich sie in dem Augenblick ihrer Veränderung hassen kann.«

Wie er so sprach – der Jüngling hielt ihn immer noch am Mantel fest –, riß er sich los und schlug nach ihm. Dann stürzte er in die Nacht hinaus, wo der Wind heulte, der Schnee fiel, die

Wolken dahinzogen, der Mond trübe schimmerte und wo in dem Heulen des Windes, in dem fallenden Schnee, in den ziehenden Wolken, in dem trüben Schimmer des Mondes, in dem dunklen Schatten die Worte des Geistes erklangen: »Die Gabe, die ich dir verliehen habe, sollst du weitergeben, überall, wo du hinkommst!«

Wohin er ging, war ihm gleichgültig, nur nicht unter Menschen. Die Veränderung, die er in sich fühlte, machte die lauten Straßen zu einer Einöde, sein eigenes Inneres zu einer Wildnis und die ungezählten Menschen um ihn mit ihren vielfachen Sorgen und Erlebnissen zu einer ungeheuren Sandwüste, die die Winde verheerten und zu unentwirrbaren Haufen zusammenwühlten. Die Spuren in seinem Gemüt, von denen der Geist ihm gesagt hatte, daß sie bald vergehen würden, waren noch nicht ganz verblichen, und so fühlte er hinreichend, was er war und was er aus andern machte, um allein sein zu wollen.

Das brachte ihm plötzlich den Jungen in den Sinn, der in sein Zimmer eingedrungen war. Und dann kam ihm der Gedanke, daß von allen, mit denen er seit dem Verschwinden des Geistes verkehrt hatte, dieser Junge allein unverändert geblieben war.

So widerwärtig ihm zwar das tierische Geschöpf war, so beschloß er doch, es aufzusuchen und zu sehen, ob es wirklich so sei; er hatte auch noch eine andere Absicht dabei, die ihm gleichzeitig einfiel.

So lenkte er, nachdem er sich nicht ohne Schwierigkeit orientiert hatte, wo er war, seine Schritte wieder zurück zu dem alten Kolleg, und zwar zum Haupteingang.

Das Häuschen des Kastellans stand unmittelbar hinter dem eisernen Gittertor und bildete einen Teil des Hauptgevierts. Vor der Pforte war ein kurzer Kreuzgang, und er wußte, daß er aus seinem Schatten zu den Fenstern des Wohnzimmers hineinblicken und sehen konnte, wer darin war. Das Gittertor war zu, aber er kannte das Schloß; er öffnete es, indem er durch das Gitter durchgriff, trat vorsichtig hinein, machte die Tür wieder zu und schlich an das Fenster, während der Schnee unter seinen Füßen knirschte.

Das Kaminfeuer leuchtete hell durch das Fenster und warf

einen glänzenden Schein auf den Schnee. Instinktmäßig die helle Stelle vermeidend, ging er um sie herum und sah zum Fenster hinein. Anfangs glaubte er, die Stube sei leer und die Flamme röte nur mit ihrem Schimmer die alten Balken an der Decke und die dunkelbraunen Wände. Aber als er genauer hinblickte, sah er den Jungen auf dem Fußboden zusammengekauert. Er ging rasch zur Tür, öffnete sie und trat ein.

Das wilde Geschöpf lag der Glut so nahe, daß, als der Chemiker es wecken wollte, ihm die Lohe wie sengend ins Gesicht schlug. Sobald er sich berührt fühlte, nahm der Junge, sich, obwohl kaum halbwach, instinktiv zur Flucht wendend, seine Lumpen zusammen und kollerte halb und lief halb in eine entlegene Ecke des Zimmers. Dort kauerte er sich auf dem Fußboden zusammen und stieß um sich, um sich zu verteidigen.

»Steh auf!« sagte der Chemiker. »Kennst du mich noch?«

»Laß mich gehen!« entgegnete der Junge. »Hier wohnt die Frau – nicht du.«

Des Chemikers fester Blick schüchterte ihn etwas ein, so daß er sich auf die Füße stellen und ansehen ließ.

»Wer hat sie gewaschen und verbunden?« fragte der Chemiker, auf die Füße deutend, die in einem ganz anderen Zustand waren als vorhin.

»Die Frau.«

»Und hat sie dir auch das Gesicht gewaschen?«

»Ja, die Frau.«

Redlaw stellte diese Fragen, um seine Augen auf sich zu lenken, und faßte ihn jetzt in derselben Absicht am Kinn und strich sein verwirrtes Haar zurück, obgleich es ihn ekelte, ihn anzurühren. Der Junge beobachtete seine Augen scharf, als halte er das zu seiner Verteidigung für notwendig, und Redlaw konnte recht wohl erkennen, daß ihn keinerlei Veränderung befiel.

»Wo sind sie?« fragte er.

»Die Frau ist fort.«

»Ich weiß es. Wo ist der Alte mit dem weißen Haar und sein Sohn?«

»Der Mann der Frau, meinst du?« fragte der Junge.

»Ja! Wo sind die beiden?«

»Fort! Es ist irgendwo etwas vorgefallen. Sie wurden eilig geholt und sagten mir, ich sollte hierbleiben.«

»Komm mit«, sagte Redlaw. »Ich will dir Geld geben.«

»Wohin? Und wieviel willst du mir geben?«

»Ich will dir mehr Schillinge geben, als du jemals gesehen hast, und dich bald hierher zurückbringen. Kannst du mich dahin führen, wo du hergekommen bist?«

»Laß mich gehen«, erwiderte der Junge und entwand sich rasch seiner Hand. »Dorthin führe ich dich nicht. Laß mich gehen, oder ich bewerfe dich mit Kohlen.«

Er bückte sich rasch zu dem Rost herunter, bereit, die glühenden Kohlen wegzureißen.

Was der Chemiker gefühlt hatte, als er den Zauber, der ihm anhaftete, die umstricken sah, mit denen er in Berührung kam, ließ sich bei weitem nicht mit dem dumpfen Grauen vergleichen, mit dem er diesen kleinen Unhold seinem Einfluß Trotz bieten sah. Es überlief ihn kalt beim Anblick dieses unempfindlichen und unergründlichen Wesens in der Gestalt eines Kindes, das ihn mit bösem Gesicht und wilden Augen ansah.

»Höre, Kind!« sagte er. »Du sollst mich hinführen, wohin du willst, nur mußt du mich zu Leuten bringen, die sehr arm oder sehr schlimm sind. Ich will ihnen nichts Böses zufügen, sondern ihnen helfen. Ich will dir Geld dafür geben, und ich bringe dich wieder hierher zurück. Steh auf und mach rasch!«

Er tat einen hastigen Schritt zur Tür, weil er jeden Augenblick befürchtete, Milly könnte kommen.

»Läßt du mich allein gehen, wirst mich nicht festhalten und mich nicht berühren?« sagte der Junge, indem er langsam die Hand vom Feuer zurückzog und aufstand.

»Ja!«

»Und mich vor dir oder hinter dir, oder wo ich will, gehen lassen?«

»Ja!«

»So gib mir erst Geld, dann komme ich mit.«

Der Chemiker legte dem Jungen ein paar Schillinge, einen nach dem andern, in die ausgestreckte Hand. Sie zu zählen lag außer dem Bereich der Fähigkeiten des Jungen, aber er sagte bei jedem Geldstück »eins« und blickte dabei erst die Münze und dann den Geber habgierig an. Er konnte die Geldstücke außer in seiner Hand bloß im Mund aufbewahren, und dorthin steckte er sie.

Redlaw schrieb dann mit Bleistift auf ein aus seinem Notizbuch gerissenes Blatt, daß das Kind bei ihm sei, legte den Zettel auf den Tisch und winkte dem Knaben, ihm zu folgen. Seine Lumpen zusammenraffend, gehorchte der Junge und ging mit bloßem Kopf und nackten Füßen hinaus in die Winternacht.

Der Chemiker zog es vor, nicht durch das Tor hinauszugehen, wo er leicht der begegnen konnte, die er zu vermeiden trachtete. Er führte den Jungen daher durch die dunklen Korridore des Gebäudeteiles, wo er selbst wohnte, zu einem kleinen Pförtchen, zu dem er den Schlüssel hatte. Als sie wieder auf die Straße traten, blieb er stehen, um seinen Führer – der sogleich vor ihm zurückwich – zu fragen, ob er wisse, wo sie wären.

Der kleine Wilde sah sich um, nickte endlich mit dem Kopf und deutete dann in die Richtung, in der er gehen wollte.

Da Redlaw ohne Besinnen diesen Weg einschlug, folgte er etwas weniger mißtrauisch. Dabei nahm er das Geld abwechselnd in die Hand und steckte es dann wieder in den Mund und polierte es verstohlen an seinen Lumpen, während er hinter dem Chemiker hertrabte.

Dreimal auf ihrem Weg gingen sie nebeneinander. Dreimal blieben sie stehen, während sie nebeneinander waren. Dreimal blickte der Chemiker hinab auf das Gesicht und schauderte bei dem Gedanken, der sich ihm dabei aufdrängte.

Das erste Mal war es, als sie über einen alten Friedhof gingen und Redlaw inmitten der Gräber stehenblieb, gänzlich außerstande, sie mit einem einzigen weichstimmenden oder tröstenden Gedanken zu verbinden.

Das zweite Mal war es, als der aus den Wolken hervortretende Mond seine Blicke zum Himmel emporlenkte, wo er das Gestirn der Nacht in seinem Glanz sah.

Das dritte Mal war es, als er stehenblieb, um einer klagenden Melodie zu lauschen, aber nur eine Reihe von Tönen vernehmen konnte, die ihn bloß an den trockenen Mechanismus der Instrumente erinnerten. Keine der geheimnisvollen Saiten seines Herzens begann zu schwingen, keine Mahnung an die Vergangenheit oder Zukunft drang durch seine Seele, und der Eindruck ging spurlos an ihm vorüber wie der Wind des vergangenen Jahres.

Und alle drei Male sah er mit Entsetzen, daß trotz der unermeßlichen Verschiedenheit zwischen ihnen in geistiger und körperlicher Beziehung der Ausdruck auf dem Gesicht des Jungen den Ausdruck auf seinem eigenen widerspiegelte.

Sie gingen eine gute Weile – jetzt durch menschenerfüllte Gegenden, so daß er sich oft, in der Meinung, seinen Führer verloren zu haben, umsah, ihn aber meistens auf der andern Seite in seinem Schatten traben sah, jetzt wieder durch so stille Straßen, daß er den gedämpften Schall der nackten Füße seines Begleiters auf dem Pflaster hören konnte –, bis sie ein paar halbverfallene Häuser erreichten, wo der Knabe ihn am Ärmel faßte und stehenblieb.

»Da hinein!« sagte er, auf ein Haus deutend, wo einzelne Fenster erleuchtet waren und eine trübe Laterne mit der Aufschrift »Logis für Reisende« über dem Torweg schimmerte.

Redlaw blickte um sich auf die halbverfallenen Häuser und auf das wüste Stück Land, auf dem sie standen. Keine Straßenlaterne, kein Zaun, und ein übelriechender Graben floß daran entlang. Eine Reihe von Bogenwölbungen, die zu einem Viadukt oder einer Brücke in der Nachbarschaft gehörten, senkte sich allmählich dorthin, wo sie standen. Die vorletzte war bloß noch ein Loch für einen Hund, während die letzte aus einem verfallenen Häufchen Ziegelsteinen bestand. Redlaw blickte auf all das und auf das Kind, das fröstelnd auf einem Fuß neben ihm stand, während es den andern um das eine Bein geschlagen hatte, um es zu erwärmen. Der Gesichtsausdruck des Jungen glich wiederum so sehr seinem eigenen, daß der Chemiker entsetzt zurückfuhr und sich an die Stirn faßte.

»Da hinein!« sagte der Junge und deutete wieder auf das Haus. »Ich will hier warten.«

»Werden die mich hineinlassen?«

»Sage nur, du wärst ein Arzt«, antwortete das Kind mit einem Kopfnicken. »Es ist Krankheit genug da.«

Als Redlaw, auf die Haustür zugehend, zurückblickte, sah er, wie der Junge unter den kleinsten Bogen in der Nähe kroch, als wäre er eine Ratte. Er bemitleidete das Geschöpf nicht, aber er fürchtete sich davor; und als es ihn aus seiner Höhle anstarrte, eilte er in das Haus, als wollte er davor fliehen.

»Kummer, Kränkung und Leid«, sagte der Chemiker mit einer mühseligen Anstrengung, sich seine Erinnerungen deutlicher vor die Seele zu rufen, »machen diesen Ort zur Hölle. Wer hierher Vergessen bringt, kann niemand schaden!«

Mit diesen Worten stieß er die Tür auf und trat ein.

Auf der Treppe saß ein Weib und schlief, wie es schien, das Haupt auf Hände und Knie gestützt.

Ohne sich besonders um ihn zu kümmern, rückte sie näher an die Wand, um ihn vorbeizulassen.

»Wer seid Ihr?« fragte Redlaw und blieb stehen, die Hand auf das zerbrochene Treppengeländer gestützt.

»Was meint Ihr, daß ich bin?« erwiderte sie und zeigte ihm wieder ihr Gesicht.

»Ich komme her, um zu helfen«, sagte er sanft. »Denkt Ihr an erlittenes Unrecht?«

Sie blickte ihn mit zusammengezogenen Brauen an und lachte dann; und als sie den Kopf wieder sinken ließ und das Gesicht mit den Händen verhüllte, klang ihr Lachen in einem herzzerbrechenden Seufzer aus.

»Denkt Ihr an erlittenes Unrecht?« fragte er noch einmal.

»Ich denke an mein Leben«, sagte sie, ihm einen kurzen Blick zuwerfend.

Er fühlte, daß sie eine von vielen sei und daß er in ihr das Ebenbild von Tausenden von Unglücklichen sehe.

»Wer sind Eure Eltern?« fragte er.

»Ich hatte es gut zu Hause. Mein Vater war Gärtner, weit draußen auf dem Land.«

»Ist er tot?«

»Für mich ist er tot. Alle solche Dinge sind tot für mich. Sie sind ein feiner Herr und wissen das nicht einmal!«

Sie blickte wieder auf und lachte ihn an.

»Mädchen«, sagte Redlaw streng, »ehe alle diese Dinge für

Euch tot waren, habt Ihr da kein Unrecht erlitten? Lebt in Euch, trotz allem, was Ihr tun könnt, keine Erinnerung an eine Kränkung? Gibt es nicht Zeiten, wo diese Erinnerung Euch elend macht?«

So wenig Weibliches war noch an ihrem Äußeren, daß es ihn in Erstaunen versetzte, als sie jetzt in Tränen ausbrach. Aber noch mehr weckte es sein Erstaunen und machte ihn unruhig, als er sah, daß in der kaum erwachten Erinnerung an diese Kränkung die erste Spur ihrer entschwundenen Menschlichkeit und ihres erstarrten Gefühls sich zeigte.

Er trat etwas zurück und bemerkte dabei Verletzungen an ihren Armen, in ihrem Gesicht und an ihrer Brust.

»Welch rohe Hand hat Euch so verletzt?« fragte er.

»Meine eigene. Ich tat es selbst!« antwortete sie rasch.

»Das ist nicht möglich!«

»Ich schwöre es! Er hat mich nicht angerührt. Ich habe es mir selbst angetan in meiner Raserei und warf mich dann hier nieder. Er kam mir nicht zu nahe!«

In dem entschlossenen Ausdruck des bleichen Gesichts, das ihn mit dieser Lüge ansah, erkannte er, daß noch genug von der letzten Verkehrung des Guten in dieser unglücklichen Brust fortlebe, um ihm Anlaß zur Reue zu geben, daß er sich ihr jemals genähert hatte.

»Kummer, Kränkung und Leid!« sagte er halblaut vor sich hin und wandte scheu den Blick ab. »Alles, was sie noch mit dem verbindet, was sie einst vor ihrem Abstieg war, hat diese Wurzeln! Im Namen Gottes, laßt mich vorüber!«

Voller Scheu, sie noch einmal anzusehen, voller Scheu, sie zu berühren, raffte er seinen Mantel um sich und schritt rasch die Treppe hinauf.

Der Treppe gegenüber war eine Tür, die halb offenstand und aus der in diesem Augenblick ein Mann mit einem Leuchter in der Hand trat. Aber als er den Chemiker erblickte, wich er überrascht zurück und nannte ihn unwillkürlich beim Namen.

Verwundert, sich hier genannt zu finden, blieb er stehen und bemühte sich vergebens, sich auf das abgezehrte und überraschte Gesicht zu besinnen. Aber er hatte nicht lange Zeit dazu, denn zu seiner noch größeren Überraschung trat der alte Philip aus dem Zimmer und ergriff seine Hand.

»Mr. Redlaw«, sagte der Alte, »das sieht Ihnen ganz ähnlich, das sieht Ihnen ganz ähnlich, Sir! Sie haben davon gehört und sind uns nachgeeilt, um zu helfen, soviel noch zu helfen ist. Ach, zu spät, zu spät!«

Redlaw ließ sich ins Zimmer führen. Dort lag auf einem ärmlichen Bett ein Mann, und neben ihm stand William Swidger.

»Zu spät!« murmelte der Alte und sah den Chemiker betrübt an, während die Tränen an seinen Wangen hinabliefen.

»Das sag' ich auch, Vater«, sagte sein Sohn leise. »Das sag' ich eben auch. Wir können weiter nichts tun, als so ruhig wie möglich bleiben, solange er schlummert. Ihr habt recht, Vater!«

Redlaw blieb neben dem Bett stehen und blickte auf den Schlafenden hinab. Es war ein Mann, den Jahren nach noch in der Blüte seines Lebens, auf den aber schwerlich jemals wieder die Sonne scheinen würde. Die Laster eines vierzig- oder fünfzigjährigen Lebens hatten ihn so gezeichnet, daß im Vergleich damit die schwere Hand der Zeit auf das Gesicht des Greises, der neben ihm stand, schonend und verschönernd gewirkt hatte.

»Wer ist das?« fragte der Chemiker, sich umblickend.

»Mein Sohn George, Mr. Redlaw«, sagte der Alte, die Hände ringend. »Mein ältester Sohn George, auf den seine Mutter stolzer war als auf alle übrigen!«

Redlaws Blick schweifte über den grauen Kopf des Greises, der sich über das Bett beugte, zu dem Mann hin, der ihn beim Eintreten erkannt hatte und der dann in die entlegenste Zimmerecke, fern von den andern, zurückgetreten war. Er schien in seinem Alter zu sein, und obgleich er keinen so hoffnungslos heruntergekommenen Mann kannte wie diesen, war, als er jetzt zur Tür hinausging, doch etwas in seiner Haltung, das ihn veranlaßte, unruhig mit der Hand über die Stirn zu fahren.

»William«, sagte er leise, »wer ist das?«

»Ja sehen Sie, Sir«, erwiderte William, »das sage ich eben auch. Warum muß ein Mensch auch immer spielen und dergleichen Dinge treiben und sich zollweise immer tiefer sinken lassen, bis er nicht mehr tiefer sinken kann?«

»Hat er das getan?« fragte Redlaw und sah ihm mit dem gleichen unruhigen Blick wie vorhin nach.

»Jawohl, jawohl, Sir!« erwiderte William Swidger. »Er versteht etwas von Medizin, Sir, wie es scheint. Er ist mit meinem armen Bruder, der hier liegt, nach London gewandert«, sagte Mr. William, sich mit dem Ärmel über die Augen fahrend, »und beide hatten ihr Nachtquartier hier genommen – Sie sehen, es kommen hier manchmal seltsame Gefährten zusammen. Er kam nun, um zu sehen, wie es dem Kranken ginge. Er war es auch, der uns hierhergeholt hat. Welch trauriges Schauspiel, Sir! Aber so geht es in der Welt. Es kann meinem Vater den Tod bringen!«

Redlaw blickte bei diesen Worten in die Höhe, und indem er sich erinnerte, wo und bei wem er sei und welcher Zauber ihn begleite – das hatte er in der Überraschung vergessen –, trat er eilig beiseite und ging mit sich zu Rate, ob er bleiben solle oder gehen.

Einem grollenden Trotz nachgebend, mit dem zu kämpfen er verdammt zu sein schien, entschied er sich für das Bleiben.

»Erst gestern«, sagte er, »bemerkte ich, daß die Erinnerungen dieses Alten nur ein Gewebe von Trübsal und Widerwärtigkeit sind, und heute soll ich mich scheuen, es zu verändern? Sind die Erinnerungen, die ich verwischen kann, diesem Sterbenden so kostbar, daß ich für ihn zu fürchten brauche? Nein! Ich will bleiben.«

Aber trotz dieser Worte blieb er nur mit Furcht und Zittern. Er hielt sich fern von dem Bett und stand, in den dunklen Mantel gehüllt, mit abgewandtem Gesicht da, als ob er sich wie ein Dämon in dieser Stube vorkomme.

»Vater!« murmelte der Kranke, aus halber Betäubung erwachend.

»Mein Sohn! Mein George!« sagte der Alte.

»Ihr sagtet eben, ich wäre einst der Liebling der Mutter gewesen. Es ist schrecklich, jetzt an die Vergangenheit zurückzudenken.«

»Nein, nein, nein!« entgegnete der Alte. »Denke daran. Sage nicht, es sei schrecklich. Mir ist's nicht schrecklich, mein Sohn.«

»Es schneidet Euch ins Herz, Vater«, sagte er, denn die Tränen des Alten fielen auf ihn herab.

»Ja, ja«, sagte Philip, »das ist wahr, aber es tut mir wohl. Es ist ein schweres Leid, an jene Zeit zu denken, aber es tut mir wohl, George. Ach, denke auch du daran, denke auch du daran, und dein Herz wird weicher und weicher werden! Wo ist mein Sohn William? William, mein Sohn, seine Mutter liebte ihn bis an ihr Ende und sagte mit ihrem letzten Atemzug: ›Sage ihm, daß ich ihm verziehen, ihn gesegnet und für ihn gebetet habe.‹ Das waren ihre Worte. Ich habe sie nie vergessen, und ich bin siebenundachtzig!«

»Vater«, sagte der Mann auf dem Bett, »ich sterbe, das weiß ich. Ich bin so schwach, daß ich kaum sprechen kann, selbst nicht von dem, was mir am schwersten auf dem Herzen liegt. Ist noch Hoffnung für mich Sünder?«

»Hoffnung ist für alle Reuigen«, erwiderte der Alte. »Oh!« rief er aus. »Erst gestern dankte ich Gott, daß ich mich an diesen unglücklichen Sohn erinnern konnte, als er noch ein unschuldiges Kind war. Aber welcher Trost liegt jetzt darin zu denken, daß Gott selbst sich seiner auf diese Weise erinnert!«

Redlaw verhüllte sein Gesicht mit den Händen und zuckte scheu zusammen.

»Ach!« stöhnte der Mann auf dem Bett. »Wieviel verloren seitdem! Wieviel verloren!«

»Aber er war einmal ein Kind«, sagte der Alte. »Er spielte mit Kindern. – Nicht wie er jetzt ist, sondern wie damals ruft er zu dir, wie er so oft zu uns zu rufen schien!«

Als der Alte die zitternden Hände zum Himmel erhob, lehnte der Kranke sein mattes Haupt an seine Brust, als wäre er wirklich noch das Kind, von dem er sprach.

Zitterte je ein Mensch so wie Redlaw in dem Schweigen, das jetzt folgte? Er wußte, daß es über sie kommen mußte, er wußte, daß es in Bälde über sie kam.

»Meine Zeit ist kurz, mein Atem ist noch kürzer«, sagte der Kranke, sich auf einen Arm stützend und mit der andern Hand in der Luft herumfahrend, »und ich erinnere mich, daß mir etwas auf dem Herzen liegt wegen des Mannes, der eben hier war. Vater und William – wartet! – Ist dort etwas Schwarzes?«

»Ja, ja!« sagte der greise Vater.

»Ist es ein Mann?«

»Das sage ich ja, George!« sagte der Bruder, sich freundlich über ihn beugend. »Es ist Mr. Redlaw.«

»Mir war's, als ob ich von ihm träumte. Bitte ihn hierherzukommen.«

Bleicher als der Sterbende trat der Chemiker näher. Dem Wink des Kranken gehorchend, setzte er sich auf das Bett.

»Mein Herz ist heute nacht so gerührt worden, Sir«, sagte der Sterbende, die Hand auf sein Herz legend, mit einem Blick, in dem sich die ganze stumm flehende Qual aussprach, »so gerührt von dem Anblick meines armen alten Vaters und dem Gedanken an all den Kummer, an dem ich schuld bin, daß –«

War es das Nahen des Todes oder die Ahnung einer neuen Veränderung, was ihn innehalten ließ?

»– daß ich versuchen will, wiedergutzumachen, was ich kann. Es war noch ein Mann hier. Sahen Sie ihn?«

Redlaw konnte nicht antworten, denn als er das verhängnisvolle Anzeichen, das er jetzt so gut kannte – die unruhig über die Stirn fahrende Hand –, sah, erstarb ihm das Wort auf den Lippen. Aber er machte eine Gebärde der Zustimmung.

»Er hat keinen Pfennig, ist hungrig, und es fehlt ihm an allem. Er ist ganz verlassen und hat keine Möglichkeit, sich zu helfen. Lassen Sie ihn nicht aus den Augen! Verlieren Sie keine Zeit! Ich weiß, er denkt daran, sich das Leben zu nehmen.«

Die Veränderung kam über ihn, sie zeigte sich auf seinem Gesicht. Die Züge wurden allmählich wilder und härter und verloren allen Kummer.

»Können Sie sich nicht besinnen? Kennen Sie ihn nicht?« fuhr er fort.

Er bedeckte das Gesicht einen Augenblick mit der Hand und sah dann auf einmal Redlaw mit grollendem und frechem Blick an.

»Seid verdammt!« sagte er, finster um sich schauend. »Was habt ihr mit mir gemacht? Ich habe fröhlich gelebt und will fröhlich sterben. Zum Teufel mit euch!«

Und er legte sich wieder aufs Bett und schlug die Arme über

Kopf und Ohren zusammen, als ob er von diesem Augenblick an entschlossen sei, alles von sich fernzuhalten und in vollständiger Gleichgültigkeit aus dem Leben zu scheiden.

Wenn den Chemiker der Blitz getroffen hätte, so hätte er nicht in größerer Erschütterung vom Bett zurückweichen können. Aber auch der Alte, der, während sein Sohn mit Redlaw sprach, auf die Seite getreten war und sich jetzt wieder nähern wollte, mied auf einmal das Bett mit Abscheu.

»Wo ist mein Sohn William?« sagte der Alte hastig. »William, wir wollen fort. Wir wollen nach Hause gehen.«

»Nach Hause, Vater!« entgegnete William. »Wollt Ihr Euren eigenen Sohn verlassen?«

»Wo ist mein eigener Sohn?« erwiderte der Alte.

»Wo? Nun dort!«

»Das ist nicht mein Sohn«, sagte Philip, vor Erbitterung zitternd. »Mit einem Kerl wie diesem habe ich nichts zu schaffen. Meine Kinder sehen hübsch aus und bedienen mich und bereiten mir Speise und Trank und sind mir nützlich. Ich habe ein Recht darauf! Ich bin siebenundachtzig!«

»Ihr seid alt genug, um nicht noch älter zu werden«, brummte William und sah ihn, die Hände in den Taschen, verdrießlich an. »Ich weiß wahrhaftig nicht, wozu Ihr da seid. Ohne Euch wären wir wohl noch einmal so fidel.«

»Mein Sohn, Mr. Redlaw!« sagte der Alte. »Mein Sohn! Der Junge spricht mir von meinem Sohne! Ich möchte doch wahrhaftig wissen, was er jemals in seinem Leben getan hätte, das mir Freude machte.«

»Ich weiß wahrhaftig nicht, was Ihr jemals getan habt, um mir Freude zu machen«, sagte William mürrisch.

»Will mich besinnen«, sagte der Alte. »Wie viele Weihnachtsabende habe ich in meiner warmen Ecke gesessen, ohne in die kalte Nachtluft gehen zu müssen, und habe mich wohl gefühlt, ohne gestört zu werden von einem so garstigen Anblick, wie dieser da ist? Waren's zwanzig, William?«

»Eher vierzig, denke ich«, brummte er. »Wahrhaftig, wenn ich meinen Vater ansehe, Sir, und mir es einmal ordentlich überlege«, sagte er zu Redlaw mit einer Gereiztheit, die ganz neu an ihm war, »so will ich mich hängen lassen, wenn ich etwas anderes in ihm sehe als einen Kalender von einer langen Reihe von Jahren voll Essen und Trinken und Bequemlichkeit.«

»Ich bin siebenundachtzig«, sagte der Alte, kindisch faselnd, »und ich weiß nicht, daß mich jemals etwas gestört hätte. Jetzt will ich nicht erst damit anfangen wegen des Menschen dort, den er meinen Sohn nennt. Er ist nicht mein Sohn. Ich habe viele schöne Zeiten erlebt. Ich kann mich noch erinnern – nein, doch nicht – nein, ich hab's vergessen. Es war etwas von einem Ballspiel und einem Freund, aber ich weiß es nicht mehr. Ich möchte wissen, wer es war – ich glaube, ich konnte ihn gut leiden. Und ich möchte wissen, was aus ihm geworden ist – ob er wohl tot ist? Aber ich weiß es nicht. Und mich kümmert's auch nicht ein bißchen.«

Mit schläfrigem Lachen und Kopfschütteln steckte er die Hände in die Westentaschen. In einer fand er ein kleines Stechpalmenzweiglein, wahrscheinlich vom vorigen Abend, das er jetzt herausnahm und besah.

»Beeren, he?« sagte der Alte. »Ah! 's ist schade, daß sie nicht zum Essen sind. Ich erinnere mich, als ich ein kleiner Kerl war, nicht größer als so, und spazierenging mit – mit wem ging ich doch spazieren? – Nein! Ich kann mich nicht mehr darauf besinnen. Ich kann mich nicht mehr erinnern, mit wem ich ging, ich weiß nicht mehr, ob sich je einer um mich gekümmert hat oder ob ich mich um jemand gekümmert habe. Beeren, he? 's ist hübsch, wo's Beeren gibt. Na, ich muß auch meinen Teil davon bekommen, und man muß mich bedienen und mir alles warm und gemütlich machen; denn ich bin siebenundachtzig und ein armer, alter Mann. Ich bin siebenundachtzig, siebenundachtzig!«

Die faselnde, klägliche Weise, mit der er, während er so sprach, an den Blättern knabberte und die Stückchen ausspuckte; das kalte, gleichgültige Auge, mit dem sein jüngster Sohn ihn jetzt betrachtete; die trotzige Gleichgültigkeit, in der sein ältester Sohn dalag – alles das entging Redlaws weiterer Beobachtung, denn er riß sich von der Stelle los und stürzte zum Haus hinaus.

Sein kleiner Führer kam aus seinem Versteck hervorgekrochen und stand vor ihm.

»Wieder zu der Frau?« fragte er.

»Zurück, rasch!« antwortete Redlaw. »Bleib nirgends unterwegs stehen!«

Eine kleine Strecke weit lief der Junge vor ihm her, aber der Chemiker ging so rasch, daß der Junge mit seinen bloßen Füßen kaum Schritt halten konnte. Scheu alle Vorübergehenden meidend, dicht in den Mantel gehüllt, blieb Redlaw erst an der Tür stehen, durch die sie vorher auf die Straße getreten waren. Er schloß sie auf, trat ein, begleitet von dem Jungen, und eilte durch die dunklen Gänge in sein Zimmer.

Der Junge beobachtete ihn scharf, wie er die Tür zumachte, und zog sich hinter den Tisch zurück, als jener sich umsah.

»Rühre mich ja nicht an!« sagte er. »Du willst mir doch nicht mein Geld wieder wegnehmen?«

Redlaw ließ noch einige Geldstücke auf den Fußboden fallen. Der Junge warf sich sogleich darauf, als wollte er sie seinen Augen entziehen, damit ihr Anblick ihn nicht veranlasse, sie zurückzufordern; und erst als er ihn bei der Lampe sitzen sah, das Gesicht mit den Händen bedeckt, fing er an, sie verstohlen aufzulesen. Als er das getan hatte, kroch er zum Feuer und setzte sich in einen großen Stuhl, der davor stand. Dann holte er ein paar Speisereste aus der Brusttasche hervor, kaute und starrte ins Feuer und betrachtete dann und wann seine Schillinge, die er fest in der einen Hand hielt.

»Und das ist also der einzige Gefährte, den ich auf der Welt habe!« sagte Redlaw und sah das Kind mit zunehmender Abneigung und Furcht an.

Wie lange er so dasaß, die Augen auf dieses Geschöpf geheftet, vor dem ihm ekelte – ob eine halbe Stunde oder die halbe Nacht –, wußte er nicht. Aber die Stille im Zimmer wurde plötzlich unterbrochen von dem Jungen, der, nachdem er eine Weile aufmerksam gehorcht hatte, jetzt aufsprang und zur Tür lief.

»Die Frau kommt!« rief er.

Der Chemiker hielt ihn in dem Augenblick, als sie klopfte, fest.

»Laß mich zu ihr«, sagte der Junge.

»Jetzt nicht«, erwiderte der Chemiker. »Bleib! Niemand darf jetzt zum Zimmer herein oder hinaus. Wer ist da?«

»Ich bin's, Sir«, rief Milly. »Bitte, machen Sie auf!«

»Um alles in der Welt nicht!« sagte er.

»Mr. Redlaw, Mr. Redlaw, bitte, machen Sie auf!«

»Was gibt's?« sagte er und hielt den Jungen zurück.

»Dem elenden Kranken, bei dem Sie waren, geht es schlechter, und nichts kann ihn aus seiner schrecklichen Verblendung erretten. Williams Vater ist in einem Augenblick kindisch geworden. Auch William hat sich verändert. Die Erschütterung ist zu plötzlich für ihn gekommen, er ist gar nicht mehr er selbst. Ach! Mr. Redlaw, bitte, raten Sie mir, helfen Sie mir!«

»Nein, nein, nein!« gab er zur Antwort.

»Mr. Redlaw, lieber Herr! George sprach in seinem Halbtraum von dem Mann, den Sie dort sahen und der sich, wie er fürchtet, das Leben nehmen will.«

»Besser ist's, er tut es, als daß er mir zu nahe kommt!«

»Er sagte in seinem Phantasieren, Sie kennen ihn; er sei vor langer, langer Zeit Ihr Freund gewesen; er sei der unglückliche Vater eines Studenten hier – ich ahne es fast, des jungen Gentleman, der so krank gewesen ist. Was soll ich tun? Wie soll man ihn beobachten? Wie ist er zu retten? Ach! Mr. Redlaw, bitte, raten Sie mir, helfen Sie mir!«

Während der ganzen Zeit hielt er den Jungen fest, der wie wild darauf war, sich von ihm loszureißen und die Frau hereinzulassen.

»Erscheinungen! Ihr, die ihr gotteslästerliche Gedanken bestraft«, rief Redlaw voller Verzweiflung, »seht auf mich herab! Möge aus der Nacht meines Gemüts der Funken Reue, der dort ist, emporscheinen und euch mein Elend zeigen! In der Körperwelt kann nichts entbehrt werden, wie ich immer gelehrt habe; keine Stufe, kein Atom des wunderbaren Baus kann verlorengehen, ohne daß eine Lücke im großen Weltall entsteht. Ich weiß jetzt, daß es ebenso ist mit dem Guten und dem Bösen, mit der Freude und dem Leid im Gedächtnis der Menschen. Habt Erbarmen! Erlöst mich!«

Keine Antwort ertönte, nur ihr »Helfen Sie mir, helfen Sie mir, machen Sie auf!« Und immer noch versuchte der Junge, sich von ihm loszureißen.

»Schatten meines Ichs! Geist meiner trüben Stunden!« rief Redlaw wie außer sich. »Kehre zurück und umschwebe mich bei Tag und bei Nacht, aber nimm deine Gabe wieder! Doch wenn ich sie behalten muß, so entziehe mir wenigstens die schreckliche Macht, sie anderen mitzuteilen. Mache ungeschehen, was ich getan habe. Laß mich in Nacht, aber gib denen den Tag zurück, die mein Fluch angesteckt hat. So wahr ich diese Frau von Anfang an verschont habe und so wahr ich dieses Zimmer nie wieder verlassen, sondern hier sterben will, ohne eine pflegende Hand außer diesem Geschöpf, das meinem Einfluß unzugänglich ist – höre mich!«

Die einzige Antwort blieb, daß der Junge sich von ihm loszureißen versuchte, um zu ihr zu gelangen, und daß sie draußen jetzt lauter rief: »Helfen Sie! Machen Sie auf! Er war einst Ihr Freund, wie ist er zu beaufsichtigen, wie zu retten? Sie haben sich alle so verändert, niemand kann mir helfen als Sie. Bitte, machen Sie auf!«

Die Rücknahme der Gabe

Nacht umhüllte noch den Himmel. Auf weiten Ebenen, von Bergeshöhen aus und vom Deck einsamer Schiffe auf dem Meer sah man ganz tief unten am Horizont einen schwach dämmernden Streifen, der mit der Zeit Licht zu werden versprach; aber die Erfüllung dieses Versprechens war noch fern und ungewiß, und den Mond umdrängten noch geschäftig die Wolken der Nacht.

Das Zimmer des Chemikers war noch schwach erhellt von dem Schimmer der verlöschenden Lampe; ein geisterhaftes Schweigen war auf das Klopfen und die Stimme draußen gefolgt; nichts war vernehmbar als dann und wann ein schwaches Geräusch in der ausgebrannten Asche des Feuers, als ob es seinen letzten Atemzug tue. Vor dem Kamin auf der Erde lag der Junge in festem Schlummer. Auf seinem Stuhl saß der Chemiker, wie er dort gesessen hatte, seit das Rufen an der Tür verklungen war.

Da ertönte von neuem die Weihnachtsmusik, die er schon einmal vernommen hatte. Er horchte erst, wie er auf dem Friedhof gehorcht; aber bald – sie klang noch fort und wurde zu ihm getragen auf der Nachtluft in leiser, sanfter, melancholischer Melodie – stand er auf und streckte seine Hände aus, als ob ein Freund ihm nahe, dem seine unselige Berührung keinen Schaden tun konnte. Als er das tat, wurden seine Züge weniger starr; ein schwaches Zittern befiel ihn, und endlich füllten sich seine Augen mit Tränen; er verhüllte sein Gesicht mit den Händen und ließ das Haupt auf die Brust sinken.

Seine Erinnerung an Kummer, Kränkung und Sorge war ihm nicht wiedergeschenkt; er wußte es und schmeichelte sich nicht mit dem Glauben oder der Hoffnung, daß er sie wiederhabe. Aber eine leise Regung in seinem Innern machte ihn wieder fähig, von dem, was in der fernen Musik lag, gerührt zu werden. Und wenn sie ihm auch bloß traurig von dem Wert dessen, was er verloren hatte, erzählte, so pries er doch den Himmel dafür in heißer Dankbarkeit.

Als der letzte Ton in seinen Ohren verklang, hob er den Kopf, um auf das langsame Verklingen der Musik zu lauschen. Hinter dem Jungen, so daß die schlafende Gestalt ihm zu Füßen lag, stand das Gespenst, die Augen starr auf ihn geheftet.

Es sah noch so grauenerregend aus wie immer, aber nicht mehr so grausam und erbarmungslos – so dachte oder hoffte er wenigstens, als er es zitternd ansah. Es war nicht allein, sondern hielt in seiner Hand eine andere Hand.

Und wessen Hand war das? War die Gestalt neben dem Gespenst wirklich Milly oder bloß ihr Schatten und ihr Scheinbild? Das Köpfchen mit dem stillen Antlitz war ein wenig auf die Seite geneigt, wie es ihre Art war, und ihre Augen sahen voller Mitleid auf das schlummernde Kind hinab. Ein strahlender Schimmer fiel auf ihr Gesicht, berührte aber das Gespenst nicht; denn obgleich es dicht neben ihr stand, blieb es doch so glanz- und farblos wie zuvor.

»Gespenst«, sagte der Chemiker, von diesem Anblick neu

beunruhigt, »ich bin gegen sie weder hartnäckig noch vorwitzig gewesen. Oh, bringe sie nicht hierher! Erspare mir das!«

»Dies hier ist bloß ein Schattenbild«, sagte das Gespenst, »wenn der Tag anbricht, suche die Wirklichkeit dieses Bildes auf.«

»Ist das mein unvermeidliches Los?« rief der Chemiker.

»Ja«, entgegnete das Gespenst.

»Um ihren Frieden und ihre Herzensgüte zu vernichten; um sie zu dem zu machen, was ich bin und was ich aus anderen gemacht habe?«

»Ich habe gesagt: Suche sie auf!« gab das Gespenst zurück.

»Sag mir«, rief Redlaw aus, sich an die Hoffnung klammernd, die in diesen Worten verborgen zu liegen schien, »kann ich ungeschehen machen, was ich getan habe?«

»Nein«, entgegnete das Gespenst.

»Ich verlange es nicht für mich«, sagte Redlaw. »Was ich hingegeben habe, gab ich aus freiem Willen hin, und ich habe mich über seinen Verlust nicht zu beklagen. Aber für die, die ich mit der unseligen Gabe angesteckt habe; die nie danach verlangten; die, ohne es zu wissen, von einem Fluch getroffen werden, den sie nicht ahnten und den zu vermeiden sie nicht die Macht hatten – kann ich für diese nichts tun?«

»Nichts!« sagte das Gespenst.

»Auch kein anderer?«

Unbeweglich wie ein Steinbild hielt das Gespenst eine Zeitlang seine Augen fest auf ihn gerichtet, dann wandte es plötzlich das Haupt und sah den Schatten neben sich an.

»Oh! Kann sie es tun?« rief Redlaw.

Das Gespenst ließ die Hand los, die es bis jetzt festgehalten, und winkte der Erscheinung zu verschwinden. Alsbald begann der Schatten, immer noch in der alten Stellung verharrend, in Luft zu zergehen.

»Halt!« rief Redlaw mit einem Ernst, dem er kaum genug Ausdruck geben konnte. »Nur einen Augenblick! Um des Himmels Barmherzigkeit willen! Ich fühlte eine Veränderung über mich kommen, als der Wind vorhin jene Klänge herübertrug. Sage, habe ich die Macht verloren, ihr Böses zuzufügen? Kann ich mich ihr ohne Scheu nähern? Oh, laß sie mir nur ein Zeichen der Hoffnung geben!«

Das Gespenst blickte das Schattenbild an wie er – nicht ihn – und gab keine Antwort.

»Wenigstens das eine sage mir: Besitzt sie bewußt eine Macht, das wiedergutzumachen, was ich verdorben habe?«

»Nein«, erwiderte das Gespenst.

»Hat sie die Macht, ohne es zu wissen?«

Das Gespenst antwortete: »Suche sie auf!« Und ihr Schatten verschwand langsam.

Sie standen sich wieder gegenüber und sahen einander an, mit demselben gespannten und grauenerfüllten Blick wie damals, als er die Gabe erhielt. Der Junge lag zwischen ihnen zu Füßen des Gespenstes.

»Schrecklicher Lehrer«, sagte der Chemiker und sank vor dem Geist flehend auf die Knie, »der sich von mir losgesagt hat, aber mich wieder heimsucht (und ich sehe darin und in diesem milderen Antlitz nur zu gern einen Schimmer von Hoffnung), ich will dir, ohne zu fragen, gehorchen. Mein einziges Flehen ist, daß der Ruf, den ich in der Angst meines Herzens ausgestoßen, erhört werden möge zum Besten derer, denen ich Unwiederbringliches genommen habe. Aber eines liegt mir noch auf dem Herzen . . .«

»Du sprichst von dem Wesen, das hier liegt«, unterbrach ihn der Geist und wies auf den Jungen zu seinen Füßen.

»Ja«, erwiderte der Chemiker. »Du weißt, was ich sagen wollte. Warum blieb dieses Kind allein meinem Einfluß unzugänglich, und warum habe ich in seinen Gedanken eine schreckliche Übereinstimmung mit meinen eigenen entdeckt?«

»Dies«, sagte das Gespenst und wies auf den Jungen, »ist das letzte und vollständigste Beispiel eines menschlichen Wesens, ganz entblößt von solchen Erinnerungen, wie du sie aufgegeben hast. Keine besänftigende Erinnerung an Kummer, Kränkung oder Sorge wohnt hier, weil dieses unglückliche Menschenkind, von Anfang an verlassen, aufgewachsen ist wie ein Tier. In seinem Gemüt lebt nichts, was den Keim einer solchen Erinnerung zum Sprießen bringen könnte und wodurch der Mensch erst zum Menschen wird. In diesem verlassenen Geschöpf ist alles öde Wüste. In dem Menschen, dem alles das geraubt ist, was du aufgegeben hast, ist dieselbe öde Wüste. Wehe solch einem Menschen! Wehe, zehnfach Wehe dem Volk, das Geschöpfe wie dieses unglückliche Kind hier nach Hunderten und Tausenden zählt!«

Entsetzt schauerte Redlaw zusammen.

»Alle diese Geschöpfe«, sagte das Gespenst, »streuen Saaten aus, die die Menschheit ernten muß. Aus jedem Keim des Bösen in diesem Jungen wächst eine Aussaat des Verderbens, die dereinst geerntet und aufgespeichert und wieder ausgesät wird an vielen Stellen der Welt, bis ganze Länder so voller Elend sind, daß eine zweite Flut kommen wird. Offenkundiger und unbestrafter Mord, täglich geduldet in den Straßen einer Stadt, wäre weniger verderblich als solch ein Anblick.«

Der Geist schien auf den schlummernden Jungen hinabzublicken. Redlaw sah ihn jetzt ebenfalls mit einem ganz neuen Gefühl an.

»Jeder Vater«, sagte das Gespenst, »an dem diese Geschöpfe bei Tag oder bei Nacht vorüberschweifen; jede Mutter unter den vielen liebenden Müttern dieses Landes; jeder, der hinaus ist über die Jahre der Kindheit – alle sind sie in ihrer Weise verantwortlich für diese Greuel. Es gibt kein Land auf der Erde, das eine solche Schuld nicht mit einem Fluch belasten würde.«

Der Chemiker schlug die Hände zusammen und blickte, vor Bangen und Mitleid zitternd, von dem schlummernden Jungen zu dem Gespenst, das mit abwärts deutendem Finger vor ihm stand.

»Sieh hin«, fuhr das Gespenst fort, »auf das vollständige Ebenbild dessen, was du sein wolltest. Deine Macht kann hier nichts bewirken, weil du aus dieses Kindes Brust nichts verbannen kannst. Seine Gedanken haben eine schreckliche Übereinstimmung mit den deinen, weil du herabgesunken warst zu seiner unnatürlichen Tiefe. Er ist das Erzeugnis der Gleichgültigkeit des Menschen, du legst Zeugnis ab von dessen Fürwitz. In beiden Fällen ist die wohltätige Absicht des Himmels vereitelt, und von den beiden Polen der geistigen Welt aus kommt ihr auf einem Punkt zusammen.«

Der Chemiker beugte sich über den Jungen, deckte mit

neuerwachtem Mitleid für ihn und für sich selbst den Schlummernden zu und fühlte sich nicht mehr von Abscheu oder Gleichgültigkeit gegen ihn erfüllt.

Jetzt wurde der Streif tief unten am Horizont heller, die Finsternis schwand, die Sonne stieg purpurglänzend empor, und die Schornsteine und Giebel des alten Gebäudes schimmerten in der klaren Morgenluft, die den Qualm und den Dunst der Stadt in eine goldene Wolke verwandelte.

Die Tetterbys waren wach und munter. Mr. Tetterby nahm die Läden vor seinem Geschäft ab und enthüllte allmählich die Kostbarkeiten seines Schaufensters den gegen ihre Versuchung so abgehärteten Blicken des Jerusalemkollegs. Fünf kleine Tetterbys, deren zehn runde Augen sich von der Seife und dem Reiben röteten, hatten unter Mrs. Tetterbys Vorsitz die Tortur einer kalten Waschung in der Küche auszuhalten. Johnny, der sich stets mit großer Hast anziehen mußte, wenn Moloch in anspruchsvoller Laune war (und das war er eigentlich stets), wankte unter größeren Beschwerden als gewöhnlich mit seiner Last vor der Ladentür hin und her; denn Moloch war heute noch viel gewichtiger durch eine Unzahl von Schutzmitteln gegen die Kälte, die aus gestricktem wollenem Zeug bestanden und einen vollständigen Kettenpanzer mit Kopfstück und blauen Beinschienen bildeten.

Das Merkwürdigste an diesem Kind war, daß bei ihm die Zähne andauernd zum Durchbruch kamen. Ob sie niemals ganz kamen oder ob sie nach dem Durchbruch wieder verschwanden, das ist nicht ganz klar; aber sicherlich waren ihrer schon zahllose zum Durchbruch gekommen.

Die Laune der kleinen Tetterbys hatte sich in ein paar Stunden erstaunlich verändert. Mr. und Mrs. Tetterby hatten sich nicht weniger verwandelt als ihre Sprößlinge. In der Regel waren sie uneigennützige, gutmütige, nachgiebige Leutchen, die, wenn es wenig gab (und das war ziemlich oft), dieses Wenige zufrieden und selbst großmütig teilten und großen Genuß an einer kleinen Schüssel hatten. Aber jetzt stritten sie sich nicht nur um Seife und Wasser, sondern auch um das Frühstück, das in Aussicht stand. Die Hand jedes kleinen Tetterbys war gegen die andern kleinen Tetterbys gerichtet, und selbst Johnnys Hand – die Hand des geduldigen, aufopfernden Johnny – erhob sich gegen den Säugling! Ja, als Mrs. Tetterby zufällig zur Tür trat, sahen ihre Augen, wie er sich eine schwache Stelle in dem Panzerkleid suchte und dem Kind einen Puff gab.

Mrs. Tetterby hatte ihn im Nu beim Kragen ins Zimmer geholt und ihm den Angriff mit Zinsen zurückgezahlt.

»Ach, Gott behüte das Kind!« sagte Mrs. Tetterby und schüttelte die Kleine mit einer Gereiztheit, die nicht gut zu diesem frommen Wunsch paßte. »Was fehlt ihr denn wieder?«

Da sie nichts entdecken konnte und auch das Schütteln die Sache nicht klarer machte, legte Mrs. Tetterby die Kleine in die Wiege, setzte sich mit übereinandergeschlagenen Armen daneben und schaukelte sie ärgerlich mit dem Fuß.

»Wie du dastehst, Dolf!« sagte Mrs. Tetterby zu ihrem Mann. »Warum machst du denn nichts?«

»Weil es mir einerlei ist, ob ich etwas mache oder nicht«, entgegnete Mr. Tetterby.

»Mir ist es auch gleich«, sagte Mrs. Tetterby.

»Ich kann darauf schwören, daß es mir auch ganz egal ist«, sagte Mr. Tetterby.

»Du tätest besser, deine Zeitung zu lesen, statt gar nichts zu tun«, sagte Mrs. Tetterby.

»Was gibt's in der Zeitung zu lesen?« entgegnete Mr. Tetterby mürrisch.

»Was?« sagte Mrs. Tetterby. »Den Polizeibericht.«

»Kümmert mich nicht«, sagte Mr. Tetterby. »Was geht es mich an, was andere Leute tun oder was ihnen widerfährt?«

»Selbstmorde«, sagte Mrs. Tetterby.

»Gehen mich nichts an«, gab ihr Gatte zur Antwort.

»Geburten, Sterbefälle und Heiraten – gehen die dich auch nichts an?« fragte Mrs. Tetterby.

»Wenn es mit den Geburten von heute an vorbei wäre und die Sterbefälle mit heute anfingen, so sehe ich nicht ein, warum es mich kümmern sollte, ehe daran zu denken ist, daß die Reihe an mich kommt«, brummte Tetterby. »Was das Heiraten betrifft, so habe ich es selbst versucht. Davon weiß ich genug.«

Nach dem unzufriedenen Ausdruck ihres Gesichts zu urteilen, schien Mrs. Tetterby ganz derselben Meinung zu sein wie ihr Mann; aber sie widersprach ihm doch um der Freude willen, sich mit ihm zu zanken.

»Wie alt und schäbig er aussieht«, sagte Mrs. Tetterby. »Ich habe noch bei keinem Menschen eine so rasche Veränderung gesehen. Ach Gott! Es war ein Opfer.«

»Was war ein Opfer?« fragte ihr Gatte mürrisch.

»Wenn du meinst, deine Heirat wäre ein Opfer gewesen, Frau –«

»Das meine ich«, erwiderte die Frau.

»Nun, dann will ich dir sagen«, fuhr Mr. Tetterby fort, »daß die Sache zwei Seiten hat und daß ich das Opfer war und daß ich wünschte, das Opfer wäre gar nicht angenommen worden.«

»Ich wollte, ich hätte es nicht getan, Tetterby, ich versichere das von ganzem Herzen und von ganzer Seele«, erwiderte die Frau. »Du kannst es nicht mehr wünschen als ich, Tetterby.«

»Ich weiß gar nicht, was ich an ihr gesehen habe«, brummte der Zeitungsmann, »wahrhaftig; so viel aber steht fest, wenn ich etwas sah, so ist es nicht mehr vorhanden. Ich dachte gestern abend nach dem Essen daran. Sie wird dick und alt und hält keinen Vergleich mit den meisten anderen Frauen aus.«

»Er sieht nach gar nichts aus, er ist klein, er bekommt einen krummen Rücken und eine Glatze«, brummte Mrs. Tetterby.

»Ich muß halb verrückt gewesen sein, als ich sie heiratete«, sagte Mr. Tetterby.

»Ich kann nicht bei Verstand gewesen sein, anders ist es nicht zu erklären«, meinte Mrs. Tetterby.

In dieser Stimmung setzten sie sich zum Frühstück hin.

»Diese Kinder werden noch mein Tod sein!« sagte Mrs. Tetterby. »Und je eher das geschieht, desto besser.«

»Arme Leute sollten gar keine Kinder haben«, meinte Mr. Tetterby, »sie machen ihnen kein Vergnügen.«

Er ergriff eben die Tasse, die Mrs. Tetterby ihm mürrisch hingeschoben hatte, und sie wollte ihre Tasse eben an den Mund setzen, als beide wie verzaubert reglos verharrten.

»Mutter! Vater!« rief Johnny, ins Zimmer stürzend. »Mrs. William kommt die Straße herauf!«

Und wenn jemals seit Erschaffung der Welt ein Junge ein kleines Kind mit der Sorgfalt einer erfahrenen Amme aus der Wiege nahm und es zärtlich beruhigte und fröhlich mit ihm hinauswankte, so war Johnny dieser Knabe, und Moloch war dieses Kind, das er jetzt hinaustrug.

Mr. Tetterby setzte seine Tasse ab, Mrs. Tetterby setzte ihre Tasse ab. Mr. Tetterby rieb sich die Stirn, Mrs. Tetterby tat desgleichen. Mr. Tetterbys Gesicht begann sich zu entspannen und einen freundlichen Ausdruck anzunehmen; mit Mrs. Tetterbys Antlitz ging die gleiche Veränderung vor.

»Gott verzeih mir's«, sprach Mr. Tetterby zu sich selbst, »was war das bloß für eine schlechte Laune? Was ist nur hier vorgegangen?«

»Wie konnte ich nach allem, was ich gestern abend sagte und fühlte, nur so schlecht gegen ihn sein!« schluchzte Mrs. Tetterby.

»Ich bin doch ein Mensch, an dem kein gutes Haar ist«, sagte Mr. Tetterby. »Sophia! Mein kleines Frauchen!«

»Lieber Dolphus!« gab seine Frau zurück.

»Ich – ich bin in einer schlimmen Laune gewesen«, sagte Mr. Tetterby, »daß ich gar nicht daran denken kann, Sophy.«

»Ach, das ist gar nichts gegen das, was ich gewesen bin, Dolf!« rief seine Frau unter hellen Tränen aus.

»Sophia«, sagte Mr. Tetterby, »nimm es dir nicht so zu Herzen. Ich kann mir's nicht verzeihen. Es muß dir fast das Herz gebrochen haben, ich weiß es.«

»Nein, Dolf, nein! Ich war's! Ich!« rief Mrs. Tetterby.

»Mein kleines Frauchen«, sagte ihr Mann, »bitte, beruhige dich. Es ist für mich der schrecklichste Vorwurf, wenn du dich so edel benimmst. Liebe Sophia, du weißt gar nicht, was ich gedacht habe. Ich habe mich gewiß schlimm genug gezeigt, aber was ich dachte, mein kleines Frauchen –«

»Ach, lieber Dolf, bitte! Erzähle es nicht!« bat seine Frau.

»Sophia«, sagte Mr. Tetterby, »ich muß es sagen. Mein Gewissen könnte sich nicht beruhigen, wenn ich es nicht erzählte. Mein kleines Frauchen ...«

»Hurra! Da ist Mrs. William!« rief Johnny.

Sie war da und alle Kinder mit ihr, und wie sie eintrat, da

küßten sie sie und küßten sich untereinander und küßten das Kleinste und küßten Vater und Mutter und umtanzten dann wieder die Angekommene. Mr. und Mrs. Tetterby blieben in der Wärme ihres Empfangs nicht zurück. Sie fühlten sich ebensosehr zu ihr hingezogen wie die Kinder. Sie eilten ihr entgegen und konnten ihr Entzücken gar nicht genug zeigen. Sie trat unter sie wie der Engel der Güte und Liebe, wie der Geist des zärtlichen Familiensinnes und der trauten Häuslichkeit.

»Ich war noch niemals so gerührt wie heute morgen«, sagte Milly. »Ich muß es Ihnen erzählen, sobald ich zu Wort komme. Mr. Redlaw kam bei Sonnenaufgang zu mir und bat mich so zärtlich, als ob ich seine Lieblingstochter wäre, mit ihm zu dem Haus zu gehen, wo Williams Bruder George krank im Bett liegt. Ich begleitete ihn, und unterwegs war er so gütig und so sanft und schien so viel Vertrauen und Hoffnung in mich zu setzen, daß ich vor Freude weinen mußte. Als wir in dem Haus angekommen waren, begegnete uns in der Tür ein Weib (ich fürchte, jemand hatte es geschlagen und verletzt), das im Vorbeigehen meine Hand ergriff und Gottes Segen wünschte.«

»Sie hatte recht!« sagte Mr. Tetterby. Mrs. Tetterby sagte: »Sie hatte recht.« Alle Kinder riefen: »Sie hatte recht.«

»Ach, es ist aber noch mehr zu erzählen«, sagte Milly. »Als wir in das Zimmer des Kranken traten, der seit Stunden in Ohnmacht dagelegen hatte, da richtete er sich in seinem Bett auf, brach in Tränen aus und sagte, er habe ein schlechtes Leben geführt, aber er bereue es jetzt aufrichtig, und die Vergangenheit liege vor ihm wie eine große Landschaft, von der eine dichte schwarze Wolke weggenommen sei; und er bat mich, seinen armen alten Vater um Verzeihung und um seinen Segen zu bitten und neben seinem Bett ein Gebet zu sprechen. Und als ich das tat, stimmte Mr. Redlaw ein und dankte mir und dem Himmel so innig, daß ich bloß hätte schluchzen und weinen können, wenn mich der Kranke nicht gebeten hätte, ich möchte mich neben ihn setzen, was mich natürlich ruhiger machte. Als ich neben ihm saß, hielt er meine Hand fest, bis er in Schlummer versank, und selbst dann, als ich ihm meine Hand entzog, um hierherzugehen (worauf Mr. Redlaw sehr drang), suchte er sie, so daß jemand anders sich an meine Stelle setzen und ihm die Hand geben mußte, damit er glaube, ich sei noch da. Ach Gott, ach Gott«, sagte Milly schluchzend, »wie dankbar und beglückt ich mich durch das alles fühle!«

Während sie noch sprach, war Redlaw eingetreten, und nachdem er einen Augenblick die Gruppe betrachtet hatte, war er stillschweigend die Treppe hinaufgegangen. Jetzt erschien er wieder auf der Treppe, aber er blieb oben, während der junge Student an ihm vorbei ins Zimmer hinablief.

»Gütige Pflegerin, sanftestes, bestes aller Wesen!« rief er aus. »Verzeihen Sie mir meine hartherzige Undankbarkeit!«

»O Gott, o Gott!« rief Milly mit naivem Erstaunen. »Hier ist wieder einer! O Gott, hier ist wieder jemand, der mich gern hat! Was soll ich nur anfangen?«

»Ich war nicht mehr ich selbst«, sagte er. »Ich weiß nicht, was es war – es war vielleicht eine Folge meiner Krankheit – ich war wahnsinnig. Aber ich bin es jetzt nicht mehr. Ich hörte von den Kindern Ihren Namen rufen, und der trübe Schatten wich schon bei dem bloßen Klang von mir. Oh, weinen Sie nicht! Teuerste Milly, wenn Sie in meinem Herzen lesen könnten und wüßten, wie sehr es von Liebe und dankbarer Verehrung glüht, so würden Sie mich nicht Ihre Tränen sehen lassen.«

»Nein, nein«, sagte Milly, »das ist es nicht, das ist es nicht! Es ist lauter Freude! Es ist Verwunderung, daß Sie es für notwendig halten sollten, mich wegen einer solchen Kleinigkeit um Verzeihung zu bitten, und dennoch Freude, daß Sie es tun.«

»Und wollen Sie mich wieder besuchen, und wollen Sie den kleinen Vorhang fertig machen?«

»Nein!« sagte Milly, indem sie sich die Augen trocknete und den Kopf schüttelte. »Jetzt wird Ihnen meine Näherei gleichgültig sein.«

»Heißt das verzeihen?« sagte er.

Sie winkte ihm und flüsterte ihm ins Ohr: »Es ist Nachricht von zu Hause da, Mr. Edmund.«

»Nachricht? Wieso?«

»Entweder das Ausbleiben Ihrer Briefe, als Sie krank waren, oder die Veränderung Ihrer Handschrift, als Sie zu genesen anfingen, hat die Leute dort die Wahrheit ahnen lassen. Sei dem, wie ihm wolle – aber sind Sie sicher, daß Sie eine Nachricht ohne zu große Erschütterung ertragen können, obwohl es durchaus keine schlechte Nachricht ist?«

»Gewiß.«

»Nun denn – es ist jemand angekommen!« sagte Milly.

»Meine Mutter?« fragte der Student und sah sich unwillkürlich nach Mr. Redlaw um, der die Treppe herabgestiegen war.

»Still! Nein!« sagte Milly.

»Es kann niemand anders sein.«

»Wirklich«, sagte Milly, »sind Sie dessen sicher?«

»Es ist doch nicht ...« Ehe er aussprechen konnte, legte sie ihre Hand auf seinen Mund.

»Ja, es ist so!« sagte Milly. »Die junge Dame (sie ist dem Miniaturbild sehr ähnlich, Mr. Edmund, aber hübscher) hielt es in der Ungewißheit nicht mehr aus, und so traf sie gestern abend in Begleitung ein. Da Sie Ihre Briefe stets von dem Kolleg aus adressierten, so kam sie dorthin, und ich sah sie, bevor ich heute früh zu Mr. Redlaw ging. – Sie hat mich auch gern«, sagte Milly. »O Gott, da ist wieder eine!«

»Heute früh? Und wo ist sie jetzt?«

»Jetzt«, sagte Milly, ihm ins Ohr flüsternd, »ist sie in einem Stübchen in der Pförtnerwohnung und erwartet Sie dort.«

Er wollte forteilen, aber sie hielt ihn zurück.

»Mr. Redlaw ist sehr verändert und sagte mir heute morgen, daß sein Gedächtnis gelitten hätte. Seien Sie recht rücksichtsvoll zu ihm, Mr. Edmund, wir müssen es alle zu ihm sein.«

Der Jüngling gab ihr durch einen Blick zu verstehen, daß er ihre Warnung beachten würde, und als er beim Fortgehen an Mr. Redlaw vorbeikam, verbeugte er sich respektvoll und mit offenbarer Teilnahme vor ihm.

Mr. Redlaw erwiderte den Gruß höflich und sah dem Jüngling nach. Dann ließ er den Kopf in die Hand sinken, als ob er sich auf etwas, was ihm entschwunden war, zu besinnen versuchte. Aber es kam nicht wieder.

Die dauernde Veränderung, die seit den Klängen der nächtlichen Musik und dem Wiedererscheinen des Geistes in ihm vorgegangen war, bestand darin, daß er jetzt wirklich fühlte, wieviel er verloren hatte. Er konnte jetzt seine eigene Lage bemitleiden und sie mit dem natürlichen Zustand der Personen seiner Umgebung vergleichen. Daraus entstanden eine neue Teilnahme an den Menschen seiner Umgebung und ein bescheidenes, ergebungsvolles Bewußtsein seines Unglücks, dem ähnlich, das manchmal dem Alter eigen ist, wenn seine geistigen Kräfte geschwächt sind, ohne daß zu der langen Reihe seiner Schwächen Gefühllosigkeit oder mürrisches Wesen hinzukommen.

Er fühlte auch, daß, je mehr er durch Milly von dem Schaden, den er angerichtet, wiedergutmachte und je mehr er mit ihr zusammen war, diese Veränderung desto vollständiger wurde. Deshalb und infolge der Zuneigung, die sie ihm einflößte, die aber von keiner anderen Hoffnung begleitet war, fühlte er, daß er ganz abhängig von ihr war und daß sie ihm die einzige Stütze in seinem Unglück sei.

Als sie ihn daher jetzt fragte, ob sie nun nach Hause gehen wollten, und er bereitwillig ja sagte – denn das lag ihm sehr am Herzen –, bot er ihr seinen Arm und ging neben ihr her, nicht als ob er der weise und gelehrte Mann wäre, dem die Wunder der Natur wie ein offenes Buch waren, und sie der ungeschulte Geist, sondern als ob dieses Verhältnis umgekehrt wäre und sie alles wüßte und er gar nichts.

Als sie in der Pförtnerwohnung ankamen, saß der Alte, die Augen starr auf den Boden gerichtet, auf seinem Stuhl in der Kaminecke, und sein Sohn stand, an die andere Seite des Kamins gelehnt, ihm gegenüber und sah ihn an. Wie sie zur Tür hereintrat, fuhren beide empor und sahen sich nach ihr um, und Heiterkeit verbreitete sich über ihre vorher verdrossenen Gesichter.

»O Gott, o Gott! Auch sie sehen mich gern, wie die anderen!« rief Milly, indem sie ihre Hände zusammenschlug und stehenblieb. »Da sind wieder zwei!«

Gern sehen! Das war kein Ausdruck für ihre Freude. Sie eilte in die Arme ihres Gatten, die sich ihr entgegenstreckten, und er hätte sie dort gern den ganzen Tag ruhen lassen. Aber der Alte konnte sie nicht entbehren. Auch er breitete seine Arme aus und schloß sie ans Herz.

»Wo ist nur mein kleines Mäuschen die ganze Zeit über gewesen?« sagte der Alte. »Sie ist lange, lange weggeblieben. Ich sehe jetzt wohl, ich kann ohne Mäuschen nicht auskommen. Ich – wo ist mein Sohn William? – ich glaube, ich habe geträumt, William.«

»Das sage ich auch, Vater«, erwiderte der Sohn. »Ich habe auch einen bösen Traum gehabt, wahrhaftig. – Wie geht's Euch, Vater, gut?«

»Frisch und munter, mein Sohn!« gab der Alte zurück.

»Was für ein wunderbarer Mann Ihr seid, Vater! – Wie geht's Euch, Vater? Wirklich frisch und munter?« sagte William und schüttelte ihm wieder die Hand und klopfte wieder auf seinen Rücken.

»Ich habe mich nie in meinem Leben besser gefühlt, mein Sohn.«

»Was für ein wunderbarer Mann Ihr seid, Vater! Aber so gehört es sich auch«, sagte Mr. William mit Begeisterung. »Wenn ich bedenke, was mein Vater alles durchgemacht hat und wie viele Sorgen und Mühen ihm in seinem langen Leben widerfahren sind und sein Haar grau gemacht haben, so ist mir's, als wenn wir nicht genug tun könnten, um dem alten Herrn das Leben schön zu machen.«

Mr. William hätte vielleicht nie wieder aufgehört, wenn der Alte nicht jetzt den Chemiker erblickt hätte.

»Ich bitte um Verzeihung, Mr. Redlaw«, sagte Philip, »aber ich wußte nicht, daß Sie hier waren, Sir, sonst hätte ich mir nicht so viel herausgenommen. Ihr Besuch an dem heutigen Christmorgen, Mr. Redlaw, erinnert mich an die Zeit, wo Sie selbst Student waren und so angestrengt arbeiteten, daß Sie selbst in der Weihnachtszeit nicht aus unserer Bibliothek herauskamen. Haha! Ich bin alt genug, um mich daran zu erinnern, und ich erinnere mich dessen recht deutlich, obgleich ich siebenundachtzig bin. Erst als Sie von hier weggezogen waren, starb meine Frau. Erinnern Sie sich noch an meine Frau, Mr. Redlaw?«

Der Chemiker antwortete: »Ja.«

»Ja«, sagte der Alte, »sie war eine gute Frau. Ich erinnere mich noch, wie Sie an einem Christmorgen mit einer jungen Dame herkamen – ich bitte um Verzeihung, Mr. Redlaw, aber ich glaube, es war eine Schwester, die Sie sehr liebten?«

Der Chemiker sah ihn an und schüttelte den Kopf.

»Ich hatte eine Schwester«, sagte er gleichgültig. Weiter wußte er nichts.

»An einem Christmorgen«, fuhr der Alte fort, »kamen Sie mit ihr hier vorbei, und es fing an zu schneien, und meine Frau lud die junge Dame ein, einzutreten und sich an das Feuer zu setzen, das am Christtag immer in dem ehemaligen großen Speisesaal brennt. Ich war dort, und ich entsinne mich noch, als ich das Feuer schürte, damit die junge Dame ihre hübschen Füßchen daran wärmen könnte, las sie die Schrift unter dem Bild: ›Herr, erhalte mein Gedächtnis frisch!‹ Sie und meine verstorbene Frau fingen an, darüber zu sprechen, und es ist seltsam, wenn man jetzt daran denkt, daß beide sagten, daß es ein schönes Gebet sei und daß sie es auch für die, die sie am liebsten hätten, zu Gott schicken wollten, wenn sie früh sterben sollten. ›Mein Bruder‹, sagte die junge Dame – ›mein Mann‹, sagte meine verstorbene Frau – ›Herr, erhalte mein Gedächtnis in ihm frisch und laß mich nicht vergessen werden!«

»Philip«, sagte Mr. Redlaw, »ich bin ein Unglücklicher, den die Hand der Vorsehung schwer, wenn auch verdient, getroffen hat. Ihr sprecht von etwas, Freund, was ich nicht mehr begreifen kann, die Erinnerung ist mir entschwunden.«

»Gütiger Himmel!« sagte der Alte.

»Ich habe die Erinnerung an Kummer, Kränkung und Sorge verloren«, sagte der Chemiker, »und damit alles, was dem Menschen des Erinnerns wert ist.«

Wer des alten Philips Mitleid sah, wer mit ansah, wie er ihm seinen eigenen großen Lehnstuhl hinschob und wie er auf ihn hinabblickte, mit einem tiefen Gefühl für das, was ihm genommen war, dem konnte eine Ahnung aufgehen, wie teuer dem Greis solche Erinnerungen waren.

Der Junge kam hereingelaufen und eilte auf Milly zu.

»Hier ist der Mann«, sagte er, »in dem anderen Zimmer. Ich mag ihn nicht.«

»Wen meint er?« fragte Mr. William.

»Still!« sagte Milly.

Einem Wink von ihr gehorchend, entfernten er und sein alter Vater sich leise. Als sie unbemerkt hinausgingen, winkte Redlaw den Jungen zu sich.

»Ich will lieber bei der Frau bleiben«, antwortete er und klammerte sich an ihr Kleid.

»Du hast recht«, sagte Redlaw mit einem trüben Lächeln. »Aber du brauchst dich nicht vor mir zu fürchten. Ich bin sanfter als vorhin. Vor allem gegen dich, armes Kind.«

Der Junge hielt sich anfangs schüchtern fern, aber allmählich gab er Millys Drängen nach, so daß er sich endlich näher wagte und sich sogar zu seinen Füßen niedersetzte. Als Redlaw die Hand auf die Schulter des Jungen legte und ihn ansah, streckte er die andere Hand Milly entgegen. Sie beugte sich zu ihm hinab, so daß sie ihm ins Gesicht sehen konnte, und sagte nach einer Pause: »Mr. Redlaw, darf ich sprechen?«

»Ja«, erwiderte er und blickte sie an. »Ihre Stimme klingt wie Musik in meinen Ohren.«

»Darf ich Sie um etwas bitten?«

»Um was Sie wollen.«

»Erinnern Sie sich noch an das, was ich gestern, als ich an die Tür klopfte, sagte? Von einem, der früher Ihr Freund war und jetzt am Rande des Abgrunds steht?«

»Ja. Ich entsinne mich«, sagte er zögernd.

»Verstehen Sie es jetzt?«

Er strich dem Jungen das Haar glatt – sah sie eine Weile starr an – und schüttelte den Kopf.

»Diesen Mann«, sagte Milly mit ihrer klaren, weichen Stimme, die der Blick ihrer sanften Augen noch klarer und weicher machte, »sah ich bald darauf. Ich kehrte zurück zum Haus und fand ihn mit Gottes Hilfe. Es war nicht zu früh. Ein wenig später, und es wäre schon zu spät gewesen.«

Er zog seine Hand von dem Kopf des Jungen zurück, legte sie auf die ihrige, deren schüchterne und doch herzliche Berührung ihm nicht weniger zu Herzen ging als ihre Stimme und ihre Augen, und sah sie aufmerksam an.

»Es ist der Vater Mr. Edmunds, des jungen Herrn, den wir vorhin sahen. Sein wirklicher Name ist Longford. – Sie erinnern sich?«

»Ich erinnere mich.«

»Und an den Mann?«

»Nein, nicht an den Mann. Hat er mir jemals unrecht getan?«

»Ja!«

»Ah! Dann ist keine Hoffnung – keine Hoffnung.«

Er schüttelte den Kopf und klopfte leise auf ihre Hand, als ob er mit stiller Gebärde um Bedauern bitte.

»Ich ging gestern abend nicht zu Mr. Edmund«, sagte Milly. »Wollen Sie mich aber so anhören, als ob Sie sich alles zurückrufen könnten?«

»Jede Silbe, die Sie sagen.«

»Teils weil ich damals noch nicht wußte, daß er wirklich sein Vater war, und teils weil ich die Wirkung fürchtete, die diese Nachricht, falls sie sich als richtig herausstellte, auf ihn haben mußte. Seit ich es sicher weiß, bin ich ebenfalls nicht hingegangen, aber aus einem anderen Grund. Er ist lange von seiner Frau und seinem Sohn getrennt gewesen – fast seit des Sohnes Kinderjahren, wie ich von ihm hörte – und hat das verlassen, was ihm das Teuerste hätte sein sollen. Während der ganzen Zeit ist er immer tiefer gesunken, bis ...« Sie stand hastig auf, ging einen Augenblick hinaus und kehrte zurück, begleitet von dem Unbekannten, den Redlaw in der vorhergehenden Nacht in der Spelunke gesehen hatte.

»Kennen Sie mich?« fragte der Chemiker.

»Ich würde mich freuen«, entgegnete der andere, »und das ist ein ungewöhnliches Wort in meinem Mund, wenn ich nein sagen könnte.«

Der Chemiker sah den andern an, in dessen demütiger Haltung sich das Gefühl seines tiefen Falls aussprach, und würde ihn, vergeblich nach einer Erinnerung suchend, noch länger betrachtet haben, wenn nicht Milly wieder ihre frühere Stellung eingenommen und seinen Blick auf ihr Gesicht gelenkt hätte.

»Sehen Sie doch, wie tief er gesunken ist!« flüsterte sie und streckte den Arm nach dem Unbekannten aus, ohne den Blick

von dem Gesicht des Chemikers abzuwenden. »Wenn Sie sich auf alles besinnen könnten, was sich an ihn knüpft, glauben Sie nicht, daß es Ihr Mitleid erregen würde, wenn es mit einem, den Sie liebten (gleichgültig, wie lange es her ist oder wie er die Liebe verscherzt hat), dahin gekommen ist?«

»Ich hoffe, ja«, antwortete er. »Ich glaube, es würde mir leid tun.«

»Ich habe kein Wissen und Sie davon so viel«, sagte Milly, »ich bin nicht gewohnt zu denken, und Sie denken immer. Darf ich Ihnen sagen, warum es mir gut zu sein scheint, wenn wir uns an das Unrecht erinnern, das uns widerfahren ist?«

»Ja!«

»Damit wir es vergeben können.«

»Verzeih mir, großer Gott«, sagte Redlaw, »daß ich dein eigenes Vorrecht verschmäht habe!«

»Und wenn«, fuhr Milly fort, »wenn Ihnen Ihr Gedächtnis eines Tages wiedergegeben wird – und das hoffen wir alle –, wird es dann für Sie kein Segen sein, wenn Sie sich zugleich an das erlittene Unrecht und dessen Vergebung erinnern?«

Er sah zu der Gestalt an der Tür und heftete dann wieder seine aufmerksamen Augen auf sie; es war ihm, als ob ein Strahl helleren Lichts von ihrem Gesicht in seine Seele dringe.

»Er kann nicht wieder in sein Heim zurückkehren, das er selbst verlassen hat. Es verlangt ihn auch nicht dorthin zurück. Er weiß, daß er nur Schande und Sorge für die mitbringen würde, die er so grausam vernachlässigt hat, und daß er sein Unrecht jetzt am besten sühnen kann, wenn er sie meidet. Mit wenig Geld könnte er in eine ferne Stadt ziehen, wo er ruhig leben und durch einen makellosen Wandel das begangene Unrecht so weit wiedergutmachen könnte, wie es noch möglich ist. Für die unglückliche Dame, die seine Gattin ist, und für seinen Sohn wäre dies das beste und gütigste Geschenk, das ihnen ihr bester Freund machen könnte – ein Geschenk, von dem sie noch dazu nie etwas zu erfahren brauchten; und für ihn, dessen Ruf vernichtet, dessen Geist und Körper krank sind, wäre es die Rettung.«

Er nahm ihr Haupt zwischen beide Hände, küßte sie auf die Stirn und sagte: »Es soll geschehen. Ich überlasse es Ihnen, es für mich jetzt gleich und im geheimen zu tun. Und sagen Sie ihm, daß ich ihm verzeihen würde, wenn ich so glücklich wäre, zu wissen, was ich zu verzeihen hätte.«

Als sie aufstand und sich mit strahlendem Gesicht an den Unglücklichen wandte, ihm damit zu erkennen gebend, daß ihre Bitte erfüllt werden würde, trat er einen Schritt vor und redete, ohne den Blick zu erheben, Redlaw an.

»Sie sind so großmütig«, sagte er, »– Sie waren es immer –, daß Sie versuchen werden, die aufkeimende Empfindung der Vergeltung bei dem Anblick, den Sie vor sich haben, in sich zu unterdrücken. Ich versuche es nicht, sie in mir selbst zu unterdrücken, Redlaw. Wenn Sie können, glauben Sie es mir.«

Der Chemiker bat Milly, näher heranzutreten. Während er zuhörte, sah er ihr ins Gesicht, als hoffe er, dort einen Schlüssel zu dem zu finden, was er vernahm.

»Ich bin zu tief gefallen, um Bekenntnisse zu machen. Ich erinnere mich meines Lebens zu gut, um damit vor Sie zu treten. Aber von dem Tag an, wo ich Sie hinterging, bin ich tiefer und tiefer gesunken, unaufhaltsam und wie unter einem Verhängnis. Das wollte ich sagen.«

Redlaw wandte sein Gesicht, in dem sich jetzt Kummer und etwas wie schmerzliche Erinnerung ausdrückten, dem Sprecher zu. Dabei hielt er Milly fest an seiner Seite.

»Ich hätte ein anderer Mensch sein und ein anderes Leben führen können, wenn ich diesen ersten verhängnisvollen Schritt vermieden hätte. Ob es so gekommen wäre, weiß ich nicht. Ich rechne mir dies nicht zugute. Ihre Schwester ruht in Frieden, und sie ist dort besser aufgehoben als bei mir, selbst wenn ich so geblieben wäre, wie Sie mich kannten und wie ich mich selbst sah.«

Er wandte sich der Tür zu, blieb aber noch einmal stehen.

»Ich hoffe, Sie werden meinem Sohn Ihre Teilnahme schenken um seiner Mutter willen, und ich hoffe, er wird sie verdienen. Ich werde ihn nie wiedersehen, es sei denn, daß mein Leben sehr lange währt und ich fühle, daß ich Ihre Unterstützung nicht mißbraucht habe.«

Während *er* bereits in der Tür stand, sah er Redlaw zum

erstenmal an. Der Chemiker, dessen starrer Blick auf ihn gerichtet war, streckte ihm die Hand entgegen. Er kehrte um, ergriff sie mit beiden Händen und schritt dann langsam über die Schwelle.

In den wenigen Augenblicken, die vergingen, während Milly ihn schweigend zur Gitterpforte führte, sank der Chemiker in den Lehnstuhl und bedeckte das Gesicht mit beiden Händen. Als sie, in Begleitung ihres Mannes und des Alten (die ihn beide innig bedauerten) zurückkehrend, das bemerkte, sorgte sie dafür, daß ihn niemand störe, und kniete nieder, um den Jungen in warme Kleider zu hüllen.

»So gehört sich's. Das sage ich immer, Vater!« rief ihr Gatte bewundernd aus. »Es lebt ein mütterliches Gefühl in Mrs. Williams Brust, das sich Luft machen will und muß.«

»Ja, ja«, sagte der Alte, »du hast recht. Mein Sohn William hat recht!«

»Es wendet sich noch zum besten, liebe Milly«, sagte Mr. William, »daß wir selbst keine Kinder haben, und doch wünschte ich manchmal, daß es anders wäre. Der tote Kleine, auf den du solche Hoffnungen gesetzt und der niemals geatmet hat – das hat dich recht still gemacht, Milly.«

»Ich bin glücklich in der Erinnerung daran, lieber William«, gab sie zur Antwort. »Ich denke jeden Tag daran.«

»Ich fürchte, du denkst sehr viel daran.«

»Wenn ich an alle die Hoffnungen denke, die ich darauf setzte«, fuhr sie fort, »und wie oft ich dasaß und mir an meiner Brust ein lächelndes Gesichtchen, das nie dort ruhte, und die lieblichen, mir zugewandten Augen, die sich nie dem Licht öffneten, vorstellte, dann flößen mir diese getäuschten Hoffnungen eine größere Teilnahme und Zärtlichkeit für andere ein. Wenn ich ein schönes Kind in den Armen einer glücklichen Mutter sehe, so liebe ich es um so mehr, wenn ich denke, daß mein Kind diesem wohl ähnlich gewesen wäre und mich vielleicht ebenso stolz und glücklich gemacht hätte.

Es scheint mir für das ganze Leben eine Lehre zu geben«, sprach sie weiter. »Für arme verlassene Kinder fleht mein Kind, als ob es noch am Leben wäre und mit einer mir bekannten Stimme zu mir sprechen könnte. Wenn ich von Jugend in

Krankheit oder Schande höre, so denke ich, daß es meinem Kind auch so hätte gehen können und daß es Gott in seiner Barmherzigkeit zu sich genommen hat.«

Ihre gedämpfte Stimme wurde leiser, als sie den Arm ihres Gatten ergriff, ihren Kopf daran lehnte und fortfuhr: »Kinder lieben mich so sehr, daß ich mir manchmal einbilde – es ist eine törichte Einbildung, William –, sie fühlten auf eine mir unbekannte Weise mit meinem kleinen Kind und mir und verstünden, warum mir ihre Liebe so kostbar ist. Wenn ich seit jener Zeit stiller bin, so war ich in mancher Art auch glücklicher, William. Nicht am wenigsten glücklich darin, daß selbst damals, als mein Kind erst wenige Tage geboren und gestorben und ich noch schwach und betrübt war und mich des Kummers nicht erwehren konnte, mir der Gedanke kam: ›Wenn ich versuchte, ein tugendhaftes Leben zu führen, würde mir im Himmel ein Wesen entgegentreten, das mich Mutter nennen würde!‹«

Redlaw sank mit einem lauten Aufschrei in die Knie.

»O Du«, sagte er, »der Du mir durch die Lehre reiner Liebe das Gedächtnis wiedergegeben, das Gedächtnis des Erlösers und aller Guten, die für ihn gestorben sind, empfange meinen Dank und segne sie!«

Dann drückte er sie an sein Herz, und Milly rief, vor Freude schluchzend: »Er hat sich wiedergefunden! Er hat mich auch sehr gern! O Gott, o Gott, da ist wieder einer!«

Und jetzt trat der Student herein, an der Hand ein reizendes Mädchen führend, das sich fürchtete, hereinzukommen. Redlaw, ihm gegenüber ganz verwandelt und in ihm und seiner jungen Verlobten eine Erinnerung an jene glücklichste Zeit seines Lebens sehend, bei der, wie bei einem schattigen Baum, die so lange in der einsamen Arche eingekerkerte Taube Ruhe und Gesellschaft finden konnte, fiel ihm um den Hals und bat sie, sich als seine Kinder zu betrachten.

Und da Weihnachten eine Zeit ist, wo vor allen anderen Zeiten im Jahr die Erinnerung an alle abstellbaren Kümmernisse und Kränkungen und Sorgen in der Welt um uns herum uns ebenso vor der Seele stehen sollte wie unsere eigene Erfahrung und uns zu hilfreicher Tat anspornen sollte, legte er seine Hand auf den

Kopf des Jungen und gelobte, indem er stumm den zum Zeugen aufrief, der voreinst die Kindlein segnete und in der Erhabenheit seines prophetischen Wissens die schalt, die sie von ihm fernhalten wollten, ihn zu beschützen, zu unterrichten und zum Menschen zu machen.

Und dann reichte er seine Hand mit heiterem Gesicht Philip und sagte, daß sie heute ein Weihnachtsmahl einnehmen wollten in der Halle, die vor vielen Jahren, bevor die zehn armen Studenten mit Geld abgefunden wurden, der große Speisesaal war. Dazu aber wollten sie so viele von der Familie Swidger – die nach der Aussage seines Sohnes so zahlreich war, daß sie sich die Hände reichen und einen Kreis um ganz England bilden konnten – einladen, wie in der kurzen Frist aufzutreiben waren.

Und so geschah es auch an jenem Tag. So viele Swidgers, junge und alte, waren da, daß ein Versuch, sie in runder Zahl anzugeben, bei mißtrauischen Leuten Zweifel an der Wahrhaftigkeit dieser Geschichte erregen könnte. Deshalb soll der Versuch unterbleiben. Aber sie waren da zu Dutzenden – und gute Nachricht und gute Hoffnung warteten ihrer für ihren Bruder George, den Vater und Bruder und Milly wieder besucht und in ruhigem Genesungsschlummer verlassen hatten. Auch die Tetterbys samt Adolphus junior, der in seinem regenbogenfarbenen Wollschal genau zum kalten Braten eintraf, waren anwesend. Johnny und das Wickelkind kamen natürlich zu spät und langten wankenden Schrittes an, der eine ganz erschöpft, das andere in einer Krisis angeblichen Zahnens; aber das war üblich und nicht weiter beunruhigend.

Ein betrüblicher Anblick war allein das Kind, das weder Vater noch Mutter kannte. Es sah den spielenden Kindern zu, wußte nicht, wie es mit ihnen reden und spielen sollte. Ein betrüblicher Anblick war es auch, obgleich in anderer Weise, zu sehen, wie selbst die kleinsten Kinder instinktmäßig fühlten, daß der Junge anders war als alle übrigen, und wie sie sich ihm schüchtern näherten mit sanften Worten und kleinen Geschenken, damit er sich nicht unglücklich fühle. Aber er blieb bei Milly und fing an, sie zu lieben – »Schon wieder einer!« sagte sie –, und da sie alle die sanfte Frau liebten, so freuten sie sich darüber, und als sie ihn hinter ihrem Stuhl hervorgucken sahen, da war es ihnen lieb, daß er so dicht bei ihr war.

Das alles sahen der Chemiker, der neben dem Studenten und seiner Braut saß, Philip und die übrigen.

Einige haben seitdem erzählt, er habe nur gedacht, was hier berichtet worden; andere, er habe es an einem Winterabend um die Dämmerstunde im Feuer gelesen; andere, der Geist sei nur das Bild seiner trüben Gedanken und Milly die Verkörperung seines Gewissens. *Ich* sage nichts.

– Nur das eine: Als sie alle in der alten Halle versammelt waren, nur erleuchtet von einem großen Kaminfeuer (sie hatten zeitig gegessen), da schlichen sich die Schatten wieder aus ihren Verstecken hervor und tanzten im Zimmer herum und zeigten den Kindern wunderbare Gestalten an den Wänden und gaben allmählich allem Wirklichen und Bekannten zauberhafte und ungeheuerliche Formen. Aber ein Gegenstand war in der Halle, dem sich die Augen Redlaws, Millys und ihres Gatten, des Alten und des Studenten und seiner Braut oft zuwandten und den die Schatten weder verdunkelten noch veränderten. In tiefere Würde gekleidet von dem Schein der Flamme und aus dem dunklen Getäfel der Wand wie lebendig hervortretend, sah das ernste Gesicht mit dem Bart und der Halskrause aus dem immergrünen Stechpalmenkranz auf sie herab, wie sie zu ihm emporschauten, und darunter standen, so klar und deutlich, als ob eine Stimme sie riefe, die Worte: Herr, erhalte mein Gedächtnis frisch!

Aus dem Arabischen nacherzählt
von Gerhard Merz

Der Geist in der Wüste

Von weit her blies der Wind und wirbelte den Sand durch die Luft. Es war der Wind der Ewigkeit.

Hisham ibn Saiid, Scheich der Königs-Beduinen, war unterwegs nach der Oase Kufra, um sich dem Mufti zu Füßen zu werfen.

Auf dem Wege dorthin rastete er an einem von wenigen Palmen umgebenen Wasserloch, um sich und sein edles Pferd zu erfrischen.

Die Wasserstelle war völlig vereinsamt.

Hisham nahm dem Pferd den Sattel ab und füllte den Ziegenschlauch mit Wasser. Ein Blick auf die Sonne belehrte ihn, daß es Zeit für das Abendgebet war.

Er kniete sich nieder, nach Osten, nach Mekka gewandt, und sprach die vorgeschriebenen Worte: »Allah il Allah ...«

Danach rollte er sich in der mitgebrachten Wolldecke ein. Irgendwo in der Oase schnaubte leise sein Pferd. Kurze Zeit später war er auch schon tief eingeschlafen.

Als Hisham wieder erwachte, war es bereits früher Morgen. Am Horizont kroch die Sonne hinter den Sanddünen hervor, um ihre sengende Glut über die ewige Wüste auszugießen.

Der Scheich sattelte sein Pferd, das in der Frühe wieder gehorsam zum Lager zurückgekehrt war.

Als Hisham losreiten wollte, geschah etwas sehr Merkwürdiges: Vor seinem Pferd bewegte sich plötzlich der Sand, eine grelle Lichtsäule schoß aus dem Boden, und ein gewaltiges Donnern ertönte.

Von jäher Angst ergriffen, warf sich der Scheich zu Boden und preßte das Gesicht auf die Erde.

Die Lichtsäule verschwand wieder, und an ihrer Stelle stand ein alter, weißhaariger, klug aussehender Mann. Lächelnd deutete er auf Hisham, der noch immer sein Gesicht verborgen hatte.

»Steh auf, Hisham, und habe keine Furcht. Ich bin kein Dschinn, kein Höllengeist, sondern Yeto'abu, der Geist des Guten. Dein Leben und dein Schicksal liegen offen vor mir wie die Linien meiner Hand.

Da du ein guter Mensch bist, sollst du mir drei Fragen stellen, die ich beantworten werde. Und deren Beantwortung kann dir ein Schatz sein – dein ganzes Leben lang. Wäge aber gut und bedenke – nur drei Fragen!«

Beim ersten Ton der Stimme des Alten hatte Hisham aufgehorcht, es aber nicht gewagt, den Kopf zu heben. Er war von Jugend an dazu erzogen worden, einem guten Geist nie ins Angesicht zu blicken. Es sei denn, er erlaube es einem.

»Sieh mich an«, bat der Alte, als habe er Hishams Gedanken erraten.

Der Scheich hob den Kopf und sah dem Alten in die Augen. Er erschauerte. Es war ein Blick in ein unendliches Meer voller Weisheit, Erfahrung – aber auch schrecklicher Einsamkeit.

»Stelle deine Fragen«, bat der Alte, als wolle er Hisham wieder in diese Welt zurückbringen.

Hisham legte den Kopf in den Nacken und überlegte. Dann sagte er leise: »Sag mir, o guter Geist, welches ist die wichtigste Stunde, der wichtigste Augenblick im Leben eines Menschen?«

Der Alte nickte, wie um die Wichtigkeit dieser Frage zu bestätigen. Dann sagte er: »Das, mein Freund, das ist die Gegenwart.«

Demütig neigte Hisham den Kopf.

»Ja, o guter Geist. – Welches ist für den Menschen der wichtigste Mensch?«

Wiederum nickte der Alte. Dann sprach er: »Das, mein Scheich, das ist immer der Mensch, der dir gegenübersteht.«

Jetzt trat der Alte auf Hisham herzu und legte ihm seine Hand auf die Schulter.

»Und nun die dritte und letzte Frage, mein Sohn.«

»Welches ist das wichtigste Menschenwerk, o guter Geist?«

Der Alte strich sich langsam über den Bart, hob dann den Kopf und sah in die Ferne, wo sich Sanddüne an Sanddüne endlos aneinanderreihte gleich den Wellen des unruhigen Meeres.

Der Alte blickte Hisham in die Augen und sagte, dabei jedes Wort betonend: »Das wichtigste Menschenwerk, mein Scheich, das ist die Liebe. Und nun gehe hin nach der Oase Kufra, denn der Mufti erwartet dich schon.«

Im Sand flimmerte es kurz – die Konturen des Alten verschwammen – dann war er plötzlich wie vom Erdboden verschluckt.

Hisham hatte sich erhoben und war, nachdem er einige Zeit auf der Stelle verharrt hatte, auf sein Pferd gestiegen und davongeritten.

Mit sich aber nahm er drei Dinge, die auf ewig in seinem Herzen eingebrannt waren: »Die Gegenwart, der Gegenüberstehende – und die Liebe.«

Von weit her blies der Wind und wirbelte den Sand durch die Luft.

Es war der Wind der Ewigkeit ...

Heinrich Heine

Von Doktor Saul Ascher

In einer Nacht, die ich in Goslar zubrachte, ist mir etwas höchst Seltsames begegnet. Noch immer kann ich nicht ohne Angst daran zurückdenken. Ich bin von Natur nicht ängstlich, und Gott weiß, daß ich niemals eine sonderliche Beklemmung empfunden habe, wenn zum Beispiel eine blanke Klinge mit meiner Nase Bekanntschaft zu machen versuchte, oder wenn ich mich nachts in einem verrufenen Wald verirrte, oder wenn mich im Konzert ein gähnender Leutnant zu verschlingen drohte – aber vor Geistern fürchte ich mich fast ebensosehr wie der *Österreichische Beobachter.* Was ist Furcht? Kommt sie aus dem Verstand oder aus dem Gemüt? Über diese Frage diskutierte ich so oft mit dem Doktor Saul Ascher, wenn wir in Berlin im Café Royal, wo ich lange Zeit meinen Mittagstisch hatte, zufällig zusammentrafen. Er behauptete immer, wir fürchteten etwas, weil wir es durch Vernunftschlüsse für furchtbar erkennen. Nur die Vernunft sei eine Kraft, nicht das Gemüt. Während ich gut aß und gut trank, demonstrierte er mir fortwährend die Vorzüge der Vernunft. Gegen Ende seiner Demonstration pflegte er nach seiner Uhr zu sehen, und immer schloß er damit: »Die Vernunft ist das höchste Prinzip!« – Vernunft. Wenn ich jetzt dieses Wort höre, so sehe ich noch immer den Doktor Saul Ascher mit seinen abstrakten Beinen, mit seinem engen, transzendentalgrauen Leibrock und mit seinem schroffen, frierend kalten Gesicht, das einem Lehrbuch der Geometrie als Kupfertafel dienen konnte. Dieser Mann, hoch in den Fünfzigern, war eine personifizierte gerade Linie. In seinem Streben nach dem Positiven hatte der arme Mann alles Herrliche aus dem Leben herausphilosophiert, alle Sonnenstrahlen, allen Glauben und alle Blumen, und es blieb ihm nichts übrig, als das kalte positive Grab. Auf den Apoll von Belvedere und auf das Christentum hatte er eine spezielle Wut. Gegen letzteres schrieb er sogar eine Broschüre, worin er dessen Unvernünftigkeit und Unhaltbarkeit bewies. Er hat überhaupt eine ganze Menge Bücher geschrieben, worin immer die Vernunft von ihrer eigenen Vortrefflichkeit prahlt, und wobei es der arme Doktor gewiß ernsthaft genug meinte, und also in dieser Hinsicht alle Achtung verdiente. Darin aber bestand ja eben der Hauptspaß, daß er ein so ernsthaft närrisches Gesicht schnitt, wenn er dasjenige nicht begreifen konnte, was jedes Kind begreift, eben weil es ein Kind ist ... Als ich ihn einst besuchen wollte, sagte mir sein Diener: »Der Herr Doktor ist eben gestorben.« Ich fühlte nicht viel mehr dabei, als wenn er gesagt hätte: Der Herr Doktor ist ausgezogen.

Doch zurück nach Goslar. »Das höchste Prinzip ist die Vernunft!« sagte ich beschwichtigend zu mir selbst, als ich ins Bett stieg. Indessen es half nichts. Ich hatte eben in Varnhagen von Enses »Deutsche Erzählungen«, die ich von Klausthal mitgenommen hatte, jene entsetzliche Geschichte gelesen, wie der Sohn, den sein eigener Vater ermorden wollte, in der Nacht von dem Geist seiner toten Mutter gewarnt wird. Die wunderbare Darstellung dieser Geschichte bewirkte, daß mich während des Lesens ein inneres Grauen durchfröstelte. Auch erregen Gespenstererzählungen ein noch schauerlicheres Gefühl, wenn man sie auf der Reise liest, und zumal des Nachts, in der Stadt, in einem Haus, in einem Zimmer, wo man noch nie gewesen ist. Wieviel Gräßliches mag sich schon zugetragen haben auf diesem Fleck, wo du eben liegst? So denkt man unwillkürlich. Überdies schien der Mond so zweideutig ins Zimmer herein, an der Wand bewegten sich allerlei unberufene Schatten, und als ich mich im Bett aufrichtete, um hinzusehen, erblickte ich ...

Es gibt nichts Unheimlicheres, als wenn man bei Mondschein das eigene Gesicht zufällig im Spiegel sieht. In demselben Augenblick schlug eine schwerfällige, gähnende Glocke, und zwar so lang und langsam, daß ich nach dem zwölften Glockenschlag sicher glaubte, es seien inzwischen volle zwölf Stunden verflossen, und es müßte wieder von vorn anfangen, zwölf zu schlagen. Zwischen dem vorletzten und letzten Glockenschlag schlug noch eine andere Uhr, sehr rasch, fast keifend grell, und vielleicht ärgerlich über die Langsamkeit ihrer Frau Gevatterin. Als beide eiserne Zungen schwiegen und tiefe Totenstille im ganzen Haus herrschte, war es mir plötzlich, als hörte ich auf dem Korridor vor meinem Zimmer etwas schlottern und schlappen, wie der unsichere Gang eines alten Mannes. Endlich öffnete sich meine Tür, und langsam trat herein der verstorbene Doktor Saul Ascher. Ein kaltes Fieber rieselte mir durch Mark und Bein, ich zitterte wie Espenlaub, und kaum wagte ich das Gespenst anzusehen. Er sah aus wie sonst, derselbe transzendentalgraue Leibrock, dieselben abstrakten Beine, und dasselbe mathematische Gesicht, nur war dieses gelblicher als sonst, auch der Mund, der sonst zwei Winkel von $22\frac{1}{2}$ Grad bildete, war zusammengekniffen, und die Augenkreise hatten einen größeren Radius. Schwankend und sich wie sonst auf sein spanisches Röhrchen stützend, näherte er sich mir, und in seinem gewöhnlichen mundfaulen Dialekt sprach er freundlich: »Fürchten Sie sich nicht und glauben Sie nicht, daß ich ein Gespenst sei. Es ist Täuschung Ihrer Phantasie, wenn Sie mich als Gespenst zu sehen glauben. Was ist ein Gespenst? Geben Sie mir eine Definition! Nennen Sie mir die Bedingung der Möglichkeit eines Gespenstes! In welchem vernünftigen Zusammenhang stünde eine solche Erscheinung mit der Vernunft? Die Vernunft, ich sage die Vernunft ...« Und nun schritt das Gespenst zu einer Analyse der Vernunft, zitierte Kants »Kritik der reinen Vernunft«, 2. Teil, 1. Abschnitt, 2. Buch, 3. Hauptstück, konstruierte alsdann den problematischen Gespensterglauben, setzte einen Syllogismus* auf den anderen und schloß mit dem logischen Beweis, daß es durchaus keine Gespenster gibt. Mir unterdessen lief der kalte Schweiß über den Rücken, meine Zähne klapperten wie Kastagnetten, aus Seelenangst nickte ich unbedingte Zustimmung bei jedem Satz, womit der spukende Doktor die Absurdität aller Gespensterfurcht bewies,

* Syllogismus = Vernunftschluß.

und derselbe demonstrierte so eifrig, daß er einmal in der Zerstreuung statt seiner goldenen Uhr eine Handvoll Würmer aus der Uhrtasche zog und, seinen Irrtum bemerkend, mit possierlich ängstlicher Hastigkeit wieder einsteckte. »Die Vernunft ist das höchste ...«, da schlug die Glocke eins, und das Gespenst verschwand.